衡中校友手记

衡中首届实验班（228班）毕业生分享

王文霞 ◎ 主编

人民日报出版社
北京

图书在版编目（CIP）数据

衡中校友手记 / 王文霞主编. —— 北京：人民日报出版社，2020.4
ISBN 978-7-5115-6191-6

Ⅰ．①衡… Ⅱ．①王… Ⅲ．①高中生－职业选择②高等学校－招生－介绍－中国③毕业生－高中－升学参考资料
Ⅳ．① G635.5 ② G647.32

中国版本图书馆 CIP 数据核字（2019）第 212842 号

书　　名：	衡中校友手记 HENGZHONG XIAOYOU SHOUJI
作　　者：	王文霞
出 版 人：	刘华新
责任编辑：	郭晓飞
封面设计：	金　刚
出版发行：	人民日报出版社
社　　址：	北京金台西路2号
邮政编码：	100733
发行热线：	（010）65369527　65369846　65369509　65369510
邮购热线：	（010）65369530　65363527
编辑热线：	（010）65363486
网　　址：	www.peopledailypress.com
经　　销：	新华书店
印　　刷：	大厂回族自治县彩虹印刷有限公司
开　　本：	710mm×1000mm　1/16
字　　数：	300千字
印　　张：	17
版次印次：	2020年4月第1版　2020年4月第1次印刷
书　　号：	ISBN 978-7-5115-6191-6
定　　价：	55.00元

228 班师生团队

班 主 任：王文霞

科　　任：（语　文）王文霞　　（数　学）王玉瑛　　（英　语）卢洪涛
　　　　　（物　理）王国红　　（化　学）李常虹　　（生　物）周金臣
　　　　　　　　　郭艳霞　　　　　　　董丽红　　　　　　　郭立欣

班干部：（班　长）郑宇朋　　（团支书）王洪建　　（体　委）齐　腾
　　　　　　　　王伟丽　　（组　长）丁　忆　　　　　　　邢翠柳

课代表：（语　文）刘　媛　　（数　学）黄　隽　　（英　语）任　娜
　　　　　　　　赵　杰　　　　　　　赵　悦　　　　　　　孟春晓
　　　　　　　　邢春霞　　　　　　　张华良　　（生　物）周天翼
　　　　　　　　丁　忆　　（物　理）王维康　　　　　　　刘　媛
　　　　（化　学）冯世鹏　　　　　　刘　娟

全体同学：（排学号排序）

冯世鹏	尚怀嬴	郑宇朋	黄　隽	王维康	李　鹏
王泰青	田彦静	于　杨	王洪建	郭　靖	张　倩
安竞文	王　超	赵　悦	高志娟	任　娜	童瑞川
尹晓林	邢春霞	苗海涛	丁　忆	田顺庆	韩　卿
李文斐	孟春晓	刘世政	张华良	孙　昊	邢翠柳
刘　烨	潘　林	解　楠	王振峰	李宏宇	崔继伟
刘　媛	李海明	齐　腾	赵　杰	付　浩	李　静
李志昂	郝德健	杨　琼	郭　琳	张鹏飞	吴晓明
戈　臻	周天翼	刘　娟	康春纪	高成琳	刘晓霞
贾　盟	于　靖	王伟丽	刘　蕾	彭德民	张佳琦
陈亚娇	吕艳蕾	李　杨	刘　宁	陈　丽	呼荣媚

观澜学社采访团队

（861班）董婷婷　　（878班）刘硕颖　　（883班）刘艺萱
（862班）胡旖桐　　　　　　赵悦宏　　（884班）刘筶筠
（863班）崔博森　　（879班）马明慧　　　　　　高鹭鹭
（864班）张野夫　　（880班）何禾祺　　　　　　郅雨彤
　　　　　田　璐　　（881班）戴　郡　　　　　　李　帅
（866班）李　斌　　　　　　陈芷涵　　　　　　　王希艾
（867班）赵曼羽　　　　　　胡亚捷　　（885班）高　萌
（868班）李雨涵　　（882班）周奕君　　　　　　高若凡
　　　　　　　　　　　　　　　　　　　　　　　杜佳琪

目 录
contents

◎序：梦想绽放，我们在路上

◎衡中首届实验班毕业生分享：这些事越早知道越好！

博士齐腾，中山大学附属医院 / 医师
理想和现实之间总有一条路，那就是努力 /004

博士冯世鹏，保密 / 保密
修学修心，与子同袍 /008

硕士尚怀赢，中国电力科学研究院计量研究所 / 研发工程师
高中提供了通过学习改变命运的机会，也得以形成个人内在的力量 /010

本科郑宇朋，（美国）埃森哲（中国）有限公司 / 技术咨询顾问、经理
班级如同紧凑的建筑，任何一块砖头松动都会导致整体结构不稳 /013

本科黄隽，中日友好医院 / 医师
生命的原本色调是奋斗的激情的红色 /016

博士王维康，（美国）匹兹堡大学 / 博士后
同窗情谊就是毕业多年后想起，微笑不知不觉浮现在脸上 /018

本科李鹏，生态环境部环境工程评估中心 / 调研员
不惧从零开始，无悔奋斗青春 /021

博士王泰青，（美国）Facebook/applied research scientist
天道酬勤，要想比别人更卓越唯有比别人付出更多 /024

硕士于杨，中国移动天津公司 / 经理
好学校能给学生强大的精神力量，分数和升学率只是顺带的衍生品 /027

博士王洪建，北京市煤气热力工程设计院 / 道石研究院总工程师
时光不老，纸短情长 /028

博士郭靖，西安交通大学 / 特聘研究员、副教授、博士生导师
从不懂竞争到适应竞争再到享受竞争，早走完这个过程就会抢占先机 /032

硕士张倩，中国工商银行业务研发中心 / 经理
好心态是比高考多考几分更重要的能力 /035

本科安竞文，奇虎360/ 战略规划
整个班级就是一个整体，每个人都只是其成就和辉煌的一部分 /038

硕士王超，国务院国有资产监督管理委员会 / 主任科员
如果你没有办法抛弃过去，你就永远没有办法迎接未来 /040

硕士赵悦，（瑞士）雀巢（中国）科学法规部门 / 法规经理
愿你出走一生，归来仍是少年 /043

硕士高志娟，金地集团华北区域地产公司 / 经理
人生没有如果，只有后果和结果 /047

硕士任娜，国都证券 / 高级投资经理
来来往往的学生一届又一届，但不变的是相同的梦想和斗志 /049

博士童瑞川，（美国）亚马逊公司 / 软件工程师
涓流积至沧溟水，拳石崇成泰华岑 /051

硕士尹晓林，百度金融公共事务部 / 经理
当每个人心中都扬起一面旗帜，也就因此成为别人眼中的旗帜 /054

本科邢春霞，上海奇地教育培训有限公司 / 校长、法人
心似骄阳，何惧前方 /057

博士丁忆，北京永新同创知识产权代理有限公司 / 经理
分数是打开世界的钥匙，更高层的钥匙对应更高级的平台 /060

本科田顺庆，江苏电力设计院 / 光伏电站设计研发
品尽人生百味，始知平淡是真 /063

硕士韩卿，海关总署税收征管局 / 调研员
成功的分量永远比失败者的借口和抱怨重得多 /065

本科李文斐，自由职业
山顶的风光是绝美的，但只有用坚定精神指引的跋涉后才能看见 /067

硕士孟春晓，中国残联 / 主任科员
辛勤的蜜蜂没有时间悲哀 /070

硕士刘世政，全国海关信息中心 / 高级办公事务专员
高考后的岁月更厚重丰富，短暂的高中时光只是漫长路途的浓缩 /073

硕士张华良，保密 / 保密
只有经过了严格的洗礼才能以昂扬的斗志去挑战一切 /075

本科孙昊，中国证监会 / 挂职河南省开封市重点项目办公室副主任兼兰考县政府党组成员
每个人都在长大，但并不是每个人都在成长 /077

硕士邢翠柳，中国电子科技集团第五十四研究所 / 工程师
有信仰的人只听从内心的声音，而不惧命运将他带向何方 /079

硕士刘烨，华为技术有限公司 / 工程师
以母校为傲，以班级为豪，料母校、班级待我应如是 /082

博士潘林，天津大学海洋科学技术学院 / 教师
流光映碎影，青春当无恙 /084

硕士解楠，开源证券 / 金融管理
扬帆凭借力，万里上青云 /087

硕士王振峰，国际干散货运输公司 / 企划部高级经理
卓越就是超越，坚持追求卓越就会一次又一次成功 /090

博士李宏宇，兰州大学科学观测台站管理中心 / 工程师
高考并非胜王败寇的战役，其意义在于为梦想奋斗而不致迷失方向 /093

本科刘媛，知识产权出版社 / 编辑
想成为什么样的人就要努力实现，而不是忙来忙去一无所获 /096

本科李海明，中铁建工集团 / 雄安站站房二标项目部副经理
说不尽成长之地，诉不尽眷恋之情 /099

本科赵杰，美团点评 / 闪购事业部运营经理
学习有法，事半功倍 /102

硕士付浩，生态环境部核与辐射安全中心 / 工程师
要想得到更多的玫瑰花，必须种植更多的玫瑰树 /105

硕士李静，国家开放大学 / 助理研究员
知世事多艰，惜正能量可贵 /108

本科郝德健，中国工商银行北京市分行 / 项目经理
严格的管理对自制力弱的人来说刚刚好 /111

硕士杨琼，中国城市建设研究院 / 城乡规划师
离开高中才是真正展翅的时候，要更加用力飞翔才不会掉下来 /113

硕士郭琳，泰康健康产业投资有限公司 / 规划预算总监
高考结束，人生竞赛才真正开始 /115

本科张鹏飞，自由职业
来路尚长，支撑我们走得这么久是梦开始的地方 /116

硕士吴晓明，国网山东省淄博供电公司 / 经理
致知在格物，物格而后知至 /118

本科周天翼，招商银行深圳分行 / 项目经理
因有情而难忘，因感恩而珍藏 /120

博士刘娟，华东理工大学 / 分析测试中心教师
无论有多美好的事物在前方等待，都无法替代高中所给予的成长 /122

本科康春纪，衡水万象宝脚轮制造厂 / 负责人
优秀的集群效应不只发生在校园内，毕业后仍在不断竞争着 /125

硕士高成琳，天津市市政工程设计研究院 / 工程师
初中的刻苦与磨难仅是高中的冰山一角，高中于人生同样是万川归海 /127

本科刘晓霞，邮政储蓄银行 / 业务经理
高中三年只有三堂课 /133

硕士贾盟，保密 / 保密
最是深情可蚀骨，我的班主任我的班 /136

硕士王伟丽，博西华电器（江苏）有限公司 / 测试主管
没有最好，只有更好，为梦想何惧风雨 /139

本科刘蕾，北京视通科技有限公司 / 软件工程师
人生的每一阶段都值得感谢，要爱自己的过去、现在及未来 /143

硕士彭德民，中国水利水电科学研究院 / 工程师
只有轻松的青春是不完整的，只有经历过苦难才能充实回忆 /146

博士张佳琦，（法国）液化空气集团 / 水处理工程师
求知过程虽苦，但结果甘甜 /149

硕士陈亚娇，北京师范大学附属中学 / 地理老师
在最躁动的岁月沉下心做该做的事，回忆过往时才能有全然的感激 /152

硕士吕艳蕾，自由职业
少年不言苦，所谓的苦只是走过一遍还想再走一遍珍藏着的青春 /155

硕士刘宁，南开大学药物化学生物学国家重点实验室 / 讲师
虽为碎想，没齿难忘 /159

硕士呼荣媚，北京市公安局网络安全保卫总队 / 警员
于死亡边缘才会思考生命的意义，唯加倍努力才对得起母校的名字 /163

◎从高中到大学再到工作：这样做可以一直保持优秀！

博士冯世鹏，保密/保密
正确认识高考改革，合理做好阶段规划 /166

本科郑宇朋，（美国）埃森哲（中国）有限公司/技术咨询顾问、经理
不忘初心，做好人生选择题 /169

博士王维康，（美国）匹兹堡大学/博士后
读万卷书在行万里路之前 /174

本科李鹏，生态环境部环境工程评估中心/调研员
光靠努力是不够的，选择更为重要 /177

硕士田彦静，衡水哈院/医师
拼不了时间只能拼效率，该做什么就全心全意去做 /180

博士王洪建，北京市煤气热力工程设计院/道石研究院总工程师
在发现自己喜欢什么之前先寻找，不要急于做决定 /182

本科安竞文，奇虎360/战略规划
高中和大学所学的仅仅是基础，工作后学习的才是专业知识 /187

硕士王超，国务院国有资产监督管理委员会/主任科员
方向迷茫时不妨从小事着手，在努力的过程中大的目标会逐渐清晰 /190

硕士任娜，国都证券/高级投资经理
培养专注力才能提高效率 /192

博士童瑞川，（美国）亚马逊公司/软件工程师
形成习惯，归于自觉 /194

硕士尹晓林，百度金融公共事务部/经理
工作稳定是相对的而不是绝对的，要义是不断提高个人的核心竞争力 /196

本科邢春霞，上海奇地教育培训有限公司/校长、法人
规划好发展方向，挑战就会成为契机，困难就会成为跃升的平台 /199

本科田顺庆，江苏电力设计院 / 光伏电站设计研发
唯把握当下，方赢得未来 /202

硕士韩卿，海关总署税收征管局 / 调研员
学问必须合乎兴趣方可受益 /205

硕士刘世政，全国海关信息中心 / 高级办公事务专员
前进一步再前进一步，把困难分割成无数网格再逐一攻克便易如反掌 /208

硕士张华良，保密 / 保密
目标并非一成不变，转变跑道需适时而为 /211

硕士邢翠柳，中国电子科技集团第五十四研究所 / 工程师
只有不断付出才会持续拥有 /216

博士潘林，天津大学海洋科学技术学院 / 教师
欲达梦想必不畏难 /219

硕士解楠，开源证券 / 金融管理
不要让生活选择你，而是你选择生活 /221

博士崔继伟，西安电子科技大学 / 讲师
研究型专业更适合在校期间深造而不是马上就业 /223

本科李海明，中铁建工集团 / 雄安站站房二标项目部副经理
哪有一蹴而就，都是百炼成钢 /225

本科赵杰，美团点评 / 闪购事业部运营经理
最重要的是自我管理和自制力，一个人的自制里藏着幸运 /228

硕士付浩，生态环境部核与辐射安全中心 / 工程师
时间规划最好以天为单位，不要周期过长，要利用好零散时间 /232

硕士李静，国家开放大学 / 助理研究员
当初忍的痛日后都会化成光 /234

硕士杨琼，中国城市建设研究院 / 城乡规划师
好好学习会让你优秀一阵子，持续学习会让你优秀一辈子 /237

硕士吴晓明，国网山东省淄博供电公司 / 经理
有兴趣才有学习的动力，才会不断地想要汲取相关的知识 /239

本科周天翼，招商银行深圳分行 / 项目经理
培根固本则枝繁叶茂，万丈高楼以根基为重 /241

硕士高成琳，天津市市政工程设计研究院 / 工程师
人生如长跑，高考成功只能代表大学的起点较高 /243

硕士贾盟，保密 / 保密
高考改革意味着将来的就业更趋于多元化 /246

本科于靖，中国移动衡水公司 / 职员
规划尽可能细致并贴近现实 /249

硕士王伟丽，博西华电器（江苏）有限公司 / 测试主管
让优秀成为一种习惯 /251

本科刘蕾，北京视通科技有限公司 / 软件工程师
努力不是被逼出来的疯狂，而是做事该有的态度 /254

◎编后记：种桃种李种春风

序：梦想绽放，我们在路上

228班班主任 王文霞

衡中228班文集出版，作为高二、高三陪伴228班66名同学成长两年的班主任感到非常高兴和欣慰。

228班，是一个响亮的名字。2005年高考，衡水中学35人考入清华和北大，这个班占了其中的8个席位。228班37人考入北京一流高校、66人全部考入全国重点大学。进入大学后，228班学子继续秉承衡中"追求卓越"的校训，心存梦想，刻苦钻研，坚持不懈，勇攀高峰。研究生学历比例超过65%（其中30人获得硕士学位、13人取得博士学位），43人在政府机关、国企、外企等单位就职。

郗会锁校长认为，衡中学生身上有着一种鲜明的文化印记，这种特质概括起来统称为"非常8+1"，即梦想力、激情力、吃苦力、抗压力、专注力、自律力、凝聚力以及坚持力再加上一个好习惯，而这一切无不在228班学子身上体现得淋漓尽致。

作为衡水中学优秀毕业学子的代表，他们用实际行动诠释着"衡中精神"的内涵。大学毕业后，228班学子在不同的工作岗位上，有责任，有情怀，有担当，有奉献，逐渐成为堪当大任的国家栋梁。每次赴各地讲学和部分孩子小聚，或是日常他们打电话向我汇报生活工作情况，都洋溢着奋斗的充实和小有成就的快乐。心怀家国、朝气蓬勃、拼搏进取的他们，正向着自己的人生梦和伟大的中国梦矢志奋斗，创造着无愧于青春、无愧于人民、无愧于时代的辉煌业绩！

这本书，有同学们对高中生活的回忆，有对大学生活的记录，有走上工作岗位后的探求，也有对现在学弟学妹采访的思索，从饱含深情的字里行间，可以感受到他们对衡中的热爱、对青春的怀念、对未来的憧憬和对国家民族的担当。阅读他们的文字，两年共同成长的一幕幕情景又浮现在眼前，课堂上的激烈碰撞，辩论赛上的唇枪舌剑，运动场上的奔跑呐喊，班会课上的思想共鸣，班级活动的各显身手，师生交流的会心一笑……即使是成长途中的小坎坷、小烦恼，时光荏苒中也平添了一抹暖意。这本书浓缩着一个个阳光纯粹的奋斗故事，洋溢着一缕缕真切朴实的赤子情怀，铭记美好的青春，领悟人生的启迪。每一篇文章都是在讲述一个属于学生自己的故事、衡中的故事、青春的故事，值得细细品味，值得大家借鉴。

真诚地希望228班学子和所有衡中学子，不管大家身在何处，请永远记住这个曾经奋斗过、付出过、收获过的青春战场——衡中，因为我们拥有一个共同的名字——衡中人！

习近平总书记强调，"青年兴则国家兴，青年强则国家强"，青年一代有理想、有本领、有担当，国家就有前途，民族就有希望。希望广大青年朋友要铭记总书记嘱托，坚定理想信念，锤炼高尚品格，练就过硬本领，勇于创新创造，舒展中华气派，唱响盛世节拍，因为我们都是追梦人。

在本书出版过程中，得到人民日报出版社、衡水中学观澜学社同学以及228班同学们的大力支持，在此一并表示感谢。

是为序。

衡中首届实验班毕业生分享：
这些事越早知道越好！

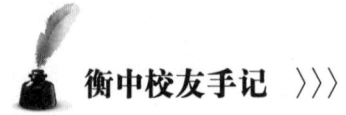
衡中校友手记 >>>

理想和现实之间总有一条路,那就是努力

姓名	齐腾
高中	228班39号
大学	本科(本硕连读):中山大学/口腔医学专业 博士:中山大学/口腔医学专业
工作	中山大学附属医院/医师
荣誉	高中:体委 大学:团支书;获得全国京剧二等奖

  2002年我正式踏入衡中,已经是很久以前的事了,离开衡中也已经多年,但是衡中的生活还历历在目,还是那样鲜活生动。三年的高中生活,衡中教给我的东西,让我受益一生。

  不知道从哪里说起,那就从最近很火很热的高考宣誓来说吧。看到网络上铺天盖地的骂声,突然有种"别人笑我太疯癫,我笑他人看不穿"的感觉涌上心头。时至今日,不对,不只今日,今生我都将感谢衡中给了我这个机会,给了我这个平台。

  也许有人不理解,甚至经常能听到这样的言论:"你们学校就是泯灭人性,就是大学流水线,就是高分低能教育的典型。"不错,排除有些人抱着吃不到葡萄就说葡萄酸的心理,我可以理解剩下的大部分学生、家长或者社会人士内心的想法:"孩子们像着了魔一样地努力,像着了魔一样地勤奋,像着了魔一样地要求自己,莫非孩子真的着了魔?"但母校确实没有洗脑、打骂,有的只是给你指出一条通向未来的道路,给你建造一个又一个可以登上山峰的台阶。至于路走不走、台阶爬不爬,完全取决于你自己。所幸,衡中的学生都是聪明的,千里之行,始于足下,他们一步一步地向着自己的目标踏踏实实地前行。

高中时我们为什么要努力

记得高三的时候看到一篇文章，文章的题目很长，《我奋斗了18年才和你坐在一起喝咖啡》。作者出生于一个贫苦的农村，靠着不懈的努力，大学毕业18年后终于在上海站稳了脚跟。标题那句话是他和公司的一个本地新晋小职员坐在咖啡厅时讲的，我读了深受触动。我的家乡衡水市如果没有衡中，也许中国很多人都不知道还有这么一座城市，虽然它远远强于贫苦的小山村，经济水平却远远落后于其他城市的平均水平。年幼的我和所有的同学一样，封闭地活着。经济的落后必然导致眼界的狭小，这是毋庸置疑的。当时的我们都期待着有朝一日可以走出家乡，去看看外面的世界，看看北京、上海、广州，看看纽约、伦敦、莫斯科。当然这一切对于那时的我们来说就是一个美丽的泡沫，想想还可以，一摸马上就破了，直到我进入了衡中（这在我的家乡是一件很光荣的事情）。听学校老师讲起学长们，知道他们每个人都经过努力考上了自己心仪的学校，最终在自己梦想的地方找到理想的工作，安稳地定居，我突然内心有点儿悸动——原来一切都不是自己想的那么遥远。也正是那时我才知道原来理想和现实之间虽然遥远，但是总有一条路能够抵达，那就是努力。正是这一点支撑着我走到现在。

大学时我们为什么要努力

高中毕业后，我最初的梦想就是将来一定要在广州站稳脚跟。有了目标，有了规划，剩下的就是行动了。我考取的专业是中山大学口腔医学七年制，本硕连读，本科、硕士实习都是在学校的附属医院——全国排名前十的中山大学附属口腔医院。我非常喜欢医院的设施、文化以及老师们优秀的技术，渴望成为他们中的一员，但是医院只招收应届博士毕业生。为了实现我的目标，我在硕士的最后一年，一边做着复杂而无聊的实验，一边努力地复习课程，同时要完成医院安排的临床任务，还要准备几万字的硕士论文。在论文交上去的当天下午，我再也压制不住身体的疲劳，病倒了，足足四个月才恢复。但是我不后悔，最终我圆满地完成了硕士学业，不但硕士学位答辩得到了在场教授、专家的一致称赞，而且超额几倍完成了医院的临床任务，大大丰富了自己的临床经验，还以优异的成绩考取了中山大学的口腔医学博士。

我相信自己一定能够在广州闯出一片天地，我更相信如果没有三年的衡中生

衡中校友手记 >>>

活后来的这一切对于我来说真是不可想象。

感谢成就了我们的环境和老师

衡中，我的母校。有人说，母校就是那个只有自己可以骂却容不得别人说半句不好的地方，我深深地赞同这一点。曾经无数次地听到、看到个别同学对于衡中的教育模式极尽辱骂之能事，每次我都碍于同学情面没有上前分辩。终于有一次在大家一起喝酒的时候，又有一个某地的同学讲他们那里的学校宽松自由，学生博学多才，说不像某些学校，只一味地追求成绩，最后搞得学生们都是学霸，穿衣服都要人帮忙，末了还不忘加上一句：就像什么衡水中学。

用句不恰当的话来说，就是酒壮怂人胆，反正我当时是真的忍不了这些论调一再地出现了，我清清楚楚记得我反驳他的一席话："不要说什么你们在高中阶段学有所成，你现在能和我在一所学校，纯粹是因为政策照顾你。你去我们河北考考，你能考上啥？我不知道什么叫高分低能，我只告诉你一个事实：我父亲是电工，我从上小学前就会把各种元件焊接起来制作收音机；我母亲在书店工作，我读过的书光书名估计就比你看过的标题都多。到了大学，我现在是咱们班的团支书，领导能力有目共睹——我大学期间学习了京剧，得过全国京剧二等奖；我热爱辩论，加入了中大的校队（中大的校队曾经在国际大专辩论赛上得过冠军）；我学习拉丁舞，两位老师分别是国际裁判和某年的黑池（拉丁舞的国际顶级赛事）冠军。不久前我还被邀请进入广东省青年队，我因为学业繁重婉拒了。再讲些软才能，玩起游戏来，DOTA、WOW你哪个打得过我？去唱K有谁想听你唱歌？扑克、麻将、牌九、乒乓球、羽毛球，又有哪一项你能赢我？近在眼前的一项，喝酒我至少可以喝倒两个你！倒是不知道你的低分高能到底体现在哪里？"几句话讲完，突然有种多年的老便秘一朝通畅的感觉，总算是出了心中的一口恶气。我不提倡人人都因为母校去和别人吵架，而是要做好自己、完善自己、提高自己，叫别人羡慕自己，流言迟早不攻自破。

提起衡中，不得不提的还是衡中的老师。至今为止，在衡中之外我没有见过一个像衡中老师那样负责任有担当的老师。有人说，高三苦，高三累，可是同学们，我们的高三充其量也就一年，当然某些情况下可能两年或者更多，但是衡中的老师们，有很多在高三的位置上一干就是几年、十几年。在衡中，学生晕倒的没几个，但是老师累倒、晕倒的我看到过好几次了。他们不求名、不求利，为的只是让学生们考上一所理想的学校，过上理想的生活。

我记得非常清楚，某次晚自习前，我去找班主任王文霞，到办公室才得知她刚刚突然晕倒，被送往医务室了。我忐忑地回到教室，跟班长商量去探望老班，却突然看到她进了教室，然后静静地守着同学们自习。后来我才得知，到医务室没多久她就醒过来了，没有接受治疗，没有休息，马上回到班级守护自己的学生。当晚，我们的自习效率格外高，大家都是眼中含着泪默默地看书。现在想起来，心中还是一阵阵感动。

衡中老师的勤奋叫人感动，更叫人心疼，也留下了许许多多的佳话。记得高一时，某天上课，隔壁班突然传来了一阵又一阵的欢呼声，原来他们的老班在课堂上宣布跟同学们请一天假，说明天的课会由别的老师来代，理由就是她有一个"不得不参加的婚礼"。短暂的沉默后，同学们终于明白了，原来明天是老师结婚的日子，可最近一直都没见她缺过一节课！祝福之余，更多的就是感动。

这样的事在衡中数不胜数。我想说，衡中是我至今为止唯一见过的一个到处洋溢着奋发、洋溢着向上、洋溢着感动、洋溢着正能量的地方。她当时哺育了我，现在激励着我，将来我一定要用自己的努力来回报她！

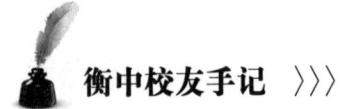

修学修心，与子同袍

姓名	冯世鹏
高中	228班1号
大学	本科（提前批）：清华大学／航空航天专业 博士（直博）：国防科技大学／航空航天专业
工作	保密／保密
荣誉	高中：获得河北省化学奥赛第一名；荣获河北省"三好学生"称号 大学：清华航院团委副书记；连续四年获得清华一等奖学金；连续三年代表清华大学参加全国航模锦标赛并获得一等奖，自行设计的飞机勇夺2017年全国航模锦标赛载重一公斤级冠军；荣获清华大学"十大科创之星"称号

自2005年高中毕业至今已有十多年，看到群里在征集再版班级回忆录，于是再也抑制不住写一篇回忆录的冲动。

一、修学修心，立功砺志

衡中三年给了我太多回忆，一方面是由于这三年充满激情、风景遍地，虽在方寸之间，却能纵论万里之外；另一方面是由于相比大学是塑造世界观的时期，高中则是塑造精神品质的阶段，影响深远。我高中毕业进入清华大学，社会工作轮岗五次，由组员、组长到航院团委副书记，历练了实干能力，毕业时，能够无悔大学四年青春，这都离不开衡中三年的精神养成。

古来求学者，只闻寒窗苦读十余载，待学业有小成方游历天下增长见闻。未曾见从小就吹拉弹唱样样皆精而为国之栋梁者。衡中三年进行了一场闭关的纯粹的思维训练，在物欲横流、乱花迷眼的时代殊为难得，幸何如哉。以博学、深思、明辨、笃行的精神洗涤淬炼心智，待升入大学，我衡中学子莫不是学习、爱好、特长、组织能力出类拔萃者，概因有更坚强的心智、更惜时的精神、更刻苦的毅力，是故修学先修心、立功先砺志。

二、与子同仇，与子同袍

"王于兴师，修我戈矛，与子同仇"，高考是大战，大战之时当奖励耕战，杀敌者赏，畏敌者罚。高考如战场，都已上阵还喊着素质教育的仁政王道，扭扭捏捏、遮遮掩掩？全力以赴尚且不逮，何况分心旁顾，岂有不败！就是在这热血沸腾、波澜壮阔的三年，我在衡中结识了两类人，一类是时时鞭策、鞠躬尽瘁的老师，一类是无惧天地、情同一家的同学。

衡中老师精于专业有口皆碑，但是在衡中，不会煽动、鼓舞、谈心的老师不是合格的老师。煽动者，令师生上下同欲也；鼓舞者，令同学先后同进也；谈心者，见异变于青蘋之末而疏解之。班主任王文霞老师，学生不食绝不先食，学生不睡绝不先睡，古之为将者不过如此。而王老师仅仅是衡中教师队伍中共性一员而非特例。同窗如潘林之智慧、洪建之敏捷、宇朋之玲珑、天翼之扮痴、孙昊之自成、伟丽之老成、付浩之嬉闹、顺庆之若愚、"崔大"之内秀、王超之善鼓、贾盟之乖巧、齐腾之霸气、瑞川之俊秀、"奶哥"之闷骚、怀赢之聪颖、宏宇之敦厚、"大侠"之风范、佳琦之清奇、阿美之颖悟、刘烨之嘚瑟、海涛之睡知、"峰姐"之细腻、"狼哥"之认真、"大妈"之内持、李鹏之静思、"豆豆"之筹划、德民之坚持、泰青之钻研、李杨之苦思、成琳之豪气、"蛋康"之纯洁、晓林之清婉、志昂之贬损、小康之踏实、丁忆之个性、杨琼之狡黠、竞文之善断、赵悦之有思、于杨之俏皮、彦静之直率、刘娟之泼辣、世政之奇异、张倩之大度、春晓之内敛、黄隽之隽秀、于靖之大略等，莫不具有共同的惜时上进之特点。一雁难飞，群雁南飞，共同砥砺，与子同仇。感谢人生路上有这样的师长同窗同舟共济、相扶相帮，与子同袍。

三、而立奔波，未失缱绻

蓦然回首，年已而立，帝都忙碌，却未觉前行之困苦，钢铁森林中多了一缕温馨，多赖幼年同学慰藉。与同窗好友隔三岔五小聚，小酌两杯，不亦快哉。最难得，即便多年未见，每次见到从未感觉陌生，一句话后即无嫌隙，这都是衡中修行模式之功。一起扛过枪、一起团结上过战场的感情，非"散养"所能及。14年前的感情如今回想依然如故，后之视今必如今之视昔，20年后、30年后依然温馨如故。

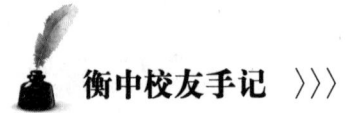

衡中校友手记 〉〉〉

高中提供了通过学习改变命运的机会，也得以形成个人内在的力量

姓名	尚怀赢
高中	228班2号
大学	本科：清华大学／电子信息工程专业 硕士：清华大学／电子信息科学与技术专业
工作	中国电力科学研究院计量研究所／研发工程师
荣誉	高中：荣获衡中"十大学星"、河北省"三好学生"称号 大学：获得清华之友—ESS奖学金、清华校友—同方一等励学金、综合优秀三等奖学金等多项奖学金；荣获清华大学"优秀共青团员""优秀共产党员"称号 工作：发表学术论文9篇（其中EI检索5篇、中文核心2篇）；授权发明专利3项

离开衡中很多年了，可那些与衡中相关的回忆却不时地进入我的脑海。现在看来，在衡中的日子是多么弥足珍贵，因为有着一起经历的事、一起成长的人。

初入高中，请尽快适应学校生活

衡中以严格的军事化管理著称，在这里，一切以学习为中心，我们都在一条直直的、通往高考的跑道上奋力向前。对我而言，衡中就是为我们加油呐喊、为我们做好后勤保障的教练。如果没有衡中，我的潜力不会得到充分发挥。直到现在我还无法忘记，刚刚到衡中时我是多么无法适应，是衡中的环境让我慢慢沉下心来学习。初次踏入衡中的校门，一切都是新奇的。我被分到了郑秀荣老师当班主任的237班。第一次见到六边形格局的格物楼，第一次听周围同学都说普通话，第一次开始住校生活……我的心收得有些慢，以至于在开学一个月之内被罚站、通报批评、叫家长等，都是因为早读迟到、自习喝水等"小事"。衡中的管理就是这样，非常严格，一点一滴的细节也不会放过。在高一那一年里，我相继认识了刘鑫、刘鹏崇（二胖）、韦申、姚红路等朋友，逐渐找到了感觉，适应了激烈的竞争和张弛有度的高中生活。还记得从家乡冀州一起来衡中读书的周天翼、丁忆、马侃、李岩、方冰等同学，大家分布在各个班级，回家时结伴而行。

奋斗于班级，请珍惜激情燃烧的岁月

如果说在237班的日子让我适应了衡中的生活，那么在228班的两年可以说是我成长最快的时光。在那两年里，我知道了什么是师恩，什么是同窗情谊，什么是理想，什么是奋斗……228班是一个团结向上的集体，班里的每一位同学都有鲜明的特点和积极向上的力量。当然，奋斗过程中也有欢乐。当时我大部分时间都是坐在最后一排的，还和刘烨一起给李海明起了一个流传甚广的绰号——"奶哥"，因为海明经常课间冲奶粉喝。"奶哥"的事迹还有很多，王超后来还写过《李海明列传》。

我还和班上的另一位传奇人物齐腾挨着坐过，他喝完藿香正气水后的脸让我记忆犹新——当时他的脸和画了红色脸谱并无二致，据说他后来京剧水平相当高了。

当我犹豫徘徊时，228班班主任王文霞老师在我的周记本上写下鼓励的话；在数学竞赛小组里，王玉瑛老师谆谆教导我们；在高考前夕，董丽红老师为我们播放《沧海一声笑》来减压；还有王国红老师、卢洪涛老师、郭立欣老师，我仍然记得你们在三尺讲台上为我们传授知识时的样子。

每一天都能感受到身边同学昂扬的斗志和进取的精神，每一次班会都能在王文霞老师的引领下擦拭自己的理想，将自己感动得热泪盈眶。在228班的日子，是让我实实在在不断蜕变着的。在228班的生活，是我人生中一段激情燃烧的岁月。

生活于宿舍，请牢记一起奋斗的兄弟

说起衡中的生活，就不得不提衡中的宿舍文化。当时每个宿舍都有自己的名字，贴在房门的玻璃窗上。我的第一个宿舍叫"凌云阁"，最后一个宿舍叫"兵工厂"。

在"兵工厂"里，我在一进门左手边的下铺，临铺是传奇人物齐腾，对铺是有着一头飘逸长发的李志昂。志昂的上铺是"狼哥"张华良，临铺的上铺是说起话来滔滔不绝的王洪建。洪建对铺是说话声音洪亮且文绉绉的孙昊，下铺是帅哥社长尹晓林。每天除了学习，我们待在宿舍的时间最长。在紧张的学习之余谈天

说地,很温馨很欢乐。

　　在衡中的日子,我成长了很多;在通往高考的赛跑中,我经过努力也取得了不错的成绩。衡中给我们提供了一个通过学习改变命运的机会,让我们走向更高的平台,有了更广阔的视野,也让我们形成了个人内在的力量。衡中教会我的,是我在此后人生道路上的宝贵财富。

　　感谢衡中,感谢228班,感谢每一位老师和同学!

班级如同紧凑的建筑，任何一块砖头松动都会导致整体结构不稳

姓名	郑宇朋
高中	228 班 3 号
大学	本科（保送）：北京大学／工程结构分析专业
工作	（美国）埃森哲（中国）有限公司／技术咨询顾问、经理
荣誉	高中：班长；荣获"十大学星"称号；衡中历史上第一个被保送北大的学生 大学：学院学生会主席；获得 POSCO 奖学金、五四奖学金等多项奖学金；荣获"优秀毕业生"称号

　　从衡中毕业已经 14 年了，此后数次回到衡中，也时常回忆那里的一草一木，最让我难以忘记的，是一起学习生活的人。

　　在衡中的三年，接触最多的，就是我那些可爱的同桌了：付浩、晓林、刘烨、齐腾、郝德健……他们在那三年的时间里影响了我，此后，每当遇到一些相似的场景，我总能从中发现同桌们的影子。

　　到 228 班之后，我的第一个同桌就是付浩，之前在球场上见过他但并不熟悉。后来我发现，他不太爱说话，我也不太爱说话，但我们都爱上课的时候说话；他爱打篮球，我也爱打篮球，体育课后我们总是最后一起回教室。

　　虽然上课的时候说话，但自习的时候付浩总是很安静地写作业。不管布置了多少作业，他都不慌不忙的样子，而且每次都能按时完成。起初刚到实验班，每当看到堆积如山的作业我就火急火燎的，恨不得把习题册一口吃掉，后来侧目看到安静地写作业的付浩，我也就慢慢地安静下来，一道题一道题地做作业。我也是在那时发现，很多东西，一口一口地吃，比一大口吞进去要消化得快。我因此抛弃了那个火急火燎的毛病，每次不慌不忙地写作业，每节自习留下几分钟，和周围的同学聊聊解题心得，自习也就不那么难熬了，时间也就越过越快了。

　　记得高三的时候，同学们都在抓紧每一分钟学习，午饭本来 45 分钟的时间，大部分同学都拿出 30 分钟学习，剩下 15 分钟吃饭。每次我都和付浩慌慌忙忙跑

到食堂随便扒两口饭再跑回宿舍，用30分钟的午休时间让自己安静下来才能睡着。后来，付浩说这样不行，每天这样不但伤胃而且浪费休息的时间，建议每个课间多拿出1分钟的时间来学习，这样中午就多了8分钟的时间吃饭，不用跑，也不用占用午休的时间消汗了。我俩一拍即合。果然自此之后，下午的效率高了很多。后来每当我想抓紧时间完成某些事的时候，总要想一想，在最短的时间内做完这件事，会不会浪费更多的时间来为这件事打扫战场。

后来我的同桌换成了齐腾，这是个老搭档了。高一的时候我俩一起办团委活动，每次都搞得像二人转一样。齐腾是一个很特别的同学，和大多数同学不一样，他不打篮球，不玩游戏，只是偶尔打打麻将；不爱写作业，不爱整理内务，却对跑操情有独钟。

齐腾是一个对大多数事情都不上心的同学，所以他上心的事情也就不成为事情了。高三下学期之前，这位同学并没有真正好好学习过，他的大部分精力都放在跑操和帮助班里的其他同学调整学习状态上。

齐腾是个很有集体荣誉感的同学，从他专注于跑操就可以看出来。他还很关注其他同学的状态。记得确定我被保送之后，有一段时间我一直貌合神离地学习生活着，作业以完成为目的，上课以听到为目的。我这种状态被齐腾狠狠地鄙视了一次。在那段紧张的时间里，整个班级就像一个紧凑的建筑结构，任何一块砖头松动都会导致整体结构不稳。我周围的同学，好像都在得知我被保送之后放松下来，其实不是他们放松了，是我的放松导致了整体结构的放松。我让自己慢慢忘了被保送这件事，重新回到了书山题海中。大家也像是忘了这件事一样，重新开始和我讨论问题，那种高考在即的氛围就又回来了。

后来，齐腾在中山大学读了博士，他这个并不爱学习的同学，稳步朝着228班最后一个离开学校的同学的目标迈进。这个在高中时没有太多爱好的同学，成为中山大学舞协的成员、京剧爱好者，每年都要去全国各地参加各种各样的比赛。我很羡慕他，有一个自己擅长且投入的爱好。

和尹晓林同桌的时间并不长，他一直是很乐观向上的。用现在的话说，就是充满了正能量。

在衡中的三年时间，学校曾经举办过一次篮球比赛。第一轮我们面对的就是"三塔"（三个人的身高比我们中最高的还要高）对手。最初，我们被对方当成了软瓜，比赛开始后，对方才发现我们的真实面目。我们积极地拼抢，坚忍地防守，小林表现得尤为出彩，夹击、快攻，积极拼抢的同时，也不忘大声地鼓励我们。我们都拿出了120%的精神。局势一直焦灼，小林也砍下了场上的最高分。本来不太关注篮球的女同学们也围到场边。那时的228班，就是一个整体在战斗。虽然最终我们因为实力上的差距输掉了比赛，不过场上的精气神一直影响了我们很久，在那之后，我们这个集体也更团结了。

高三运动会的时候，我参加了5000米长跑。那天下着雨，比赛开始之后，我发现，不管跑到赛场的哪个位置，都能听到小林加油的声音，时不时还送来各种各样的补给。疲劳了他会提醒我调整节奏，对手提速了他会鼓励我咬住。最后冲刺的那圈，他也是远远地跟着，陪我跑完了全程。我跑了5000米，小林至少跑了10000米。

衡中，总有那么多的人和事值得回忆。我们的班主任王老师，打造了整个228班积极向上的氛围。每个同学都充分发挥自己的优点，去影响周围的每一个人。衡中的三年，是奋斗的三年，是涅槃的三年，是影响我们一生的三年。

衡中校友手记 >>>

生命的原本色调是奋斗的激情的红色

姓名	黄隽	
高中	228班4号	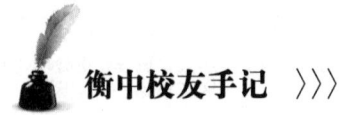
大学	本科：清华大学/生物医学专业	
工作	中日友好医院/医师	
荣誉	高中：数学课代表 大学：多次获得奖学金 工作：发表论文多篇	

　　离开衡中数年，但每每回忆起来都是无悔的青春，告诉我生命的原本色调是奋斗的、激情的红色。有人说，行动一般只能自动自发，但意识是可以培养的，当时的我们稚嫩，"追求卓越，永争第一"就这么被深埋在内心。等我老了，我要告诉自己的孩子，曾经有那么几年，我总是凌晨5点多起床，叠方块被子，蹲着吃饭（以前饭厅没有椅子），每天跑2000米。

　　高中前我从没离开过家，那时的我因为叛逆选择了衡中，却误打误撞做了正确的决定。因为是自己的决定，所以兵来将挡、水来土掩，不让远方的爸妈担心、落泪。衡中让我懂得了互相体谅，明白了爸妈的苦心，也让我懂得了报喜不报忧这件事做起来难，但回忆起来却能感动自己。

　　高中必须感谢的两位老师是孙金宁老师和王文霞老师。

　　孙老师是和我们一起来到衡中的，那一年是我高中生活最愉快的一年，他像父亲也像朋友。记得我们班的卫生一次第一一次倒数第三，极不稳定，他"板起脸来打一下"再"给块糖"，上演了不少闹剧，现在想起来都是嘴角上扬的美好回忆。他爱我们，我们也爱他。如果可以，真想穿越回去，再给孙老师当一年数学课代表。

　　王老师开班会总能给我们单调的生活以清泉般的调剂。谁敢说自己在班会上从来没哭过？我是哭过不止一次，虽然我自认为不是个爱哭的人。但是，哭过，却也自豪着。跟着王老师学习生活，我们真实地成长着，是王老师陪我们度过了那段黎明前的黑暗和成绩的每一次起伏,那时的小心脏都由王老师捧着。228班的历史是一段让人骄傲的历史,我们的成绩有目共睹,这与王老师密不可分。

高中的我们收获了满满的细水长流的友情,总有那么几个人在你彷徨时、想哭时毫不犹豫地收留你。

我想说,有你们真好!

怀念那段时光,那段与世隔绝的时光,没有尘世的浮躁喧哗,仿佛置身于桃花源中。那时的我们不知道"郁闷"为何物,没有所谓的"矫情",无闲暇"感时花溅泪,恨别鸟惊心"。我喜欢那时的自己——有点儿傻,有点儿木讷,但是很有冲劲。

最后,感谢衡中,感谢你在当时给予我们的正确价值观以及绵长的后续效应。

衡中校友手记 〉〉〉

同窗情谊就是毕业多年后想起，微笑不知不觉浮现在脸上

姓名	王维康	
高中	228 班 5 号	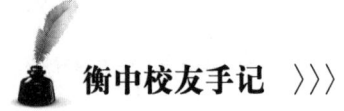
大学	本科：北京大学 / 物理专业 博士：北京大学 / 物理专业	
工作	（美国）匹兹堡大学 / 博士后	
荣誉	高中：物理课代表 大学：大学获得保研机会；多次获得奖学金 工作：发表 SCI 论文多篇	

一转眼 17 年过去了，刚进衡中的情景还印在脑海里：当我背着行李走到科教馆对面 231 班的报到处，褚艳春老师笑着说："又来一个小个子。"我三年的衡中生活就这样开始了。

接到衡中的录取通知书之后，就不断有亲友告诉我，衡中竞争很激烈，要做好处于中游的心理准备，一开始我不以为然，但第一次考试考得很惨，给我的打击很大（后来，在衡中经历了多次考试，只有关于第一次考试的记忆如此清晰）。但是发现周围勤奋聪明的同学太多了，也就慢慢接受了，脑子里只剩下"必须更加努力，一点点赶上来"的念头。高中第一年经历了很多，结识了几个好朋友，也慢慢适应了独自在外求学的生活。

高二分文理班，我有幸被分到了衡中最早的两个实验班之一 228 班，从此也和这个数字结下了缘分。这时的 228 班确实是一个"实验"班，只有短短一个月的试运行时间。在这一个月里，我的学习开始发生质的变化，在郑立新老师的引导下，我开始尝试各种学习方法，这些学习方法让我的学习效率提高了很多。

一个月试运行之后，实验班的效果很好，学校重新分出了四个实验班，我再一次被分到了 228 班。新的 228 班是一个充满激情和梦想的集体。班主任王文霞老师是位非常有个人魅力和领袖气质的老师，非常擅长用形象调动士气。我们都

很喜欢王老师的班会，劳累的大脑可以得到休息，懈怠的精神可以获得动力，每周开完班会都像是重新拧紧了发条，同学们目标一致并相互影响，这种协同效应让一个人从外部获得动力，繁重的学习也就不像外人看起来那样困难了。后来到了大学，每个人都有多种选择，大家的目的和生活不再一样了，大部分时间只能靠自己给自己动力，真的很怀念高中那激情四溢的班会。

在228班的两年时间里，接受过很多优秀老师的教诲：王玉瑛老师，卢洪涛老师，郭艳霞老师，王国红老师，李常虹老师，董丽红老师，周金臣老师，郭立欣老师。当时我属于"问题"儿童，经常缠着各位老师问一些怪问题，老师们都非常耐心地一一解答。

衡中的生活简单而规律，没有复杂的关系和想法，虽然单调，但同样有很多乐趣。在228班的时候，好多人都有固定的吃饭伙伴。我的饭友是高成琳，我们俩属于最晚去食堂捡"残羹剩饭"的那种，所以经常结伴一起。他饭量奇大（后来到了天大，天大男生一般吃一大碗米饭，女生吃一小碗米饭，他吃一大碗、一中碗和一小碗），吃饭速度奇快。为了吃饱，我只好苦练吃饭速度，不然菜都被抢光了。吃饭的时候他喜欢说各种有趣的想法，我经常在吃饭的时候发呆，听着听着就走神了，于是他给我起了个绰号"迂讷"。在宿舍的生活除了睡觉，每天只有很短的一点儿时间，但总是充满欢乐。当时住在别名"藏剑山庄"的619宿舍，宿舍长是王超，很豪爽的大汉，特别负责任，在他的带领下619经常被评为四星级宿舍。我们宿舍号称"独孤九剑"，除了我，每一把都锋芒毕露。睡在我上铺的兄弟是王泰青，非常有思想，经常思考哲学问题；"崔大"是个特别直爽有趣的人，经常拿着一个超大的饭勺；"豆豆"是个非常聪明而且黑得流油的人；小田喜欢抓着上铺的栏杆练腹肌；谁也挡不住周天翼常在床上回忆出生前的动作，而且经常在上铺的栏杆上排开十几双袜子；张佳琦经常和铃声一起进宿舍，非常准时；"奶哥"是个非常憨厚的人，经常逗我们笑。当时的班长是郑宇朋，衡中历史上第一个被保送北大的学生；团支书王洪建经常用跳跃思维和成语混搭震撼我们的心灵；体委是英雄气短的齐腾和嗓门奇大的小翠儿。学习最好的冯世鹏是婉约派，非常低调，但经常是第一名。还有很多有趣的同学，每个人都有不少逸事。班级的气氛非常融洽，毕业十几年了，大家还经常联系，进行集体活动。

随着衡水中学高考成绩的不断提升，当我说出自己的家乡在衡水的时候，周

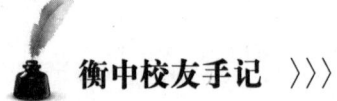

围人提的问题从衡水老白干逐渐变成了你是衡水中学毕业的？即使上了大学，每逢高考，衡中校友还是很关注衡中的高考成绩，炫耀分享关于衡中高考的消息。衡中也因为名气越来越大成为外界争议的靶子，尤其是对于衡中管理的各种议论。很多人会问我衡中的真实情况是否如传言所有人都像被洗脑似的。对此，我只想反问一句：梦想的激发是洗脑吗？在衡中的三年，我一直相信只要凭自己的努力就可以进入梦想的大学，这个简单纯粹的信念支撑我考进了北大。在浮躁的时代，单纯靠自己的努力可以实现的目标越来越少，衡中三年那种简单纯粹的岁月真的弥足珍贵。那段岁月把很多人送上了新的高度，改变了个人乃至家庭的命运。

一直很庆幸自己进入衡中，来到228班，实现了中学时代的梦想。怀念那挥洒青春的岁月，怀念那简简单单的时光，怀念那时的老师、同学和我。

不惧从零开始，无悔奋斗青春

姓名	李鹏
高中	228 班 6 号
大学	本科：清华大学 / 建设管理专业
工作	生态环境部环境工程评估中心 / 调研员
荣誉	无

好多年没有静下来写写文字了，忽一提笔却有点儿忘词，不知该从何说起，不知该如何讲述我的高中岁月。

时间真的很奇妙，不知不觉中我已不再是那个一脸稚气的学生，变成了一个为了柴米油盐酱醋茶整日奔波在城市之中的青年。可是每当夜深人静，一个人静静地躺在床上，默默回想起高中时代的生活时，嘴角却总会不经意地露出一丝微笑，那是埋藏在内心深处最真实的表达。

2002 年 8 月，一个瘦瘦小小的男孩背着大大的书包，在父母的陪同下来到了这个陌生的地方——河北衡水中学。办完入学手续，父母带着他到门外的小店吃了一碗饺子就匆匆去赶回家的末班车，留下男孩一个人面对着偌大的校园痴痴发呆，这个男孩就是我。那时的我刚满 15 周岁，从小很少离开家门的我突然来到这座城市这所学校，感觉有点儿好奇又有点儿害怕。没有父母，没有同学，什么事都要从零开始，做什么事都小心翼翼。记得开学第一天做自我介绍，当时真的好紧张，轮到我上台的时候都不知道自己在说什么，好像是语速快到了极点，引得老师和同学们一阵哄笑。第一次走进食堂就被里面的壮观景象震撼了——1000 多人同时蹲在食堂的地上吃饭。我刚买完西红柿炒鸡蛋和馒头正准备吃却被高年级的学姐一脚把饭盆踢翻了，学姐急忙道歉非要请我吃一顿，我却紧张得不行，好像是我的饭盆踢坏了她的脚似的，连她长什么样子都没敢看就急忙说"不用了"，草草啃了几口馒头就回宿舍了。现在想起来真的是好傻。

经过高一一年的学习和生活，我逐渐适应并爱上了衡中这片热土。我的成

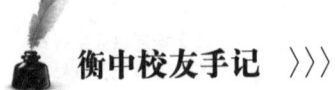
衡中校友手记

绩算不上多么出色,不过还是成功来到了228班这个改变我命运的班级。应该说高一一年的学习让我认识并适应了衡中,而真正给我留下刻骨铭心记忆的就是在228班的两年时光。在228班,我经历了大起大落、大喜大悲,度过了迄今为止人生中最为充实最为精彩的两年。

最期待:煎饼馃子

上初中时,我在家附近的村中学住宿,当时条件十分艰苦,没有热水,没有热菜,三个人挤在两张床上,一间屋子整整齐齐摆满了几十张上下床。到了衡中之后,很多同学觉得条件艰苦,可是我却觉得幸福死了——饭菜可口,住宿舒适,教学条件就更是一流了,唯一的遗憾就是不能时常回家看望父母。不过就像现在城里人喜欢吃野菜杂粮一样,食堂吃久了也是会腻的,那时最期待的就是每到放假和同学出去买煎饼馃子吃,那叫一个香啊。

最煎熬:高三时光

从小我的学习一直是不让家里人操心的,而且我应该算是乖孩子那一类的,也很少让老师生气,所以我从来没想到自己会在学习中出现那样的状况。那时应该是高三了,起初我生了一场大病,得了中耳炎,每天中午到校医务室去输液,然后赶紧跑去上课。有一次数学课,我实在困得睁不开眼了,恰巧王玉瑛老师提问我,我却连老师在说什么都不知道,真的特别尴尬。好不容易熬到病好了,家里又有了变故,当时真的感觉像晴天霹雳一样,从那时起我整个人消沉了很多,期末考试竟然破天荒地考到班级30名开外。记得当时考完试给妈妈打电话,说着说着眼泪就流下来了。这时我人生中最重要的老师给了我莫大的鼓励,她就是班主任王文霞老师。因为成绩下滑得特别厉害,几乎所有老师都找我谈过话,唯独王老师给我的一直是信任和鼓励,后来我知道了那段时间她一直与我妈妈保持着联系,希望可以帮到我。是她的鼓励和关爱帮我度过了那段最艰难的时光,是她造就了今天的我,在此,我要真心地向王老师说一声:"谢谢老师,您辛苦了!"

最兴奋:跑操

应该说衡中的一大特色就是跑操了,而最令我兴奋的就是每天清晨在跑步中锻炼自我，喊出"二二八班，霸气冲天，浴血奋战，清华同班"的口号，每天都精力充沛、信心十足。正是每天在这样的锻炼和激励中，我逐渐找回了自我，逐渐升华了自我。

如果人生有如果，我真的好想重新回到衡中，回到那片曾经挥洒过汗水与激情的热土，去重温那激情的岁月；如果人生有如果，我真的好想重新选择自己的人生，好想走上那三尺讲台，去体会老师的精彩生活；如果人生有如果，我真的好想重新活一回。衡中，我永远爱你！228班，我永远爱你！

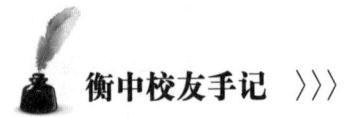
衡中校友手记 〉〉〉

天道酬勤,要想比别人更卓越唯有比别人付出更多

姓名	王泰青
高中	228 班 7 号
大学	本科:清华大学 / 电子信息科学与技术专业 博士(保送):清华大学 / 机器学习与计算机视觉专业
工作	(美国)Facebook/applied research scientist
荣誉	大学:以本专业综合排名第一的成绩保送博士;多次获得学校奖学金和国家奖学金;获得全国大学生英语能力竞赛特等奖、北京市电子设计竞赛一等奖、全国首届无线单片机设计大赛三等奖

  中考后的那年暑假,我收到了衡中的宣传手册,在印刷精美的册子上看到的景色让我陶醉、向往:静静的夜空下,曲折的小路旁,格物楼映照出白炽灯的光芒,晶莹剔透得宛若一颗镶嵌在校园中的珍珠,吸引我恨不得飞入画中,坐在明亮的教室里静心学习。我如愿进入衡中学习,又不知不觉离开衡中多年,回想起那段时光,往事仍历历在目:为老师和同学的亲情感动过,为成绩进步高兴过,也为名次退步焦虑过。衡中留给我的最宝贵的教诲,就是"追求卓越"的校训。

  天道酬勤,要想比别人更卓越唯有比别人付出更多。

  衡中的生活是将时间利用到极致的生活。每天凌晨 5 点 30 分,伴着起床的音乐,我们以最快的速度洗漱完毕,奔向操场。大家默契地站好队,拿出随身的笔记本或字条大声朗读。即便是等待跑操的几分钟时间,都被我们充分地利用起来。

  衡中有一道风景,是就餐时千军万马奔向餐厅的场景:老师宣布下课的声音就好像发令枪,大家像箭一样蹿出教室,跑向餐厅。到达餐厅的时间越早,意味着排队的人越少,就能尽快吃完饭回到教室学习。尽管只能挤出十几分钟的时间,但是积少成多、聚沙成塔。更重要的是,这体现了衡中学生专注笃行、精益求精的精神风貌。我们将时间视为一种最宝贵的资源,合理规划时间,让时间发挥出最大作用。

衡中能够成为全国十大名牌高中之一，不仅仅是因为学生们学习的时间多，还有一个更重要的因素，是通过高效的学习方法将习题资源利用到极致。

我们平时的习题都是任课老师做了大量习题以后挑选出来的高质量的有针对性的题目，这大大提高了我们做习题的效果。我们人手一把剪刀、一个胶棒和几本错题本，遇到做错的题目，就用剪刀把题目剪下来，贴到错题本上，然后写上正确的解答和自己的反思。老师常常教导我们，如果你把高中三年的错题都整理在错题本上，这些错题本就是你所学知识的最佳浓缩——平时浏览可以巩固薄弱知识，考前复习可以有的放矢、胸有成竹。这些错题本我至今还收藏着，每每拿出来翻看，都不禁感慨这种学习方法的精妙——几本像剪报一样的本子竟浓缩了我高中期间做过的数不清的试题，并且是以最适合我的知识结构弱项的方式留存下来。

关于衡中，还有一些特别美好的回忆。比如，高二那年的八十华里远足，我们从学校出发，步行到衡水湖野餐，然后再返回。一路上，大家兴致都很高，有唱歌的，有对诗的，说说笑笑。快到学校的时候，大家基本上都相互搀扶着。虽然非常累，但是感觉特别好，像是从前线打了胜仗归来的士兵。

还有就是周末晚上在教室里看电影，真的要感谢班主任兼语文老师王文霞，王老师不仅课讲得生动有趣、引人入胜，而且灵活施教，经常向学校推荐一些与课文有关的影片放给我们看，以此加深我们对课文的理解，丰富我们的语言素材。

当然，也有比较郁闷的事情。还记得高三下学期有一段时间，我的状态特别差，虽然非常认真地学习，但是简单的题目也会莫名其妙地做错。我内心十分苦闷，不断地尝试与自己做斗争，不断地尝试打开自己的内心，剖析原因所在。最终，在班主任和同学的帮助下，我战胜了自己，找回了应有的状态。

在衡中养成的优良习惯一生受益。步入大学，虽然不再有升学的压力和老师的督促，但我仍然会合理规划时间。比如，我坚持当天课程的作业当天完成。大学课程的信息量很大，趁着印象比较深时做作业，可以巩固知识，加深对知识的理解。一门课程一周往往只有一到两次课，两次课相隔时间比较长，为了在下次上课时更好地接受新知识，我尽量在前一天至少是上课前抽出一段时间来复习之前的内容。大学四年下来，我绝大部分的课程都在90分以上，成绩名列前茅，

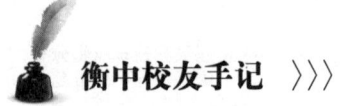

多次获得学校奖学金和国家奖学金。

对于注重实践能力的课程,比如软件编程、电路设计等,我借鉴高中的错题本,建立电子版笔记本,将自己容易犯错误的地方和实践中总结的经验归纳整理下来,这使我不仅理论课程的成绩很好,动手实践能力也很突出。暑假期间在中科院某研究所和某外企研究院的实习经历更加增强了我的自信,证明自己不单掌握了象牙塔里的理论,也具备了胜任实际工作的能力。

此外,我积极参加多个学科竞赛,获得了全国大学生英语能力竞赛特等奖、北京市电子设计竞赛一等奖和全国首届无线单片机设计大赛三等奖,最终以本专业综合排名第一的成绩被保送至清华大学电子工程系攻读工学博士学位。

在我读博的四年中,在衡中养成的坚韧不拔的品质是我面对科研困难时的最大精神支柱。做科研与本科学习有着根本性的不同。本科学习的课程都是经过实践千锤百炼的经典知识,你只需理解掌握、灵活运用就可以了,而科研工作是探索未知,为人类创造新的知识,往往做了很长时间的一个方法被实验证明是无效的,看着自己的辛苦化为乌有,内心难免苦闷。每当这时,我就告诉自己,虽然实验失败了,但是知道这种方法行不通本身也是一种收获,坚持不懈地从失败中总结教训,调整方向不断探索,就一定会成功。

离开母校已经多年了,但是母校给予我的精神财富让我们终生受用。感谢班主任和任课老师对我们的悉心培养,给予我们母亲般的关怀。祝愿母校不断创造新的辉煌,桃李满天下!

好学校能给学生强大的精神力量，分数和升学率只是顺带的衍生品

姓名	于杨
高中	228班9号
大学	本科：北京邮电大学/通信工程专业 硕士：北京邮电大学/通信工程专业
工作	中国移动天津公司/经理
荣誉	无

衡水中学，传说中的"高考工厂"。十几年前，我讨厌这个地方，高中消耗了我的激情、热情。十几年后，我开始怀念它，因为我发现衡中精神一直伴随着我向前的脚步，从未离开。我很怀念衡中，怀念我的老师们、同学们，怀念我们青春和奋斗的样子，还有一群人为了一个目标而努力拼搏的日子。

在衡中，我遇到了有生以来的几个"最"：最善良的一群人，最值得珍惜的朋友，最认真负责的班主任，最优质的学习环境。我遇到了能遇到的最好的人，最有能力的人，最懂自己想要什么的人，他们现在在各个地方，继续优秀着且拼搏着。

感恩衡中培养了我坚忍的品格，造就了我良好的时间管理和快速学习的能力，这种能力无时无刻不影响着我，让我在现在从事的工作中游刃有余。我目前从事通信技术方面的工作，工作环境以男同事居多，但每次公司组织竞赛比武，哪怕只有我一个女性参加，我都能名列前三。

"把优秀当成一种习惯"——这种衡中精神一直鞭策着我。

一所好的学校，能够给学生强大的精神力量，培养学生良好的生活习惯。至于好分数和升学率，只是顺带的衍生品。以后人生路还很长、坎还很多，我要带着衡中这种纯粹、担当、拼搏的信念走下去，做一个悦纳、笃定的人。

感恩衡中，感恩所有。

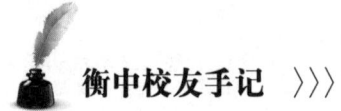
衡中校友手记

时光不老，纸短情长

姓名	王洪建
高中	228班10号
大学	本科：清华大学/能源动力系统及自动化专业 博士（保送）：清华大学/动力工程及工程热物理专业
工作	北京市煤气热力工程设计院/道石研究院总工程师
荣誉	高中：团支书；获得奥林匹克数学竞赛一等奖 大学：清华大学热能工程系班长、副书记、思想政治辅导员；获得清华大学专业优秀奖学金、综合优秀奖学金等多项奖学金，获得研究生国家奖学金；获得清华大学"一二·九"辅导员奖；荣获清华大学热能系"优秀研究生学员""学术新秀"、北京市"优秀毕业生"称号 工作：能源行业高温燃料电池标准化技术委员会委员；获得中国华能清能院科学技术进步奖一、二等奖，中国电力技术市场协会2016年度电力行业万众创新成果一等奖；荣获中国华能清能院年度"先进个人"称号；以第一作者身份发表论文16篇（其中SCI/EI10篇、综述文章5篇），获得国家专利共16项（其中发明专利6项、实用新型专利10项）

  时光匆匆，工作已有多年。从校园走向工作岗位，让我更加深刻地体会到老师们当年的良苦用心。工作中的挑战多、困难大，有时也会很迷茫，但我从未忘记老师们的谆谆教诲，因此总是迎难而上、追求卓越、坚定远大的理想。挑战让自己更有勇气，困难让自己内心更加强大，充满不确定性的未知世界让生活更加多彩。生活中也许更多的是平淡，但希望能够永葆年轻时的拼搏精神，不忘初心，砥砺前行。

  一提起228班，思绪便在脑海里翻滚，因为之于我，228班不仅仅是三个数字，而是一个永不磨灭的番号。那里有我可爱的同学、敬爱的老师，还有那美好的回忆……

  那时的我话比较多，不知道哪来的那么多想说的话，班主任为此特别安排潘林和我同桌，后来的同桌还有小康——康春纪，他俩有一个共同的特点就是话少。为此我还特别地思考过，为什么我想说的话说不完，而他们却没什么想说的。潘林的回答一直印象比较深刻，他说，因为觉得没必要。现在回想起来，我的确说了很多废话，或许这是在透支未来要说的话吧。

老师把潘林和我安排在一起还有一个原因吧——数学竞赛。我们两个都比较喜欢数学，因此参加数学竞赛成了我们的一种享受。我们两个经常弄一些有趣的数学题来做，甚至为有些题目思考一星期。在高考的压力之下，仍然乐此不疲。当然更有趣的是，我们俩还会努力发现一些数学的小乐趣，例如228这个数字有什么特点呢？数学在高三生活中还有另外的作用，就是让人静下心。压力大的时候就做两道数学题，顿时就忘了一切，包括高考。最庆幸的是，潘林和我在数学竞赛上还有了一些收获，在此感谢老同桌潘林以及数学。

我和小康也有一个共同的特点，但希望这个不是将我们安排在一起的原因——写字草上飞。我们一直都很享受这样"飞"一般的感觉，偶尔被老师说，我们还互相安慰一下。小康是个很乐观的人，能够给人正能量。和小康在一起的日子，恰恰是高三压力最大的时候。那时自己的成绩起伏也有点儿大，心理压力很大，但小康总能用自己的幽默让人轻松一刻。一直也没跟他说声谢谢，借此机会谢谢小康。

228班的每一个宿舍都特别团结，而且都有着不同的文化，我们宿舍当然也不例外。"兵工厂"是我们宿舍的雅号，形容我们像钢铁战士一般，不过后来貌似只有"狼哥"一个人选择当兵。我们兵工厂有一位帅气的"厂长"——晓林。晓林在宿舍里一直都很有威信，所以宿舍的纪律和卫生都还不错，但有一个人是例外，那就是齐腾。齐腾很有影响力，并且不仅限于228班，在整个衡中也是名人，这也是让我们宿舍引以为豪的事情。特别是碰见后来的衡中校友，我偶尔还会问认不认识齐腾，说自己和齐腾是一个班的。呵呵。"兵工厂"其实并不像名字那样铁血，而是一个温馨的家，大家在一起能够互相体谅。特别是昊子，每天面临着失眠的困扰，但每天都还是老老实实地按时躺在床上……每次放假从家回来，大家都不忘分享一下各自带来的美食。谢谢你们的美食和美好的回忆啊。

228班的团活动是不得不提的一件事情，为什么？因为我就是团支书，呵呵。我现在都想不起来我是怎么当成团支书的了，是不是因为我说话太多？这样一来，

衡中校友手记

凡是团活动没人发言的时候，总有一个人能够从开始一直讲到最后。但除了我之外，其实还有一个"托"——郝德健。德健的幽默众人皆知，有一次印象非常深刻，他说还是先从4岁那年的故事说起吧。当然，还有他那次介绍背课文的经验，用唱歌的方式，也确实堪称经典。228班的兄弟姐妹们估计忍受团活动很久了，希望我的一声"谢谢"能够缓解团活动给大家精神上带来的创伤。话说，后来我们班还被评为市红旗团支部，同学们还记得不？

老班王文霞老师是班里最辛苦的人，她将所有的心血都放在了我们身上。除了备课、教课外，每天早上她都会跟着我们出操，晚上也是等同学们回寝室躺下后才回家休息。她一直都保持着一股热情，而且将这种热情转化成正能量传递给我们。每一次班会，她都会特别悉心地准备，鼓励我们，让我们充满自信与斗志。从她身上我懂得了自信的重要，不过每次见到老班，我都有一点点的愧疚，因为我语文学得很差，而她又是教语文的。特别是写作文，我那时就是瞎写，一点儿条理性都没有（用老班的话来说，这是"发散性思维"，脑瓜转得太快，写字的速度跟不上），可老班还是很耐心地批改我的每一篇作文。有一件事比写作文让我更加头疼，那就是背课文。有一次老班让我背一首诗，可是对我来说真的太难了，我想了很久，一句一句倒着背出来了，被称为"倒背如流"。还有一次，潘林和我一起被王老师叫到单独的教室背课文，真是刻骨铭心啊。可能后来老班也知道我的这个特点，一共就叫我背过这两次课文。谢谢老班。

数学老师王玉瑛是个很幽默的老师，讲得特别清楚，还课外指导我们几个参加数学竞赛的同学。还有物理老师王国红、化学老师董丽红、英语老师卢洪涛、生物老师郭立欣，你们的辛勤付出，让我们收获了知识与快乐，在此也道一声"老师们辛苦了！"

衡中的运动会，估计大家都忘不了。有一年貌似下了点儿小雨，我们搬来凳子，排排坐。充满斗志的体委齐腾和小翠儿，配合默契，调动大家的斗志。不过我好像什么比赛都没参加，就在一旁当啦啦队，还有就是写稿子。说起写稿子，衡中每周的升旗仪式，我们班有谁的稿子被念过？《衡中通讯》谁的哪句话被登上去了？《衡中时空》谁的稿子中了？下一次228班再聚的时候，我们一起来回忆一下吧！在此感谢衡中，给了228班这样一个舞台，让我们在这里腾飞。

还有很多很多难忘的回忆，忘不了一起在体活课上打球、一起讨论问题的日子，忘不了牙疼的时候同学给的止痛贴，忘不了高考数学之后的互相鼓励……真的谢谢你们，谢谢我的兄弟姐妹们。真希望有时光机，希望我们能够再次共同度过这段美好时光。可惜时光回不去，那就期盼我们再聚首，共饮一杯酒！

衡中校友手记 >>>

从不懂竞争到适应竞争再到享受竞争，早走完这个过程就会抢占先机

姓名	郭靖
高中	228 班 11 号
大学	本科：西安交通大学 / 微电子专业 博士（硕博连读）：西安交通大学 / 电子科学与技术专业
工作	西安交通大学 / 特聘研究员、副教授、博士生导师
荣誉	大学：获得彭康奖学金、唐仲英德育奖学金、东方通信奖学金、蒋震奖学金、国瑞奖学金等多项奖学金；荣获"优秀学生""优秀毕业生""优秀研究生"称号 工作：在 Pennsylvania State University 工作期间获得 Edward C. Henry Award（The American Ceramic Society 授予）、Inventor Incentive Award "IIA"（Pennsylvania State University 授予）等奖项，在西安交通大学工作期间获得西安交通大学"青年拔尖人才计划"荣誉；多次被邀请做特邀报告，如在美国奥兰多召开的 EMA（Electronic Materials and Applications）2017 Meeting、北京召开的 2018 IEEE 第二届国际电气与能源大会等会议

又是一年春来到，回想起在衡中的那些日日夜夜，心中不免又漾起了层层涟漪……衡中的那些日子，不仅是我走向成功的阶梯，更是我人生中的重要一站。衡中在我心中已经远远不是一个地名、一所学校那么简单，它是一种精神，一种激励我继续前行的力量！衡中，我腾飞的地方，教会了我太多太多……

衡中，教会了我要有凌云之志。在这里，随处可见的横幅、标语无不在提醒着我要牢记自己的梦想。曾几何时，我初到衡中的时候，还是一个懵懂的少年，并不是十分清楚自己的梦在哪里。当看到衡中外面一长溜的光荣榜，看到那些名校学子灿烂的笑颜时，我忽然觉得冥冥之中有一个声音在对我说："相信自己，只要努力奋斗，你也可以做到。"世间没有脚走不完的路，没有人翻不过的山，于是，步入衡中校门的那一刻，我的心中已然有了一颗梦的种子，在一点点萌芽、成长。进入了衡中，时间永远都是那么紧张。但我不得不承认，那些紧张而充实的日子，是我现在回忆起来能感到幸福的。也正是得益于紧张的节奏，我没有时

间迷茫，没有精力犹豫，心中那颗梦的种子，一天天变成了小树，又一天天将根向更深处扎。一次次的考试，让我时刻保持清醒，看清自己和梦想的差距，调整自己的状态。值得庆幸的是，即使是考得不好的时候，我也从没有改变对梦的执着。当年的名校梦，现在的人生梦，其实都是相通的。人一旦没有了梦，日子就会没有目标，一方面会觉得自己过得"没意思，无聊"，另一方面日子匆匆如流水，不知不觉中就过去了。这样的人生，不是年轻的我们想要的。青春的画卷刚刚展开，我们怎能肆意挥霍时光？感谢衡中，教会了我怎样找到自己的梦想所在并一步步坚持着走向它。

衡中，教会了我适应竞争。这里有很多优秀的同学，如果你不努力，就会有无数的人超越你，你的名次就会"飞流直下三千尺"。适度的竞争对于我们每个人来说都是必需的，竞争使我们保持清醒与警觉，使我们有压力去面对，使我们精神抖擞地迎接每一天。每次考完试，年级排名、班级排名、单科排名、进退步情况、宿舍竞争结果一大堆的数据扑面而来。一开始我也不明白为什么要进行如此残酷的比较，渐渐地，我开始懂得，这种全方位、多层次、立体化的数据分析，使我们能把自己看得更清楚，更能了解自己目前的状态，更能自我调整以期更大进步。从不懂竞争到适应竞争再到享受竞争是每一个人生命中总要经历的过程，早些走过这个过程你就会抢占先机。如果总是回避竞争，不敢竞争，就是还没有长大的孩子，无法融入社会。不必批判高校的竞争，不必批判"万恶"的排名，现实就是这样，没有理想中的乌托邦，残酷的社会竞争中优胜劣汰是永恒的法则。步入大学，离社会又近了一步，我更加清楚地认识到了竞争的无处不在。竞争是使人进步的加速器，也是一个社会不可或缺的助推器。既然无法逃避，就只能让自己变得强大，适应这个社会，适应竞争。感谢衡中，让我在高中时期就感受到了竞争的激烈，让我现在以及将来在面对社会竞争的时候不会害怕或者退缩。

衡中，教会了我调整心态。很多人说高考考的不仅是知识，更是心态。高中阶段，学会知识固然是重要的，但学会如何让自己的心理变得同样强大也是一门必修课。衡中大大小小的考试很多，成绩难免会有起起伏伏的变化。怎样在自己取得很大进步的时候依然保有一颗清醒的心？怎样在自己成绩一落千丈的时候依然拥有一颗执着的心？这些，都是我们应该逐渐学会的。我不得不承认，在衡中那些频繁的考试作用下，我的心态的确日益强大。一次次的考试，就像在我的心

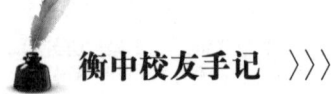 **衡中校友手记**

外面筑上一层层的围墙，足以抵抗狂风骤雨。老班常说"静水流深"，人总要学会安静，寻得内心的淡泊，守得住寂寞，才等得来成功。那些年，班主任的班会无疑是我一生的财富。走进衡中的时候，我的心还是那样稚嫩；走出衡中的时候，我已经学会了笑看风云。等待我们成长的将来，生活中无疑会有各种各样的意外，喜怒哀乐之中，怎样找到自己心灵的平衡点，将会是我们面临的又一挑战。人总要学会长大，长大是心智的成熟。在衡中的岁月里，我学会了长大，学会了在学海起伏中如何找到内心的平衡点，学会了调整内心，学会了让自己变得成熟。

感谢衡中，让我收获了一批给予我幸福的老师同学；感谢衡中，让我收获了一种新的生活方式与体验；感谢衡中，让我收获了一段何时回忆起来都能热泪盈眶的奋斗史……衡中生活，赐予了我一生的财富。

虽然已经离开衡中多年，然而，我还是常常午夜梦回，回到那梦开始的地方，我腾飞的地方……

好心态是比高考多考几分更重要的能力

姓名	张倩
高中	228班12号
大学	本科：中国人民大学/金融学专业 硕士：中国人民大学/金融学专业
工作	中国工商银行业务研发中心/经理
荣誉	无

　　时间是个可怕的东西，特别是突然发现升入高中已经是很久以前的事情了，特别是对自认为还很年轻的我。多年来，我好像做了很多事，经历了高中、高考，读了大学、研究生，然后工作，频繁地面临抉择，而且都是意义十分重大的抉择。我从没有想过，如果当初选择的是另外一种可能，那么现在的我会是怎样的。那样的如果太不真实，自然也就没有任何意义。我也很少去想以前生活的细枝末节，因为总会触碰到一些很柔软的情绪，而这样的情绪，现在的我有些负担不起。

　　但我不能不想起衡中。衡中，我的母校，多年前我开始追梦的地方，很久都没再去探望的地方。奇怪的是，至今我依然可以清晰地记得那里的一草一木，每条小路，每个转角，还可以真切地感受到每次踏入衡中大门扑面而来的肃穆。我总感觉那扇门是有魔力甚至有点儿"恐怖"的——能够厘清我身体里每一根闲杂的神经，肃清我每一丝想要偷懒的念头——欢迎来到这个紧绷的世界。

　　坦率地讲，衡中是个让人又爱又恨的地方。

　　于我而言，从小，衡中就是一个符号。当我还不知高考为何物的时候，它就已经成为我的目标，似乎我所有的努力都只是为了让自己离它更近一点儿。当我最终得偿所愿真的置身其中的时候，还来不及激动，就被现实冲撞得一片眩晕——我以为我到了终点，终于可以休息了，却发现这是一个全新的开始，一个更加残酷的开始。我有种被欺骗了的失落感，曾经一直以为的柳暗花明，当我拼尽全力跑过去的时候，却发现是更加折磨人的山重水复，摆在我面前的是更加残酷的升学压力,还有许多比我更优秀的同行者,而我除了选择在一遍遍的心理建设中重新上路,别无他法。

衡中是个把人逼到极致的地方。我可以5分钟洗脸、刷牙并且洗好头,我可以15分钟之内起床洗漱、叠豆腐块的被子外加扫地拖地、跑到操场,我可以20分钟之内从教室跑到食堂吃完午饭再遛遛达达地回宿舍准备午休,我可以头一天失眠到第二天凌晨3点依然精神饱满地上完一整天的课外加晚自习……

我曾经很多次地向不了解衡中的朋友细数我的光辉纪录,无一例外,得到的反馈都是"不可思议",我很骄傲,同时也暗暗想:"朋友,不到衡中,你也许不会相信人的潜力是无限的。"

我似乎对衡中很有意见?好吧,我承认,我爱它同样也爱得很深沉。

我很怀念那段在衡中的日子,每天只为了一件事情而忙碌,只为了一个目标而生活,当时只觉得枯燥疲惫,后来才体会到那是怎样的单纯美好。我再也没有机会那样心无旁骛地去做事了,再也不是只要努力就会有收获了。与这个社会的羁绊越深,就越是体会到太多的无奈、太多的怀疑、太多我们能力之外的无能为力,而这才是现实。原来,我们一直都被保护在这些现实之外,还未及觉醒、珍惜就已远离。

我很怀念那些在衡中遇到的人。初到衡中,我将我的同学视为"同行者"——与陌生人的区别仅是目标相同,后来的后来,他们中的一些人却成为我生活中不可或缺的朋友:我们曾经在一个战壕中奋斗过,是有着革命情谊的战友;我们从少年时就相识,共同经历了彼时的单纯、执着以及后来的迷茫、彷徨。我们一同拼搏过,为的是去看更广阔的世界;我们一同挣扎过,因为现实的世界是始料未及的残酷。我们一同在陌生的城市互相扶持、互为依靠。我庆幸自己可以遇到这样的伙伴,即使在最疲惫、最痛苦的时候都可以安慰自己至少不孤独,因为我,总是被牵挂的。

我很珍惜那些在衡中磨砺出来的思考方式和行为习惯。高中三年的军事化管理方式、高强度的课业安排,与其说我是在学习准备高考,倒不如说是在"修行"的同时抽空学了些文化知识,修行的主题就是怎样克服每天扑面而来的压力,怎样在自己的能力范围内不犯错误,怎样平衡已经很倦怠的身心和不得不坚持下去的现实。感谢我的周围有着各种强大的心灵,让我置身其中也可以开心、豁达地面对这一切。好心态是一种能力，是比多做出几道变态的解析几何题、高考多考出几分更重要的能力。大学里有位老师曾经对我们说，大学的意义不在于教给大家什么样的专业知识，而在于培养大家如何去思考。我有幸从高中就经历了这样的启蒙。

从衡中开始，我走过了一段曲折的路，这一路上我学会了成长，学会了应对自己的恐惧和彷徨，学会了如何去迎接更多的未知。再回头去看那些在衡中的日子，感谢我的老师和伙伴，感谢你们给予我的支持和鼓励，感谢你们曾经参与那段对我意义重大的"开始"，更感谢你们一路的陪伴和扶持。我会把这段有喜有悲却最充实、最真切的日子在回忆里妥善安放，默默收藏。

"所有的结局都已写好，所有的泪水也都已启程，却忽然忘了是怎么样的一个开始。在那个古老的不再回来的夏日，无论我如何追索，年轻的你只如云影掠过，而你微笑的面容极浅极淡，逐渐隐没在日落后的群岚。遂翻开那发黄的扉页，命运将它装订得极为拙劣，含着泪我一读再读，却不得不承认，青春是一本太仓促的书。"

衡中校友手记 >>>

整个班级就是一个整体，每个人都只是其成就和辉煌的一部分

姓名	安竞文
高中	228班13号
大学	本科：北京航空航天大学/工程力学专业
工作	奇虎360/战略规划
荣誉	大学：当选共青团第十六次全国代表大会代表并列席主席团成员（唯一学生代表）；多次接受新华社等新闻媒体采访；获得美国大学生数学建模竞赛MCM二等奖（担任队长）；荣获北京航空航天大学最高荣誉"五四奖章" 工作：荣获"优秀个人"称号

现在再回首十几年前的自己，有时模糊有时清晰，但我对高中228班的印象始终深刻，"衡中228班是我永远的名片"则是深深铭刻在心中的烙印。衡中是优秀的，228班是优秀中的优秀。现在回想起来，甚至可以忽略自己是否优秀，因为整个班级就是一个整体，每个人都只是她成就和辉煌的一部分。成绩第一，内务量化第一，跑操第一……每个地方都有228班优秀的身影。

带头的绝对是老班。

晨光下，老班跟我们一起跑步，微胖的身影跑起来有些吃力，但仍坚持和大家保持一致的步伐，喊出高亢嘹亮的口号。

早自习时，在我们嘈杂的读书声中老班安静地看书，眉头时而紧锁时而舒展。多少个早自习，老班要翻烂多少本参考书，才整理成一份高质量的练习试卷！

语文课可是老班的主场，她条理清晰地分析课文，引经据典信手拈来。

班会上，老班有时像妈妈般温馨，有时像益友般明理。

印象最深的是她从上海开会归来，给我们读了一段在上海写的文字，那种张扬不服输的心气让人钦佩。毕业后在我人生低落时，回想起老班在讲台上捧着日记本，掷地有声地读出自己对梦想的追求，就会愧疚自己还有大把的青春却认输，于是又充满了斗志。

值得回忆的片段太多了，高中三年的青春涌出脑海，涌上心头。无论我们现在身在何处，心中总留有那一片共同的回忆，回忆我们那同一个班级里的美好时光。

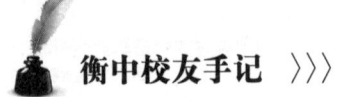
衡中校友手记 〉〉〉

如果你没有办法抛弃过去，你就永远没有办法迎接未来

姓名	王超
高中	228 班 14 号
大学	本科：北京理工大学 / 信息管理与信息系统专业 硕士：南开大学 / 财务管理专业
工作	国务院国有资产监督管理委员会 / 主任科员
荣誉	大学：荣获"优秀团员""优秀军训学员""优秀毕业生"等称号

虽然离开衡中多年，但衡中的生活真是一生都无法忘记的经历。从早上 5 点 30 分铃声响起开始，起床，叠被，拿着背诵内容火箭般冲向操场；早自习过后，等到餐厅人少再冲进去，买上几个包子塞进嘴里赶紧返回教室；中午自习，为了多做一道题，硬是把时间压缩到 12 点 30 分才去餐厅；晚上学习忘记了时间，最后被班主任王老师撵回宿舍……日子一天天地过去，考试成绩出来时总是喜少忧多，我们就这么慢慢习惯，慢慢喜欢上了这样的生活。

高中的生活尽管很忙碌，但是同学们不要觉得心累。我们之所以会心累，就是常常徘徊在坚持和放弃之间，举棋不定；我们之所以会烦恼，就是记性太好，该记的不该记的都留在记忆里；我们之所以会痛苦，就是追求的太多，实现的太少；我们之所以不快乐，就是计较的太多，不是拥有的太少。

衡中从不缺少奇迹，不管你的学习成绩怎么样，你都有一飞冲天的可能。在此之前你要做的只是好好学习，认认真真地做好每一道题，整理每一道错题，厚积才能薄发。我的学习成绩在衡中并不能称上优秀，处于中游还是靠下的那种，但是有一次考试，不知怎的，做题时思路极其清晰，保持着这种状态我竟然考进了全校前 200 名、班级前 10 名！大家不要笑我考这样的成绩还在炫耀，我只想告诉大家只有你流过的血不会欺骗你，只有你流过的汗才能铸就你的未来。

在衡中这片沃土上，你会学到很多很多，有太多的品质潜移默化地注入你的血液中，让你受益终身。举个最简单的例子，现在很多衡中毕业生都或多或少地保留着当时的作息习惯,这种健康的生活作息习惯让我们每天都能精神饱满地面对学习,面对工作,面对生活。在衡中的日子里,衡中精神像海风吹鼓了学生们的帆,让我们快速进步;不在衡中的日子里,衡中精神就变成了一道道的海流,把我们送得更远。

保持自信,不要被一次又一次的考试成绩蒙蔽了双眼。我们不是不应该计较,而是不应该计较考卷表面的分数。乐嘉曾说,如果你没有办法抛弃过去,你永远没有办法迎接新的未来。衡中的考试实在太多,要是对每次的考试结果都计较,考得好高兴好几天,考得差又郁闷好几天,那我们怎么坚持到最后面对高考?多多总结自己的所得,处理自己的所失,把你所有的经历全都转化成你的财富吧。

你要记住,成绩可以差,高考也可以败,但是永远不要输给自己。你要有真真正正纯真的梦想,你可以说为了父母要取得怎样的成就,也可以说为了自己要从事怎样的职业,只要这个梦想足够遥远,并且可以实现,那么这个梦想就值得你去付出!当初衡中有一个同学的演讲让人特别难忘,他在全校师生面前大声地说他一定做中国第一个获得诺贝尔科学奖的人,因为那是他的梦想。我记得全校师生对他报以热烈的掌声,为他的梦想喝彩。大学时我对身边人说起这件事,可他们只是笑一笑,更有甚者对这位同学嗤之以鼻。

九把刀曾经说过,有些梦想,纵使永远也没有办法实现,纵使光是说出来都很奢侈,但如果没有说出来温暖自己一下,就无法获得前进的动力。

有些事情也许别人不了解你,哪怕是用看外星人的目光看待你,你仍要一如既往地坚持,因为,在你的心里,梦想就像种子,有一天它可以开花结果……不试试又怎能知道自己能走多远呢?

只要坚持下去,敢拼才能赢。有一部很老的动漫叫《圣斗士星矢》,很热血的那种,我将这里面记忆深刻的部分分享给学弟学妹们。有一次,星矢被人打败了,倒在地上对雅典娜说:"我被打败了,我没有力气了,什么都没有了。"雅典娜说:"不是什么都没有,你还有希望啊。"星矢一想:"对呀,我还有希望呀,我燃烧希望我最大呀,我燃烧希望谁怕谁呀。"于是星矢爬起来把对方打倒了。后来到了冥界,星矢和神战斗,同样被打倒了,这回连希望都没有了,因为人是不可能战胜神的。星矢对雅典娜说:"我失败了,我没办法战胜神,我连希望都没有了,什么都没有了。"雅典娜说:"你不是什么都没有,你还有生命啊。"星矢一想:"对呀,我

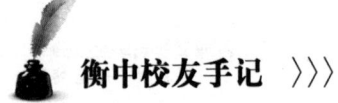

还有生命啊,我有生命我最大呀,我燃烧生命天下无敌啊。"于是星矢爬起来把神给打倒了……当年228班班主任王老师就是我们的雅典娜,她给予我们的燃烧希望、燃烧生命的力量堪比神谕,激励我们追求卓越、一往无前。每次开班会我都会有一种"燃烧"的感觉,这种有光有热的感觉真的很美好。

学弟学妹们,带着这满腔的热血、一往无前的勇气去拼吧,拼个海阔天空,拼个天昏地暗,高考之时,必定成功!

愿你出走一生，归来仍是少年

姓名	赵悦
高中	228 班 15 号
大学	本科：中国农业大学 / 食品质量与安全专业 硕士：中国疾病控制中心营养与食品安全所 / 营养与食品卫生专业
工作	（瑞士）雀巢（中国）科学法规部门 / 法规经理
荣誉	高中：数学课代表

又是数年光阴流逝，这数年对我来说不啻过了两辈子。数年算得上坎坷的经历和体悟让我表达的欲望满满，仿佛此时此刻，才能够坦荡地面对三年的衡中经历，勇敢地和那个曾经要强、焦虑和纠结的小女孩聊一聊。

反思有助成长

许多次想要提笔，写一写在衡中最真实的感受，心中却常常像是被饱满的情绪堵住了，仿佛害怕"真实"的不正确，害怕"真实"的杀伤力。但是，如果连真实都不敢面对，又谈何成长呢？

衡中三年于我，是一年不同于一年的光阴。

高一那年，是我和衡中的蜜月期。那时，我们有体育课，有课外活动课，有可以聊天打闹的自由活动时间。我最爱的是每个周末——本地的同学回家了，因而学校异常安静，外地的同学也显得格外亲切，我特别享受这难得的宁静。那时候，早阅读和阅读课都是那么美好，青春期少女对于人生、理想、爱情和生命的思考在那难得的自由时光中肆意流淌，那会儿的文字细腻又美好。学习和成绩不是生活的全部，成绩却越来越好，直到高一结束，我的成绩抵达了顶峰。

高二开始，是满满的压力。第一次有了实验班，好成绩带来的对自我的期待、老师的期待和自己杜撰出来的外界的期待像慢慢压上来的大山，让我越来越透不

过气来。越来越紧张的学习节奏，让我特别渴望宝贵的自由时光，可惜，那种时光越来越少。长大一岁，我对爱与自由、理想和生命的思索更加渴求，对于认识自我、发现自我的需求越来越强烈，但是，学业加重，只剩下学习和用成绩来报答父母了。与高考无关的东西，逐渐被无声地抵制与忽视。

高三于我，是噩梦一般的存在。我被自己带给自己的期待渐渐压垮，密不透风的学习节奏让我没有空间和时间处理这些满溢的情绪和压力。整个高三，我基本上在失眠和焦虑中度过，以致在相当大程度上摧毁了我对学习的热情与自信，甚至一定程度的专注。

时过境迁，也许女孩总是比较敏感，在持续地自我探索和认知中，我明白了痛苦的点在哪里——一部分来自近乎妄想的期待，它让我不能专注于当下；另一部分，则是因为我的性格是更加自律且自主的。衡中严密到分钟的时间安排，对整体提高成绩来说是有利的，但我在这样的环境中是不自在的。当然，这不全是衡中的错，也不都是我的问题。

我想这些感受是重要的，因为它是真实的。亲爱的学弟学妹，如果你也恰巧有类似的感受，没关系，你并不孤独。

幸福的人生在哪里

这个小标题看起来很像是鸡汤文，但是在30多岁的年纪，我却最想就这个话题聊一聊。但愿，学弟学妹看过我的文字，在未来某个时刻忽然想起来里边的一句话，能给自己带来一些小小的启发。

1.客观、真实的自我认知

"认识你自己"——苏格拉底的这句名言大概是大部分学弟学妹写作文时都用过的一句话吧。禅宗里也有一个修行法门："谁是我？我是谁？"大概可以想见，真正能够做到清晰客观地认识自己其实非常难，但这又极其重要，真实地面对自己才有幸福生活的可能，因为这个认知会指向你有什么样的事业，谈什么样的恋爱，交什么样的朋友，乃至于过什么样的一生。越早搞清楚，越有可能早些接近幸福。

记得有一次，公司请来的一个讲两性关系的心理学老师给大家布置了一份作业：给你自己画一幅画像，再请你的爱人给你画一幅画像，然后猜猜对方给你画的画像是什么样的。大家都陷入了沉思：到底"我"是谁？是什么样的？我在他（她）眼里又是什么样的？

这件事情的难点在于，我们的成长经历、教育背景和生活环境给了我们很多观念、价值观、期待和目标。在感知真实自我的时候，这些东西会跑到脑海里指挥一番——对的，大部分时候是瞎指挥。一个念头升起，会有另一个念头告诉你：不要这样做，不要这样想，这样是不对的。在衡中，老师们会告诉你；在大学，社团团长、学长学姐、老师会告诉你；参加工作后，领导同事、同行好友会告诉你……所有这些，都没有你内心的声音重要。

另一个原因是，我们天生有很多的烦恼和情绪，有时候这些东西带来太多的痛苦，我们不愿意面对，要么逃避要么用其他东西搪塞或者包装过去。时间一长，我们会误以为这些外包装就是自己。那些最初的痛苦，有时候连我们自己都不认识了，而那些痛苦，恰恰是我们认识自我最重要的入口。

2. 和谐的人际关系

对于"哈佛持续76年跟踪700人一生：什么样的人活得更幸福"这个课题的研究结果我印象非常深刻，当时我正处在人生的低谷，亲密关系发生了很大的问题，当时就记住了里面的结论。这些年一路成长走来，则是在不断地印证这个结论。我阅读过的《那些比拼命努力更重要的事》或许会告诉你该如何实践。

3. 清晰的人生宗旨和目标

大家应该都清楚马斯洛的需求金字塔，如果和谐的人际关系是爱与尊重的需要，那么清晰的人生宗旨应该就是金字塔尖的自我实现。

通常我们会觉得，满足了底层的需求才能慢慢往上走。从这个层面上来说，人的需求是有步骤的。但是在这个纷繁复杂、急功近利但基本生活条件能够满足的大背景下，有时候反过来走，也许会离幸福更近一些。也就是说，先有了自己的宗旨和目标，在这个目标和宗旨下树立小目标，一步步往前走。成功是不能被保证的，因为成功需要的因素很多，但可以保证内心的笃定和解脱——你不会再为他人的目光而焦虑，不会为自己不符合所谓主流价值观定义的成功而自我苛责，努力有自己的方向，选择亦从心出发。这漫长又短暂的30多年实践告诉我，这份笃定的幸福，是什么都夺不走的。

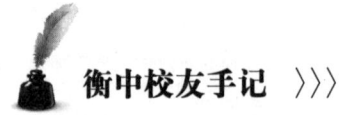

给学弟学妹们的建议

1. 保持开放心态,锻炼成长思维

从上大学到读研究生,很长一段时间里,我常常给自己、给别人贴各种各样的标签,好像是在找一条所谓适合自己的道路和加深对他人的了解,其实是给自己上了层层枷锁。说解放思想容易,其实很难,更接地气的小建议如下:多参加各种活动、沙龙和网上课程,多听多看才能发现世界的精彩;多读经典书籍,经过时间验证的经典蕴藏着不过时的智慧,且不同的典籍能够相互印证;多花时间和比自己优秀的人、团队相处。另外,如果可能,学习心理学并尝试探索自己。

2. 完善自己的价值观体系

真实地面对自己,努力学会去爱,找到属于自己的方向坚定地走下去,这是我经历了些许挫折后找到的幸福密码。每个人亦会有自己的密码,需要在生活的闯关中慢慢寻找。

亲爱的学弟学妹,你们现在拥有最美的年华,有一个共同的美好名字——少年。当我脑海里浮现出这个词时,想到的是满满胶原蛋白的脸上清澈、坚定又明亮的眼神。这篇唠唠叨叨的自言自语送给你们,也提醒自己守住初心——愿我们出走一生,归来仍是少年!

人生没有如果，只有后果和结果

姓名	高志娟
高中	228 班 16 号
大学	本科：北京交通大学 / 旅游管理专业 硕士：北京交通大学 / 旅游管理专业
工作	金地集团华北区域地产公司 / 经理
荣誉	大学：多次获得奖学金 工作：多次荣获"优秀员工"称号

转眼离开衡中已经有十数年的光景了，恍惚记得上课、跑操、考试，日子大致千篇一律，想不起有什么波澜，若说什么印象最深，恐怕就是衡中的学子了。

衡中的学子，每个人都不一样，每个人又都一样，他们身上都刻有衡中的烙印，都具有在衡中磨炼三年所形成的人生印记。他们都坚忍、努力、积极、上进，这些美好的品格让衡中的学子在毕业多年后仍然获益，因为不管在哪个领域，都必须具备"追求卓越"的精神。

衡中已经成为整个河北省的骄傲，更是所有衡中学子的骄傲，大家都为衡中这么多年一直能取得如此傲人的成绩感到由衷的欣喜。衡中多年来为祖国培养了数不清的人才，在今后很长的一段时间里，这些人还将持续为祖国的进步贡献自己的绵薄之力。

在学习和竞争的日子，有些同学能够很好地适应，坚持向自己的目标进发，因而能够取得很好的成绩，我却总是在左右摇摆，有时候觉得自己应该有别的生活，有时候觉得自己应该像其他同学一样努力，总是不够坚定，成绩也总是一次好一次不好，上去又下来。我不知道为什么自己的心理素质这么差，也许是自己不够优秀吧。

其实我也在想，如果当年没有选择衡中，人生会不会不一样。

人生没有如果。

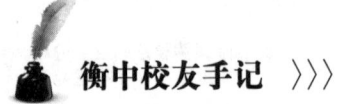 **衡中校友手记** 〉〉〉

　　衡中给了我太多，包括一直陪伴我们的老师，还有那么多优秀的同学。看到他们都各自上演着自己的精彩人生，在各自的道路上不断地绽放光彩，我由衷地为他们感到高兴，也为自己能够在衡中这样的学校和这样优秀的同学共同度过那段难忘的青葱岁月而感到无限的荣幸。

　　毕业以后，每每在学校官网看到各类资讯，总是有种莫名的亲切和关切。衡中，是我们共同的牵绊；在衡中，大家都经历了太多，万般滋味在心头。现在的我，仍然在衡中的烙印下前行。

　　感恩衡中。

来来往往的学生一届又一届,但不变的是相同的梦想和斗志

姓名	任娜
高中	228班17号
大学	本科:北京科技大学/应用化学专业 硕士:北京大学/创业投资管理专业
工作	国都证券/高级投资经理
荣誉	大学:获得北京科技大学新生奖学金(校级);获得"理学青年杯"演讲比赛三等奖、国家级科技创新项目北京科技大学二等奖;荣获北京科技大学新生辩论赛"最佳辩手"(院级)、"三好学生""优秀毕业生",北京大学"三好学生"称号

最近实在是太忙了,忙得有些焦头烂额,对于衡中的回忆录也是写写停停,一来是太久没动笔了,文字功底退步不少;二来满腹的话总有书写不尽的情怀。在衡中读书的三年,作为生命中非常重要的一段旅程,虽然时光流逝,但是记忆依旧那么清晰。现在看到有关衡水中学的话题还是会很关注,不管是每年依旧辉煌强大的高考成绩,还是新闻报道中对于衡水中学的探秘,也会很骄傲地对别人说自己曾经是衡中人,看到同学们的近况,还是觉得很亲切。

总想有时间回校园看看,看看那个大圆喷泉池是否还在,是否还充满了同学们互推入水的欢笑;看看路两旁的电话亭是否还静静地站在那里,传递着对家的思念;看看图书馆是否还是满腹诗书地迎接求知若渴的学子,还有上面那苍穹有力的"为中华之崛起而读书"的大字;看看明志楼是否还是从一早就开始了紧张和忙碌;看看食堂里是否还是一边排队打饭一边看小字条的争分夺秒;看看操场上是否还有整齐地跑操与响亮的口号……

是的,这些应该依旧都在吧。岁月更替,来来往往的学生一届又一届,但不变的相同的梦想和斗志,还有我们可敬可爱的老师们永远兢兢业业。永远忘不了我们亲爱的老班在每次班会上动情的演讲与对我们学习和生活上无微不至的关怀和激励,以至于我们毕业了,老班却病倒了……一直欠老班一句话:"谢谢您,

您辛苦了!"

衡中岁月,见证的是青春的努力、奋斗与激情,怀念那时在图书馆和小组同学围桌而坐,阅读毕淑敏的《翻浆》、余秋雨的《文化苦旅》;怀念那时为了一道数学难题,几个同学围在一起讨论各式解法的专注与投入;怀念那时每天在跑操前排队时争分夺秒记忆英文单词的勤奋积累;怀念那时每堂自习对于练习、复习的有效规划;怀念那时语文课上大家对于一篇小说、一段诗文意境的深刻理解。

犹记得,我们几个同学认真地排练《孔雀东南飞》的话剧,现在想想虽然很幼稚青涩,却诚挚得感人;犹记得,我们远足前,应老班的推荐接受电视台的采访,卡了几次的台词,却认真得煞有其事;犹记得,李阳带着他的疯狂英语来学校演讲时大家在操场的高呼和同学们在教室黑板上写下的宏图大志;犹记得,高考前老班给我们几个所谓"尖子生"开的动员大会,这也是高考失利后一度无颜面对老班的原因之一。

衡水中学,代表了自己最青春、最勤奋、为了梦想执着努力的阶段,也是最沉下心积累沉淀的阶段。前几天偶尔在网上看到一篇古诗词集锦,感慨这些诗词精髓的同时,也突然意识到高中熟记于心的那些现在却变得遥远陌生,才知道,太多的忙碌让人少了许多沉下心踏踏实实读一篇美文的情趣。

从衡水中学走出的学子一批又一批,但是衡中精神深深地烙在了每个学子的心里,那段难忘的经历也在记忆中绘出了浓重的一笔……时间有限,简要写下这些,但对衡中的感情依旧是亲切深厚的,就像我们的同学,虽然分散到了四面八方,从事了各行各业,但是衡中将我们的心紧紧地连接在一起。不管以后在哪里,我都会骄傲地说,我们曾是衡中人!

涓流积至沧溟水，拳石崇成泰华岑

姓名	童瑞川
高中	228 班 18 号
大学	本科：北京理工大学 / 计算机专业 博士：（美国）宾夕法尼亚大学 / 计算机专业
工作	（美国）亚马逊公司 / 软件工程师
荣誉	大学：多次获得奖学金；荣获"三好学生"称号 工作：获得多项荣誉

青春与衡中，是难舍难分的相伴成长。

——题记

清风微拂，云华轻摇，天空静静地看着这一片大地——我的衡中，这是一片雄鹰腾飞、凤凰起舞的土地，这里每天都有一群日夜奋斗的有志少年，在通往塑造完美的路上默默拼搏，支撑着生活中各种各样的幸福与苦难、非凡与平凡。

融入这片外界看似神秘的土地，并不是所谓的死气沉沉的书呆子气息，更不是所谓的考试工厂的高压气息，而是生动活泼、朝气蓬勃。这种生动和严谨扑面而来，就像一束束温暖的阳光一样，既不能注视也不能抚摸，只能将肌肤暴露出来，全身心沉入地去感受，直至将身体每一个细胞融入这一片土地，成为它的一部分。

于是一个忙碌的身影便出现在这样的环境下，那伏案的背影，还有那紧闭的双唇、坚定的双眼，不失年轻的张狂也时时跃出身体——这就是我。有人说，读高中尤其是高三很苦，我感同身受，因为曾亲身经历过。

然而我从来不会抱怨有多苦、有多累，实际上我感受到的并没有疲惫，我没有枯燥与疲累，因为我想要的花朵就在枯燥的土地上绽放，这样的花朵将更艳丽更迷人。在衡中最明显的标志是坚持，而坚持的力量不是来自无力的喊叫，也不是来自盲目的进击，而是忍受与微笑面对——去忍受人生赋予我们的责任，去面

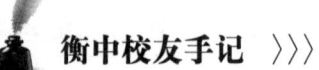

对现实给予我们的苦难。

昆德拉说得好,最沉重的负担同时也成了最顽强生命力的影像,负担越重,我们的生命就越贴近大地,它就越真实存在。当负担完全缺失,人就会变得比空气还轻,就会飘起来,就会远离大地和地上的生命。我就是身负着负担,身负着一种来自自己内心的责任,为自己的前途、为更好地自己而奋斗。

这一切一切,都是在衡中这一片土地上孕育而来,她给了我坚忍的意志、清醒的头脑、不服输的强大内心和事必躬行的务实精神,就像是绿洲给了沙漠,滴水给了干涸的土地,瞬间点燃了绿色和生命的火焰,照亮了前行的道路,让阳光充满了胸膛,从身体里不断地涌出,带来一次次腾飞的冲动。

衡中就如同那样一场甘霖,给了我缺少的精神和能力。我原本柔弱的翅膀,就在这里,汲取来自衡中大地的营养,迅速长成、长硬,拥有能振翅翱翔的力量,自身也拥有了无畏的胆识,这样才有了我在高空中俯视低处的机会。衡中带给我的我永远会铭记,这是最无价、最无形的财富。

衡中给我的磨炼让我学会思考痛苦,给我的独立坚强的意志让我明白"世上本无神,烧香叩头也枉然"的真理,能够取得巨大的成就绝不是天上掉馅饼的美事,而是"人在干,天在看,成事在人"的必然结果。它们已经化为我身体的一部分,深入了我的骨子里,并将伴随我的一生,在我对待每一件事的时候,它们能够指点我如何将事情解决,将困难征服。就这样,我早已成为衡中的一分子,因此"我"带给她的或许也不少。

于是我想到那不能忘怀的班级,这是一个个"我"带给衡中的礼物,它是沟通衡中和我的桥梁。这个亲密无间的大家庭,是一个紧紧相拥的整体,一根红线贯穿我们,颗颗红心相连,大家共同面对高中的甘与苦。都说集体塑造了个人,但是没有个人,哪来的集体和团队,哪来的集体情感和团队精神。个体与集体之间的友情是最为感人的友情,因为他们相互感激,同时也相互支持,他们谁也不能抛弃对方,同时也没有任何理由抱怨对方,因为是对方成就了自己。

当整个班级达到了"有意瞄准,无意击发"的境界时,这是"我"与班级之间最美好的回忆,因为"我"带给了班级心如止水、摒弃浮躁、专注过程、坦然结尾的最佳状态。我在我们班级成员塑造的完美环境里,能够真正地静下心来,全神贯注于学习中,课间的铃声在这样的状态下得到了最大程度的弱化,我能沉浸在学习生活的海洋中，全然不顾外界的喧嚣与烦躁，这是一种班级的灵魂，也是如今最难得的奢侈品。外界浮躁的气息在世界里蔓延，但是当它们掠过我们的时候，立刻就没了神气，我们紧贴大地的生命使之无力将我们征服，反而我们踏实沉静的内心与行动将它们远远驱赶，让它们落荒而逃。这样的一个班级是"我"带给衡中的最好的礼物，一个坚不可摧、魂魄永存的团体。

我又想到"我"带给衡中的不仅仅是这些。"追求卓越"，一个响当当的口号，是我大衡中的重要标志，也是一代代的衡中人带给衡中的深刻内涵。我相信，当我走出衡中的那一刻，我就成了衡中的对外代表，就是衡中的名片，就是衡中精神的集中体现，因为我们是塑造衡中的主力，这样的自信，来自我们脚踏实地的实践与努力，来自我们在衡中的土地刻上的"追求卓越"的图腾，更是来自发自我们骨子里的强大的坚持信心、巨大的前进动力。我将衡中精神发扬光大，用实际行动荣我衡中、耀我衡中。

现在，我之于衡中已经是人海中的一个背影，但是长长的人生时光，我应该将衡中精神发扬并更好地运用到自己将来的学习生活中。如今风一吹，"追求卓越"的回音在我脑海回荡。万物流变，千百万年，谁都是一小粒，但不变的是我对衡中的思念、对228班的情怀，当我在人生的海洋上腾飞的时候，我心里真的很踏实，因为我的身体里有衡中的积淀与支撑。

我爱衡中，我爱我家。

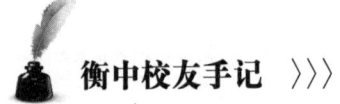
衡中校友手记

当每个人心中都扬起一面旗帜,也就因此成为别人眼中的旗帜

姓名	尹晓林
高中	228 班 19 号
大学	本科:人民大学 / 统计学专业 硕士:人民大学 / 劳动经济学专业
工作	百度金融公共事务部 / 经理
荣誉	高中:宿舍长 大学:荣获"优秀学生干部"称号 工作:获得农业部英语演讲第一名;荣获"百度最佳新人"、北京市"优秀公务员"称号

　　还记得当年年少轻狂喟叹衡中制度严苛死板惨绝人寰,如今一路走过反而有一种感激与敬仰;还记得当年初来乍到反感魔鬼式训练不切实际,如今一路走来越发接受与感谢;还记得当时无名小卒瞥见衡中精英齐聚一堂感到无可立足,如今却对这些精英有着深深的敬畏和感激……

　　是的,衡中到底给我们留下了什么?是一些外人所说的只会学习的机器?是被呆板环境禁锢的不解风情的书呆子?

　　对于后面的两个答案,我想说绝对不是,衡中留下的或许就是一种说不清道不明的内在精神品质:当你无论多么贪图安逸,总会有一种内心的念头让你重新奋斗起航;当你无论多么荣耀加身,也总会有一种内心的念头让你不断归零。也可以说衡中留给我们的是一种面对人生的心态、一种荣辱不惊的大气。

　　是的,如果你不是一个衡中人,你很容易觉得我说的都是错的,因为你并未同我一起走过那段只属于衡中人的坎坎坷坷、步履维艰的高中岁月,也因为你并未同我一样有过不断跌倒不断爬起来奋起直追的喜悦。如今猛然回忆起衡中,我没有什么浮夸的辞藻来形容她,只是内心冉冉升起敬畏与感激,感谢衡中能够在我的岁月中留下一段让我回忆起来就流泪的日子,那是一段苦日子,但苦得那么值得、那么伤痛又那么感动——那里是外人眼中的地狱。衡中，一个响亮却又饱受误解的地方，却是每一个从这里扎根又从这里走出去的学子最感激的地方，是衡中给了无数学子腾飞的力量。

如果你说衡中的制度多么不讲情理，多么能压榨学生的时间，但谁也不能否认，这些制度就是效率的保证！有哪所学校能像衡中一样可以如此彻底地贯彻自己的制度，又有哪所学校的学生可以如此纯粹地遵循这样的制度？我只想说一句老师经常说的话："人都是被逼出来的！"衡中的制度框架让每一个衡中学子都把时间与效率意识铭记在心，哪怕有一个人做到了，其他学生就会想"既然有人做到了，为什么那个做到的人不是我"，然后全校都做到了，就是这样的一种气氛，一种不被一切的不可能屈服的心气！在这样人人向上的环境中，你做不到就是你比别人差，谁会希望承认自己比别人差呢？所以每一个人心中都有一面旗帜，每个人也成为别人眼中的旗帜，衡中人就是这样"追求卓越"，永远不低头认输，他们心中想的是"我行，我能行，我一定行"，衡中的制度就是树立了这样一个标准，无论多么苛刻，总会有人达到，也总有人在努力着，因为这就是衡中的魅力。

尽管如今我已经参加工作，挑战无处不在，任务有时候多得让人喘不过气来，但是因为曾在衡中，因为衡中的这些经历，我相信自己可以像在衡中一样在极短的时间内完成海量的任务，我只想再重复那句话："人都是被逼出来的！"

无论衡中的训练有多么魔鬼，但是她从来不想让你变成魔鬼，而是让你变成可以超越自我的神！衡中给我留下了什么？是一种意志力和忧患意识——无论宿舍或者各种环境多么嘈杂，我相信，每一个衡中学子的心中都会抵制诱惑，永远向前，只因为一句话："我是衡中人。"衡中人绝对不是死学的人，他们是将效率发挥到极致的人，他们玩起来无比开心，但是只要他们想学习便势不可当，在超短的时间内就能完成别人需要成倍时间才能完成的任务，这就是衡中人，这就是衡中人的意志力。

最重要的，衡中留给我们的是一种自信心，每一个衡中的学子心中都有一句永不可磨灭的话："我是衡中人。"无论困难再大，我想着"我是衡中人"我就一定能将它克服；无论对于一个领域多么不了解，我想着"我是衡中人"我就一定能把它搞懂；无论处于怎样的低谷，我想着"我是衡中人"我就一定能像在衡中一样跌倒了马上爬起来。是的，就是这样的一句话，总是具有无穷的魅力，让我

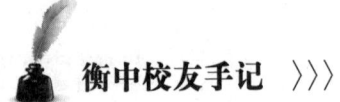 **衡中校友手记** >>>

们在以后的工作和学习中勇敢地面对挑战,面对未知,面对诱惑,面对低谷……这就是衡中的自信,一种总有办法爬起来、战斗起来的勇气。

永远追求卓越,永远保持一颗年轻的心,衡中不是一个拿来炫耀的名字,而是每一个衡中学子珍藏在心中的一种内在的精神。衡中人感激那段时光,感激那段时光所磨炼的一切:效率,意志力,自信心!

心似骄阳，何惧前方

姓名	邢春霞
高中	228班20号
大学	本科：华东理工大学 / 金融学专业
工作	上海奇地教育培训有限公司 / 校长、法人
荣誉	大学：学生会主席；荣获上海市"优秀毕业生"称号 工作：获得"心理咨询师""家庭教育指导师"资格证书

17年前的那个夏天，雨后初晴。中考刚刚结束的我，正慵懒地躺在床上做着15岁该有的青春梦想，突然，一阵鞭炮声把我惊醒，我和爸爸妈妈慌忙跑到门口，只见我初中的校长、班主任等老师带着一群学生敲锣打鼓在我家门口贴对联，门外好多邻居围观。当校长郑重其事地把衡中的录取通知书送到我手上的时候，我恍惚间像如梦初醒，自豪感和荣誉感油然而生。对于一个农村中学的普普通通的学生能考上衡中的确是莫大的荣耀，我的虚荣心得到了极大的满足，那时衡中在我心中是五颜六色的，像是飞在空中的氢气球一样载满了憧憬和梦想。

带着这样一种骄傲自豪的情愫，我踏入了这片高手如林的圣土，开始了衡中人的生活。从早上5点30分的起床哨开始，到晚上10点10分的睡觉铃结束，每一天都充实而有意义。这里的每个人都像战争前的士兵那样时刻准备着，再苦再难再彷徨，也要把内心本该属于叛逆的情绪收缩到最小；在这里，自信心被击得粉碎，哪怕有一点点的懈怠，成绩都将一落千丈。我曾经是一个永不服输并且有点儿自以为聪明的家伙，到了这里，我发现课听不懂了，普通话不会讲了，作业不会做了，每天都跟在别人的后面赶路，从一个佼佼者变成普通的中等生，我用了两个月的时间去适应各种各样的落差和自卑感，也用了两个月的时间去证明别人能做到的我也可以做到。终于，在一次又一次激烈的考试中我渐渐地适应了这种高强度、高密度的生活，渐渐地适应了自己不再是优等生的那种坦然，学会了去欣赏别人。这个时候，衡中的样子就像是一块展示板，这里的每个人都是一张白纸，都需要从零开始去填充属于自己的颜色，同时也顺便证明了进化论中的一个定理——适者生存。落后就要挨打，谁都不敢有丝毫的懈怠。

"二二八班，霸气冲天，浴血奋战，清华同班"，伴着这样霸气的口号，我进入了衡中的又一个神话——228班，这个神话是班主任王文霞老师带着我们一起创造的。我清楚地记得我们班黑板上面那一排"双优班级"的奖状，我清楚地记得郑宇朋是全校唯一被保送到北大的同学，我清楚地记得奥赛得奖我们班级遍地花开，我清楚地记得每个人在班会课上的铮铮誓言，我清楚地记得有一次班级考试失败后大家一起流着泪唱着《从头再来》，我清楚地记得王老师跟着我们跑操扭伤了脚却没有耽误一天工作。衡中的老师们神一样地存在着，没有家庭，没有作息，一天24小时跟我们在一起；衡中的学生们像一群猛虎，时刻准备着战斗。在这样一所优秀的中学，在这样一个优秀的班级里，很惭愧自己没有变成神一样的人物在衡中被传颂，我还是那个普普通通的中等生，在乎着成绩的每一次起落，过着自己每一天充实的生活。衡中在我眼中成了巨人，而228班像一个慈祥的父亲，给我们以鼓励，永远为我们鼓掌。

高考后，我的生活变成了灰色，虽然也考上了重点大学，但是理综考了全班倒数第一，这使我的高考成绩一落千丈而与梦想中的大学失之交臂，我像打了败仗的士兵，慢慢地接受了这残酷的现实。大学的录取通知书没有给我增添任何荣耀，反而是耻辱，因为我是衡中人，我理应优秀。那时，衡中在我心中像一个沉重的负担，她给了我荣誉的同时，也给了我莫大的压力。

14年前，我告别母校，告别家乡，来到了上海这座大都市，开始了我的大学生涯，虽然带着失落，带着伤感，但是骨子里那种追求卓越的精神，时不时地跳出来指引着我前行的路。我开始适应着这里的一切，用自己的努力和汗水、激情和奋斗赢得了一个又一个荣誉。我知道，这种锐意进取、永不服输的精神一定是衡中带给我的，它已经内化到了我的骨头里——要让优秀成为一种习惯，没有什么是不可能的。带着这样的心态，我在上海的生活光彩夺目、充实快乐。时至今日，我才渐渐地懂得衡中，衡中带给我们的其实是一生受用的财富啊，正如她的校训"追求卓越"，她改变了我们每一个人，她在我们最容易浮躁和骄傲的时候，把我们扭打得体无完肤，让我们跌入谷底，让我们付出超出常人的努力，不停地超越自己，只是为了三年后、十年后，甚至等我们老去的时候，能够开放出最美丽的花儿。衡中其实是一座灯塔,早已照亮了我们前进的路。

我们注定再也回不去那样的年龄、那样的生活。生活没有也许,不管成功失败,不论得意失意,我们都必须前行。我们拥有一个共同的名字"衡中人",我们注定就是最优秀的。感谢衡中给了我们那么多,感谢衡中的老师们无私的奉献,感谢228班的兄弟姐妹们,让我们把衡中的样子刻在心里,也让我们一起创造衡中更美丽的样子!

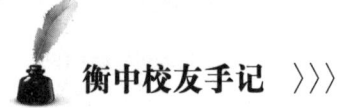
衡中校友手记 >>>

分数是打开世界的钥匙，更高层的钥匙对应更高级的平台

姓名	丁忆
高中	228班22号
大学	本科：吉林大学／软件工程专业 博士：北京大学／计算机应用技术专业
工作	北京永新同创知识产权代理有限公司／经理
荣誉	大学：荣获"优秀毕业生"称号

人有忘记痛苦的本能，不知道你们有没有，但我这方面的能力算是出类拔萃的。最能作为证据的是，高中跑操时的口号，我现在想破头皮都没想出来，可见我做此事时有多痛苦，你们懂的。关于高中那几年的记忆，也只是一些小欢乐能让我记得。正是这些小欢乐，牵引出那段青涩而宝贵的时光。

在回忆开启的一瞬间，我想到某天深夜田彦静抱着我睡觉时高呼"你硌死我了，谁娶了你真是惨呀"，如果我当时有预测未来的能力，一定会高声反驳"其实我未来会非常 hot"。哈哈。在228班的时光里，我最喜欢听的就是田彦静爽朗的笑声与高呼声，声音中带着自由与热情。需要提醒师弟师妹们注意的是，我们在半夜相拥而眠是违纪的，当然深夜高呼也不行。

虽然我是那种义无反顾地抗争教育体制的不够杰出青年，但有一点是这些年来我一直感激的，那就是我们228班这个团结的班集体。我始终相信，没有斗争就没有团结，而压迫是促使大家团结一致的催化剂。我更相信，没有衡中就没有我们。随着时间的推移，我发现，无论我们在各自不同的道路上走了多远，228班的同学始终是最可靠、最安全、最温暖的朋友。我们在社会中扮演各种角色，但一见面就会立刻恢复到最本真的状态，大口喝酒，大块吃肉，大哭大笑。

印象深刻的是，我大学本科宿舍在存放学士服的储藏室旁边，一到毕业季，全校学生都要到我宿舍旁边取学士服去照相。当时我正因为一些困境在宿舍里窝着，忽然听到外边一个熟悉的声音。太熟悉了！我忍不住开门去看，真的是他——

高中 228 班的纪律班长王伟丽！在看到他的一瞬间我本来压抑的情绪全面崩溃，泪如雨下。这就是见到亲人的感觉呀，这就是所谓的信赖呀！

那一瞬间让我终生难忘。当然，在高中的时候，他没收了我最爱吃的糖，把我妈妈送来的老母鸡汤端到老师办公室，每次我回教室晚了他都凶巴巴地瞪我，各种批评刁难加打小报告。但是我们在同一所大学的时候，他把开运动会自己作为运动员得到的巧克力送给我，我生日那天他踩着厚厚的雪给我抱来超级大的熊玩具，每次坐火车他都会帮我搬这搬那……他朴素的、阳光的、憨厚的笑容和声音，我每每想起来都特别温暖。

对于衡中那段时光，我还是有过一些严肃的思考的。我们每个人都曾把自己理想的大学写在后面黑板上，"一片清华红纸洒"，可我当时并不知道清华为何物，只是从众，也不知道其他同学怎么想的。如今我知道了北大为何物，所以总是感叹"如果我们高中时就知道清华北大的男生找到一个漂亮优质的女朋友与其他人相比有多大的优势，那我们该有多大的学习动力呀"，哈哈，我又拿血淋淋的事实开玩笑了。事实上，我们很多人那时的动力都来源于外界压力，而不是来自内在的渴望与驱动。随着逐渐成长懂得人生，我们才发现认知自我、发掘自我、发展自我、实现自我是多么重要。我们每个人都不同，都拥有自己的特质和天赋，发现它并让它得到最大的发挥，是快乐的原动力，也是生命的原动力。社会不会仅仅拿一个分数来简单评价一个人的价值，而是非常自由与多元化的。

毋庸置疑的是，高考是当下更好实现我们自身价值的敲门砖，也是目前最公平的钥匙。分数不代表你的价值，却是你打开世界的钥匙。这钥匙是分层的，更高层的钥匙对应更高级的平台，以此来实现自己的价值。这钥匙意味着，如果你喜欢钱，你更容易赚到很多钱；如果你喜欢读书，你更容易接触到很多好书；如果你对历史、心理、哲学、经济方面等感兴趣，这钥匙能带给你直接与大师交流的机会。

我一直懊悔自己当时没有从内而外地找到这种动力，而外在压力又对我不起作用。如果我在高中那段时间更努力一些，可能会走得更远，因此可以看到并且亲身感受到更广阔的世界。当然，现在努力也不晚。

由此可见，我们怎么能不感谢衡中呢——那个给我们每个人钥匙的母亲。鉴于我最近穷得过头，对金钱有点儿过于渴望，所以先说母亲给予我们改变自己以

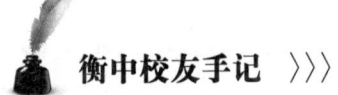
衡中校友手记 〉〉〉

及家庭生活质量的钥匙——可以接触到各专业最先进的生产力,更广阔的世界,更多的机遇,而这些都与数年前我拿到的这把钥匙分不开。那些数年前青涩酷毙的师哥师姐们如今都走在小资的最前端,各种好吃好喝,师姐我通常以蹭的角色出场。虽然在国家各种保障与资助的情况下我依然穷困潦倒,但在精神上的富足程度、思想上的先进性与深刻性方面,我还是很满足的。

最近还有一些体会,我发现最终让一个人执着向前的动力是发现某个问题并且解决它的强烈兴趣。离开高中到本科毕业,或许还有一些压力,但随后会发现,快乐来源于兴趣,成就来源于对兴趣的执着。所以我总是遗憾,我至今仍然没有狂热地喜欢过什么东西,似乎它们已经迷失在那些分数与题海中。其实,每一个学科都像一个美人,有它独特的美感与吸引力,可惜我从没好好欣赏过,更没有认真追求。回忆那时,认真地分析了几个学科的一些难解、易错的问题,用了很多时间写了三个本子,最终发现这样的执着不如多做几套卷子来得有效,这就是个人成长与应试的奇妙关系与选择。值得欣慰的是,我的兄弟姐妹们后来都发展了自己极大的兴趣爱好,有些同学在国粹艺术上甚至已经达到了专业水平。

青春是宝贵的,当我回忆起那段对很多事情充满疑惑和叛逆的岁月时,总有些涩涩的味道。有段时间觉得,如果一切可以重来,我更想知道我是个什么样的人,我的天赋是什么、兴趣是什么,我想成为怎样的人、过怎样的人生,什么是我的意义,如今却觉得,如果世界上所有事情都能像考试那么简单就好了。人只活一次,没法比较,所以,让我们红尘做伴活得潇潇洒洒,策马奔腾共享人世繁华,对酒当歌唱出心中喜悦,轰轰烈烈把握青春年华!

品尽人生百味，始知平淡是真

姓名	田顺庆
高中	228 班 23 号
大学	本科：清华大学／自动化专业
工作	江苏电力设计院／光伏电站设计研发
荣誉	大学：获得二等奖学金

  永远不会忘记那个去衡中报道的日子，2002 年夏天，站在门口看着上面"建中华名校，育民族英才"的大大的标语，给我的震撼特别大，这是我对衡中最初的印象。直至踏入校门的一刻，内心仍然掀起不小的波澜，包括初次离家求学的惶恐以及对未来的憧憬，但我相信真正的人生即将从这里扬帆起航。

  衡中让人留恋的并非她齐全的硬件设施以及惊人的升学率，而是在这里有我们熟悉的人以及共同经历过的事。三年的时间一直在规规矩矩但又是打打闹闹中度过。规规矩矩是因为三年期间内务几乎没扣过分，又或者扣过一两次不记得了；打打闹闹则是有一群志同道合的同窗好友争论着属于那个年纪的话题。短短三年间，我们经历了很多以后再未经历过的事情："非典"的猛烈来袭给社会造成了巨大恐慌，而身在衡中却有如世外桃源一般，每天过着"两耳不闻窗外事，一心只读圣贤书"的日子，还有令世界关注的"伊拉克战争"，同样给当时觉得枯燥无聊的日子里带来了新鲜话题。

  高中期间我们见过很多人，做过很多事。虽然很多人已经成为自己人生中的过客，虽然我们很少联系，可哪怕只是通个电话，曾经的回忆全都会浮现出来。记得那天接到一个陌生的号码打来的电话，听到声音立刻就猜到是王文霞老师，或许曾经坐在第一排的时候听王老师讲课、开班会的时间太长了吧！现在想来那时开班会的日子是多么令人怀念，不用上自习是其中一部分原因，还有就是可以听到一些令人感动的事、令人振奋的歌。付浩也已经两年未见了，这个曾经体格强壮却又酷爱打球的家伙实在是破坏衡中校规的典型，我们在同一个班级一起走

衡中校友手记

过三年心灵相通的路,每天追追打打,讲着别人听不懂的笑话,做着意气风发的事情。年前见到了久别重逢的"王狒"(王超),两年未见这厮风格依旧未变,一副风尘仆仆的样子印证了"八千里路云和月"。这家伙嗓门奇大却又语出惊人,但多属一些不靠谱言论。"崔大"又名崔继伟,貌似从入学开始就没叫过"继伟"两个字,因为只有"崔大"这样的名字才能配上他的长相以及说话的风格。我、付浩还有"王狒"无聊时以调侃"崔大"为乐,"崔大"虽貌似木讷,实则心思缜密,总是装出一副憨态可掬的样子。印象中的人还有很多,毕竟我们曾经共同经历过一段难忘的岁月。

23856、22864、22823,三个数字对我来说可谓意义重大,这三个数字见证着衡中三年走过来的风风雨雨。班级排学号是按成绩排的,高一入学我居然排的是56号,当时心情可想而知,想这个号码不会跟着自己三年吧。事情可以用峰回路转来形容,到了高二重新分班,基本可以排到班级十几名,结果搞实验班,居然学号降到了64号,简直欲哭无泪。幸好这种状态仅维持了一个月,再次分班的学号稳定在22823。三年的时间一直在追赶,心态其实一直很随和,反而有点儿"得之我幸"的感觉。时间慢慢推移,高考了,毕业了,曾经的同窗各奔东西。回想三年的学习生涯,没有多少令人感动的求学事迹,反而在这种平平淡淡的过程中感觉才是真实的生活。

现在我走路比一般人要快得多,吃饭的情况也是如此。这些习惯都是从衡中留下来的,虽然吃饭过快并非好习惯,但是已经根深蒂固很难改变了。白蓝色的校服总是透着亲切,每当在网上看到衡中的图片,总会有这些颜色混在其中,因为校服与闻名全国的跑操息息相关。几十个班级、整齐的步伐、响亮的口号的确让人震撼,现在回想起来依然能感觉到当时那种蓬勃的朝气。

十余年过往,弹指一挥间,回想高中点滴,想起那些人、那些事,是如此清晰,仿佛近在眼前。海阔凭鱼跃,天高任鸟飞,不知道何时大家才能重聚,把酒言欢,共忆当年事。

成功的分量永远比失败者的借口和抱怨重得多

姓名	韩卿
高中	228 班 24 号
大学	本科：北京邮电大学 / 通信工程专业 硕士：厦门大学 / 公共管理专业
工作	海关总署税收征管局 / 调研员
荣誉	大学：获得多项社团荣誉；荣获"优秀共青团员"称号 工作：受到包括集体三等功在内的多项个人、集体嘉奖；荣获"优秀共产党员""优秀组织干部""先进个人""业务标兵"等多个称号

成功的道理和这世界上的许多道理一样，人们想要理解它时，需要相应的人生经历、性格等，这也许就是人们所说的"慧根"。

成功的故事只说给成功的人听。

在你身边一定存在着这样的人，无论面对多么学识渊博的人，只要这些讲授者说出一些看上去浅显易懂的道理，这样的人就会说到或者想到"这不就是什么什么吗，这个我会"——这类人，我们称为轻视者。在你身边也一定存在着这样的人，面对自己的失败时，把责任归结于各种客观不可抗力因素，觉得自己遭遇的一切不幸来自这个世界的既成规则，比如，各种制度、形式以及考核者对自己的态度——这类人，我们称为推脱者。

这两类人都不是成功的人，他们也是再普通不过的绝大多数人，所以成功者总是少数"幸运"的精英。而这一点，是在衡中惨烈的竞争中才总结出来的。

人生是不易成功的，即使一开始就做着看似成功的事。在明白自己为什么这样做之前，人的行为与马戏团被训练的动物没有太大区别，比如，不吃地上的东西，上课认真听讲。明白成功的道理，进入成功的契机也许是不同的，于我自己，来自一个问题："你这样做，状况有没有变得更好？"

我也曾经抱怨过不公平的高考制度，我现在也承认它不公平——某地的学生

 **衡中校友手记**

比我们上学确实容易太多,但是,你整天想着不公平,你的成绩就提高了吗?我也曾抱怨过考试判卷,但是你抱怨之后,你不会的或者会了没有被别人看出你会的,达到得分要求了吗?什么都没有好转,你还整天重复着无聊低级的失败行为,你傻吗?

衡中让我学会了不怨天不尤人,而是考虑怎么真正解决问题。

让我们想一想,高考后的十年,你还能否记起曾经抱怨过哪次考试哪个形式制度?但你一定记得自己的高考分数,记得自己的志愿,当然也会记得自己上的哪所大学。这说明什么?说明成功的分量永远比失败者的借口和抱怨重得多。失败者的行为,就和他们自己在这个历史长河中的角色一样,卑微。

如果你能理解我说的,恭喜你,你已经可以开发自己的潜能了。如果不能,我不否认你也许可以在高考中考出一个很高的分数,或者以后有所谓的成就,但就你本身在学习知识这方面的能力而言,你其实还是个失败者,只是你不知道,不承认。

但是更多人,我想和我一样,资质普通得很,所以我们没有什么力可以省,于是我们不得不思考第二个问题:"我做什么状况才能好转?"

究竟做什么呢?这是每个人自己的问题,解决好这个问题,你就是一个务实的人了,务实是成功的前兆。

这就是我在衡中得到的最深刻的道理。

成功的故事说给成功者听,所以,我说完了,你懂了吗?

山顶的风光是绝美的，但只有用坚定精神指引的跋涉后才能看见

姓名	李文斐
高中	228班25号
大学	本科：中山大学/统计学专业
工作	自由职业
荣誉	无

衡中，多么神奇的地方，多么令人回味的世界。虽然离开衡中很久很久，但每当我回想起那段难忘的岁月，就能获得信心和勇气，就能战胜自我，摆脱困扰、忧虑、迷茫和踌躇。是衡中，给了我梦想；在衡中，我的梦想才得以起飞。

想起5点30分时昏昏欲睡的感觉，拿起书就直奔操场的急促；想起吃饭时狼吞虎咽，一手拿着馒头一手拿着小册子的疯狂；想起中午宝贵的午觉；想起下午疯狂地做题，晚上集中地整理；想起夜深疲累后睡梦的香甜。天天如此的规律性生活，却让我习惯了那些旁人难以想象的生活。这种生活单调但单纯，有条理而不呆板，那时真是一种简单的纯粹、一种欣欣向荣的向往。曾经有学长说："别看你们现在不愿过这种苦日子，可等你们上了大学才会发现，这段拥有纯粹追求的青春，一去不复返了。"诚然，到了大学，才真正体会到学长的用意。那段时光，真是热血无畏令人肃然起敬的青春啊。

然后，就又像刚到衡中时的匆忙一样，忽然离开了那里。

记得2005年高考结束，过了不需要早起的假期，到了不用再没日没夜做题的大学，本该感到轻松的我却又有些失落。衡中那可敬的老师，衡中那可爱的同学，衡中那长长的操场，衡中那静静的走廊……这一切都在我脑中盘桓。可我没时间发这些不痛不痒、无病呻吟的言论，我还有更多事情要做。回忆固然美好，可我们应该无限挑战自己的未来。我要学习更广泛的知识，掌握更精巧的技艺，遇到更多的奇人，干更大的奇事。进入了大学，我发现自己又站在了一个新的梦想平台上，有了更多向梦想前进的动力和资源。

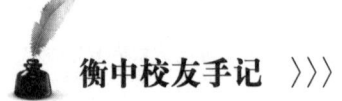

而这一切都是衡中给予的，在这个神奇的地方，梦想开始起飞。

曾经在衡中的教室墙壁上写下大气磅礴的誓言，曾经在早晨大声喊出自己的梦想，虽然最后没有全部实现，但每次都能离自己的梦想更近一步。每一道习题，每一次训练，都是追寻梦想路上的足迹。衡中有句看似绝情的格言："掉皮掉肉不掉队，流血流汗不流泪。"都说伤疤是男人的勋章，衡中那段不怎么好过的日子就是我的勋章，闪耀着光芒的人生中无与伦比的勋章。

人们常问我吃那么多苦值得吗，我总笑着回答在衡中过的这段岁月值得，我并不觉得多么苦。很多衡中之外的人听了我们的光辉岁月总是咋舌："这么难受，我可受不了。"其实只要你深入其中，真正在衡中度过，你就会明白，这里是多么不寻常，多么给予人力量。那种追求梦想的幸福感觉，外人又怎么能体会到！

也许有人说我被衡中洗脑，已经麻木了，可你们看看我们可爱的同学们，谁不是神采飞扬？在学校时，他们就以蓬勃的朝气感染着我，而毕业后，他们又是我一生的挚友，不断帮助着我，鼓舞着我。每当同学聚会时，我们一起回忆那峥嵘岁月，放肆地笑着。感谢有这帮人陪我一起走过，他们如此优秀，他们如此向上，我感激人生中的这些益友。我相信，这群人以后也会和我一起追逐梦想的。

不能不感谢我的老师，在校时的亲切教诲自不必说，毕业后的关怀也是温暖的。多亏了我的老师，我得以在大学认识了这么多良师益友般的师兄师姐；也多亏了我的老师，每当我想偷懒时，想到不能辜负老师的期望便又打起精神来。

但我认为衡中留给我的最大的财富，其实是一种精神，是追求卓越、追求梦想的精神。拥有这种精神，我可以坚持走过别人认为崎岖的道路，可以笑对别人认为难以忍受的事情，可以在万夫所疑的情境下坚守自我，可以在铺天盖地的抱怨中傲然耸立。有句话说特别努力才毫不费力，点到了这精神的实质。其实人人都有梦想，人人都有追求，可只有凤毛麟角的人能实现。衡中人看上去一个个意气风发，可谁又知道是他们这种肯吃苦肯坚持的精神让他们走到这一步的？山顶的风光是绝美的，但只有用坚定精神指引的跋涉后才能看见。

有些人妖魔化衡中，说没有人性、管理机械、应试教育云云，真可谓没有实践调查就没有发言权。学校处处为我们的每一次进步着想，这比那些看似自由其实啥事不管的中学叫没有人性吗？衡中学生是全国睡觉质量最好的中学，每天八小时的睡眠足以让很多学校汗颜，这叫管理机械吗？这都是科学管理的一角罢了。

在大学，我们的优势依然尽显：良好的、有规律的生活习惯，多才多艺的文化修养。那些质疑我们的人，最终看到的是真正开心的笑脸，而不是什么"虎妈教育"后得到成绩的自我安慰。

衡中，真的给了我太多太多。李云龙曾说军人应有一种"亮剑"精神，在我看来，身为学子，也该有一种不懈追求梦想的精神。进入衡中之前那些模糊幼稚的梦想，在进入衡中后变得清晰坚实，在离开衡中后腾飞。

回想这段衡中岁月，我想说，我无悔，我有起飞的梦想。衡中，就是我梦想起飞的地方。

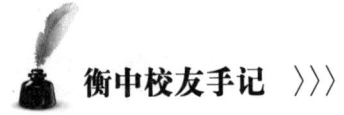

衡中校友手记 〉〉〉

辛勤的蜜蜂没有时间悲哀

姓名	孟春晓
高中	228班26号
大学	本科：北京交通大学／旅游管理专业 硕士：北京林业大学／旅游管理专业
工作	中国残联／主任科员
荣誉	大学：多次获得奖学金 工作：荣获"优秀共产党员"称号

　　当冬天又吹起寒冷的风时，想起高三那年，有一次迎着黎明的曙光努力地奔跑，跑到明志楼拐角的时候，迎着冷风，一大滴眼泪突然唰地滚下来。那天是元旦，我把它当作过去一年坎坷的沉淀。冬天虽然很冷，却是我那时最爱的季节。靠着一种后知后觉的摸爬滚打，那些年的挑战和磨炼我都挺过来了。学生时代的我们，是最有勇气的。

　　很不想算这笔时间账，但时间，就这么过去了。

　　既是回忆，那段时光里散落的还有什么呢？

　　我刚入学就受伤，返校后行动不方便，对着陌生的校园和同学更是恐慌得抬不起头来。在那个时间贵比黄金的年代，你们耐心陪我蜗行，照顾我的每一天，还有一句句关心问候的话，都帮我建立了从头再来的信心。我从未表达过我的感谢，但你们的爱如同怡兰轩的幽兰清香，我永记心田。

　　因为第一次月考的缺席，第二次我进入了末位考场。我已经不记得那次考场和考号是什么数字——不努力就要付出代价，真是让我印象颇深的下马威。

　　记忆里总有鲜活生动的部分，有大家冲进食堂后扔勺子占座的当啷作响，有操场上回荡的各个班级誓要拼个你死我活、气势万丈的口号，有一遍遍令人紧张的上课、下课考试铃声，有盯着揽月楼上的大钟跟爸妈争分夺秒的通电话，有置身喷泉旁的喧闹却听到的无比清晰的落水声……每一种声音，都带着高中特有的印记。

要说特殊，那时我留着史上最短的短发，大黄在开学时就十分不满我这个"男生"怎么跟女生们站在一起，高考时监考老师拿着准考证跟我的脸比对了半天。高中毕业后我终于疯狂地留起了长头发，事实上当年并没觉得有什么不对——时间那么紧张，去哪儿都跑，哪有时间打理三千烦恼丝呢？

幸运的是，那些年确实有一位长发的"妈祖"庇佑着我们，这位神一样存在的人，也被子民们亲切地称为"老班"。很多同学都对我们的班会印象深刻，我的泪窝子如此之浅，大概也是那些年造成的。老班总能在迷途中为你指引方向，在懈怠时给你警醒，就算你失败了，也总能挽救一颗破碎的信心，顺势来上一针强心剂。她永远告诉你"向下一场要成绩"，以强悍的骑士精神，整装再出发；还有她那霸气威武的考前誓词，足够PK任何一本成功学书籍里的励志之词。

又一次漆黑的晨跑，忘了为什么，偌大的操场上只有我们一个班在跑，像是孤独的野兽。我那阵子腿又诡异地受伤，休息了很久还是不给力，又不争气地摔倒了。我爬起来站在一边，同学们的跑步声格外整齐。后来大队伍回到教室，我哭着跟老班说我跟不上了，当时真是体力和精力双双崩溃。记得老班说了一句特精辟的话"你要是觉得你跟不上了，你就真的跟不上了"，现在想起来真是真理。

回想起来，其实很为自己的没出息给老班添了几缕烦恼丝而难过。每当消极的想法一出现，老班赠予的那句话总会自动弹出来："辛勤的蜜蜂没有时间悲哀。"这是怎样一个积极上进、正能量爆棚的奇女子啊，说感谢、感恩都太轻了，您就是我们的信仰。

有太多故事和"跑"有关，那三年像极了一场长跑，大家脑子里都有个上紧发条的时钟。不管外界传闻多么恐怖，当时我们这些衡中人并没有觉得苦，年轻的劲头真是无极限。衡中的精神成为一种魔咒，甚至大学图书馆我都遇到过身穿衡中校服身影的神迹，毕竟身背"追求卓越"这四个字出现还是很显眼的。当时正准备考研，"追求卓越"好像是神的指示一样，让我很是激情澎湃了一番。

那时的我们以为2005年是一个天大的关卡，但它只不过帮我们开启了继续通关的大门，新世界画卷才刚刚展开。走出校园才知道，那是生命里最纯粹的一段时光，一直沉淀在我们的内心深处。多年后的我们，为了各自心中的理想，走过了很多的路，翻越过很多的山，当年那种奋斗的精神永远伴随着无论天涯何处

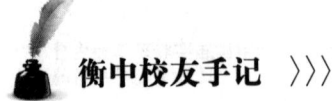

的我们,也正是这样四面碰壁、百次磕绊后,总默念一声这点痛算什么,然后继续向前,找到正确的方向,走出自己的路。

信念要坚定,梦想要执着。成长就是不再有人为我们导航,很多事情也成了一个人要打一群小怪兽,这才知道了现实。

回忆过去,我们感激那段时光,感激衡中赐予我们永恒的力量。让所有的经历铸成我们新的铠甲吧,那终究是一段难忘的青春故事。

愿我们都能拥有自己喜欢的生活,愿相逢时还能再度拥抱。

高考后的岁月更厚重丰富，短暂的高中时光只是漫长路途的浓缩

姓名	刘世政
高中	228 班 27 号
大学	本科：北京航空航天大学／国际经济与贸易专业 硕士：北京航空航天大学／管理工程与科学专业
工作	全国海关信息中心／高级办公事务专员
荣誉	大学：荣获"优秀学生干部""优秀研究生"称号

时光，你慢些走，一切仿佛都在昨天：晨读，早操，拥挤的食堂，做不完的卷子……

恍惚间，我从衡中毕业 14 年了，也有 14 年没有再回衡中。我怀念在衡中的单纯的学习时光，每天三点一线的生活。

看到我亲爱的 228 班的很多同学都分享了在衡中的生活，记录了我们那段在衡中的相似的成长时光，那么我分享下高中毕业之后 14 年的成长感悟吧，希望对学弟学妹的大学及之后的人生成长有所帮助。

一、选择好大学和专业

不得不承认，高考分数在很大程度上决定了我们所能选择的大学、专业以及未来的人生，但是，亲爱的学弟学妹们，我必须告诉你，选择好学校与专业比你高考多考几分重要得多。我们在高中每时每刻的努力，为的是有一个好的大学成长环境，然后有一个美好的未来。所以，我希望你们，在高考填报志愿的时候，在考虑兴趣的前提下，请充分了解你即将就读的学校的该专业在全国的排名，以及这个专业的就业前景。

二、学会精神独立

我必须承认我没有安排好自己的大学生活，我不够独立，不够努力，不够自信，我没有学会安排自己的学习和生活，没有做好职业规划，所以我希望你们做好。

到了大学，真的如传说一样，没有人逼着你去上课，没有人逼着你学习。自

由，彻底的自由——这就是大学。

到了大学，你终于挣脱了题海，挣脱了早读，挣脱了早自习，但是，我亲爱的学弟学妹们，我想告诉你们的是，在挣脱所有束缚的同时，你必须学会独立。我所说的独立，不是经济的独立，而是精神的独立。你必须独立地安排自己的学习和生活，合理地安排自己的时间。

在你步入大学之后，很多人会给你灌输"60分万岁，多一分浪费"的思想，如果你真的这样做了，等毕业时你就傻眼了。学习，永远是学生的天职。我亲爱的学弟学妹们，请记得，在你有时间与精力还有外界条件的时候，尽一切努力让自己变得丰富、充实起来，无论是读书还是参加社团、听讲座。

三、请自信

当步入大学、步入社会以后，你会接触来自全国各地的同学，大家有不同的家庭背景、教育背景，每个人的成长环境都不一样。我不知道其他同学怎样，我在大学很多的记忆都是自卑的，我不知道当下的娱乐圈八卦，不懂动漫，不擅长长跑外的各种体育运动（在衡中跑了三年，刚上大学时，我曾一度是我们班最能跑的），不会唱K（我基本属于五音不全），曾经一度在对别人的羡慕与深深的自卑中度过。在新东方讲课的那几年，我发现现在的孩子们真是了不起，他们的知识面都很广。我亲爱的学弟学妹们，我希望，当你们发现别人比自己在某方面或者某几方面优秀的时候，请不要自卑，因为每个人的成长环境与资质都是不同的，我们所要做的，是在每个平台上，让自己变得更优秀。

四、让优秀继续成为你的习惯

我想我大学之后，在某种程度上习惯了不优秀。哈哈！优秀是一种习惯，我越来越觉得。我亲爱的学弟学妹们，请你们保持一种优秀的习惯，保持学习的习惯，保持上进心，自信、坚强、努力！

太多的东西想和学弟学妹们分享，不知从何写起，也不知怎么结尾。走过14年，内容却是高中的几倍，高中之后的生活更加厚重，更加丰富，我们之后的岁月，将是短暂时光承载漫长路途的浓缩。

我所提及的不过是片段，点滴的提醒希望学弟学妹们少走一些弯路。亲爱的学弟学妹们，未来希望你们认真努力地度过。

只有经过了严格的洗礼才能以昂扬的斗志去挑战一切

姓名	张华良
高中	228 班 28 号
大学	本科（提前批）：国防科技大学 / 应用物理专业 硕士（保送）：国防科技大学 / 物理专业
工作	保密 / 保密
荣誉	高中：获得河北省物理竞赛二等奖 大学：获得光华奖学金、CASC 奖学金；荣获"优秀学员"称号 工作：获得军队科技进步二等奖、三等功；荣获"优秀共产党员"称号

从 6 岁开始上学到 25 岁离开学校，有十八年半的时间是在学校度过，其中又以三年的衡中生活最为记忆犹新。衡中三年，幸运地改变了自己的命运，也有幸地见证了衡中的腾飞。

离开母校之后，每年高考成绩公布时，我总会在网上浏览一下衡中那骄人的成绩，回味一下自己那三年的高中生活。衡中给我印象最深的有两点：一是严格的制度，二是负责的老师。

严格的制度，落实到每天的分分秒秒。在衡中，学生每天每时都有严格的安排：一年四季凌晨 5 点 30 分起床，然后是早操和早读；早饭后是早自习和四节课，中间穿插课间操；午饭后有一小时的午休；下午是三节课和自由活动；晚上上三节自习；10 点 10 分熄灯睡觉。在这种情况下，我们只要保证在学校规定时间内的学习效率，就能轻松完成学习任务。在严格的制度下，学生生活学习各方面都量化成分数并进行评比。在衡中，大家比的不只是学习成绩、考试分数，还有课堂纪律、早操和课间操跑步秩序、午休和晚上睡觉情况，等等。在这种严格的制度下，我们不仅能出色地完成学习任务，还能锻炼自己的身体素质、意志品质从而形成团结奋斗的精神以及集体荣誉感。

衡中的老师不管是班主任还是任课老师都是我见过的最为负责的老师，他们

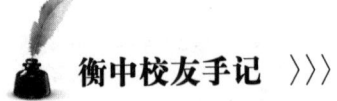

衡中校友手记

不只是对学生的学习负责,对学生的生活、家庭等各方面都很关心。身为老班的王老师,每天早上准时到操场陪我们出早操,午休必到宿舍查寝,晚上也会到宿舍查看大家入睡情况,花在我们身上的心血比投入家庭的都多。同时,还经常观察同学们,注意大家的思想情绪,及时开导大家,保证班里每一个同学在任何时候都以最佳的精神状态投入学习中。最终,我们没有辜负老班的期望,创造了衡中前无古人的高考成绩。

时光匆匆而过,配得上奋斗的时光也只有衡中这三年。刚进衡中时,董丽红老师就告诉我们:"态度决定一切。不管以后是上学还是工作,你只要拿出在衡中一半的态度就可以脱颖而出。"现在回想起来,历历在目。只要经过了衡中的洗礼,不管在任何状态下,我们都可以以昂扬的斗志去挑战一切。

我还记得在开家长会时,韩卿说过虎父不仅无犬子还可以有龙子。正是衡中,使我们的人生得到了升华,使我们以昂扬的斗志、腾空的姿态冲天而起,奔向我们人生的目标。感谢衡中,感谢228班!

每个人都在长大，但并不是每个人都在成长

姓名	孙昊
高中	228 班 29 号
大学	本科：中国政法大学 / 国际经贸专业
工作	中国证监会 / 挂职河南省开封市重点项目办公室副主任兼兰考县政府党组成员
荣誉	工作：荣获 2019 年河南省"脱贫攻坚奖"（省级荣誉称号）

有人说："我们每个人的青春都应该有一段回想起来会感动到哭的日子。"于我而言，在衡中的生活便是这样一段记忆。

衡中给了我一个名校的梦，让我想去那些有着强大实力和丰富沉淀的名校读书，想去体会内涵，接受熏陶，进而完善自己。当然，一个人最后怎样并不完全取决于他是否进入了大学，或进入什么样的大学。但毋庸置疑的是，这些名校能够提供良好的环境让你提升，能够提供宽阔的平台让你与优秀者同行，能够提供丰富的资源去发展自己。衡中帮我点燃了这个梦想，而这个小小的梦想便陪伴我度过了那些时光，这是支撑自己最强大的力量。

每个人都在长大，但并不是每个人都在成长。衡中的日子于我在某种意义上说就像是一场金色的成人礼。不论是在生活能力的培养上，抑或是在人格的养成上，它都对我有着重要的意义。曾经有过那种极度的想家但是不能回去的痛苦，曾经有过因为不适应集体生活而失眠的经历，也有过半夜开始发烧时的恐惧，有时候真感觉自己坚持不下去了，但是咬咬牙，坚持住当下的一秒，一切又继续下去。不得不感叹人实际上是可以坚韧到如此地步的，只要你能坚持，就没有什么过不去的坎、吃不了的苦。坚持，坚持，再坚持，总会有风轻云淡的那一天。

除此之外，在衡中这个竞争激烈的环境中，我也领略到人的几种强大的力量。比如说专注，比如说单纯，以及坚持不懈的努力。回想当初的生活，有苦有累，每天早上起床后一直到晚上熄灯躺在床上，一天忙忙碌碌，虽然有时会感到劳累

厌烦,但是不久之后又会重新焕发能量,就这样一天又一天不断努力着。

衡中带给我的绝不仅仅是一张大学的录取通知书,我的同学教给我乐观与坚持,我的老师教给我负责与热情,我的身上有着一个衡中人应有的霸气、自信与追求卓越的精神。我是一名衡中人,我为此感到自豪!

有信仰的人只听从内心的声音，而不惧命运将他带向何方

姓名	邢翠柳
高中	228班30号
大学	本科：天津大学 / 电子信息工程专业 硕士（保送）：天津大学 / 电子信息工程专业
工作	中国电子科技集团第五十四研究所 / 工程师
荣誉	高中：体委

似水流年等闲过，风光无限少年心。高中时光已凝结成记忆，积淀成怀念，以至于当又一次面对衡中这个话题时，竟迟迟不敢落下勾勒她的第一笔。当记事本摊开在面前时，本以为有千言万语来和盘托出衡中带给我的满满当当的回忆，但真正要落笔时，却发现衡中带给我的无非八个字：志存高远，修养心性。

志存高远

同为衡中人，我们的经历有许多交集：梦着共同的梦，痛着共同的痛，可谓悲喜与共。我不是成绩一直很好的学生。那一年，我来到了衡中，开始了我人生中波澜壮阔的高中生活，而这三年的经历，也是我一生的财富。在衡中，竞争激烈且无处不在，虽然有老师不辞辛苦的催促，但选择沉默还是积极去拼搏却是最重要的因素，更是自己要做出的选择。面对着每次作业小测之后的成绩单，聆听着一次又一次的优秀学子报告会，看着一位又一位优秀毕业生光鲜体面的经历，渐渐地，我产生了一个想法：我要成功，我渴望成功。有信仰的人是坚定的，也是幸福的，他只听从内心的声音，而无惧命运将他带向何方。我清楚地知道，所有的努力都是在为我的成功奠基，所有的劳累都是在为我的未来铺路，所有的付出都是在为我的理想伏笔。为自己打工，为自己拼搏，所以面对学校的严格管理、高强度训练，没有人抱怨，大家珍惜一切资源，努力抓住一切可以提升自己的机会，不断地为在高考这场人生第一次盛大的舞会中惊艳亮相而积累着。衡中这样

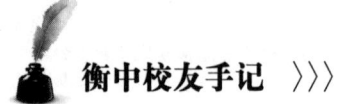
衡中校友手记 >>>

一个纯粹到极致的地方,时间是我唯一剩余的东西,我前所未有地与时间密切起来,这让我在一个漂泊无根的年代中倾听内心的呼唤,选择理想,选择坚守,自强不息,去追逐自己未来那饱满的人生。志向不会一时半会树立起来,但我们必须具备追求卓越、摆脱平庸的意识,在不断地历练、碰壁、徘徊中寻找前进的方向。

只要有梦,人生就有光;只要敢拼,未来就不再是奢望。

修养心性

修身、齐家、治国、平天下,一切皆以修身为本。竞争似乎是衡中一个长盛不衰的话题。衡中的日子确实很苦,努力许久成绩却不见起色的沮丧,卷子堆积无力整理的绝望,某个知识点久攻不下的气愤……这些都让本不容易的高三更显艰难。然而,一届又一届的衡中人挺过来了,一届又一届的衡中人不断创造着历史,这是因为衡中人不仅要去学习兵来将挡的那种恢宏气势,还要学会及时调整自己的心态,塑造自信、乐观、进取的精神面貌,懂得尊重、学会感恩、开放包容就显得格外重要。正如罗曼·罗兰曾说生活中只有一种英雄主义,那就是在认清生活真相之后依然热爱生活。艰难的环境并不能阻挡沉着稳重性格的磨砺,老师不分昼夜地备课、批改作业,学生日复一日地高速运转,皆依赖于"追求卓越"这一强大的精神支柱。面对各种困难,我们追求卓越;面对骄人成绩,我们依然追求卓越。我们懂得为了更高平台上的得到,必须全力以赴且学会放弃。一次次的考前激励大会、一首首的激昂班歌、一声声的震天口号,师长的叮咛、家长的体贴、同学的鼓励,我们没有理由在这个残酷却又不乏温馨的环境中丧失初心、随波逐流。

千秋翰墨千秋笔,一代风流一代歌,高中其实也就弹指一挥间。衡中迎来送往,一直默默地凝视、祝福着我们这些孩子,愿我们早日成才。她带给我们的不仅仅是塑造广阔的学科视野、完善的知识结构、独立思考的能力,更重要的是她在敦促我们用青春的热血浇灌出美丽的花朵,成就新的梦想。梦想有多远?衡中从不会告诉你准确的答案,她只是给你无限的可能。为这无限的可能,每一个衡中人奋勇拼搏,创造着一个又一个的不可能。我们就是要强大,就是要卓越,就是要在优胜劣汰的社会中留给世界一个前行的背影!

回首望衡中,诉尽平生云水心。志存高远,修养心性。我想,我的的确确珍惜了在衡中的宝贵青春年华,交出了一份令人满意的答卷。

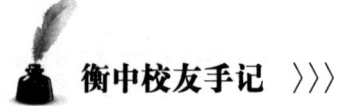
衡中校友手记

以母校为傲，以班级为豪，料母校、班级待我应如是

姓名	刘烨
高中	228 班 31 号
大学	本科（提前批）：西北工业大学 / 自动化专业 硕士：西北工业大学 / 控制科学与工程专业
工作	华为技术有限公司 / 工程师
荣誉	无

从高中毕业到现在，我时常以自己是一个衡中毕业的学生而骄傲，更因为自己是从228班走出来的而自豪。师从王文霞的两年时间里，我懂得了许多人生的道理，这为我后续大学阶段、研究生阶段以及现在工作阶段遇到困难甚至出现迷茫的时候提供了解决方法，让我可以继续前行，而不至于找不到前进的方向。

从高中走出来后，我发现现实中的生活和在高中校园中想象的不一样，包括一些梦想之类的全都变得模模糊糊，可能是因为我的目标不够明确、梦想不够远大吧。

刚进入高中的时候，一直觉得天王老爷第一老子第二，这种弱智的想法直接造成了我这个人对什么都不上心和过分自大，觉得不管什么事情，没有我的参与就不可能成功，甚至觉得，不管什么事情都必须是以我为中心，现在想来，简直幼稚。

进入228班以后，王老师在潜移默化中改变了我的性格，我开始认真地对待生活，认真地对待学习。记得刚进入高二的时候，我的成绩在班里只是中等，但是在高三下半段，包括高考的时候，我的成绩已经排到班里前十几名了。这一切，都离不开王老师的谆谆教导。

王洪建提醒大家写回忆录的时候曾说"考虑到部分同学可能一时很难想起很多年前的事情"，这就大错特错了，那一起奋斗的日子，早就深深地烙在了我们的脑海里面，怎么可能想不起来呢？我们只是写不出来而已……

一直以来，网上流传着一句话："一觉醒来，你发现自己只是在高中课堂上睡着了，你会有什么感觉？"每次看到这样的话，我的脑海里就会闪现出一个声音："It is bullshit！"衡中 228 班的学生在高中课堂上敢睡觉？那不是欠抽吗！

当然，这只是个玩笑。虽然我也十分希望一觉醒来发现自己只是在高中课堂上睡着了，但是那样的话，我现在拥有的一切能都带回去吗？

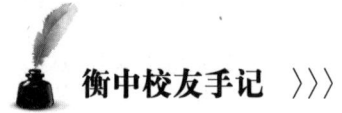
衡中校友手记 >>>

流光映碎影,青春当无恙

姓名	潘林
高中	228 班 32 号
大学	本科:天津大学 / 软件工程专业 博士:天津大学 / 计算机应用技术专业
工作	天津大学海洋科学技术学院 / 教师
荣誉	高中:获得全国高中数学联赛河北赛区一等奖 大学:获得首届全国大学生软件创新大赛优胜奖;荣获天津大学第九期"学生科技英才"称号

2002 年 8 月末,入学,军训,开始衡中的学习生活,到现在刚好 17 年多一点儿。高中时的老班让大家写 228 班的回忆录,我迟迟没有动笔——三年的时间不长不短,其间的喜怒哀乐或清晰或模糊,不知如何写起。索性还是以碎片化攒文吧,记录一些还未被岁月抹去的记忆片段。

一些关键词:231,229,228 班,226,223,612,格物楼,明智楼,求真馆,跑操,跑饭,饭勺,蹲着吃饭,辣酱,泡面,2B 铅笔,涂卡,文曲星,奥数,体活,天文台,霍金,阅览室,金庸,"非典",一个月,打水漂,违纪通知单,魔力宝贝,窗户,水杯。

衡中入学第一课是军训,衡中对内对外的宣讲都是"军事化管理"。我们入学那年,《中国教育报》长篇报道了衡中的"神话",全国各地来参观交流的队伍络绎不绝。

宿舍是多人间,上下铺。每天午休一小时,晚休七个半小时,其他时间不能回宿舍,另外每周周报有内务量化评比。我曾在一次午休时玩文曲星上的小游戏被级部老师抓到,王文霞老师批评教育了我。难忘的是王老师担心我养的小宠物被饿死我会伤心,很快就把文曲星还给了我。

另外两次违纪都在高一:一次物理自习跟李放、史哲玩文曲星动静过大,被物理老师发现后没收并报告了班主任；一次是跟维康、文聪在池塘打水漂被工作人员看到，开了违纪通知单。

早上5点30分起床出早操，上午大课间跑第二次操。228班的跑操队伍一直是优秀、整齐的，等待整队期间人手一个小本子翻阅、诵读貌似是从我们这里成为一种规定。我们的口号是"二二八班，霸气冲天，浴血奋战，清华同班"，最后几个字其实是鼓舞士气、宣泄压抑的一种方式，不过后来228班超半数留在了北京。

冬天，教室的窗户经常是关闭的，屋里的空气异常憋闷。我是倡议开窗并且有所行动的，当然，这遭到了一些同学的反对——冷嘛，而且有时候跑完操出好多汗，容易感冒。

上厕所排队是一种常见现象，毕竟坑位有限，而学生众多。备考的最后几个月，我在早操后会跑去上厕所（那时人少），然后回去上早读。老师一直没有问过我为什么经常回教室晚，这是一种信任吧。其实我在家的节奏就是起床后喝几口水，然后例行排放，在衡中要在起床后15分钟内完成洗漱、内务、到操场等。

"跑饭"是一道特殊的风景，校方发现会制止，但惜时的同学依然会顶风作案。维康、成琳是瞬间完工的同学，我是改不了吃饭慢的，饭伴是原231班的。另外，吃饭是自备勺子等餐具的，打饭是排队的，也会有小红帽、小黄帽之类巡查，所以后来每每面对大学食堂的混乱无序都不免叹息。

老班要求我们每个人都有个心情记录本（我记录的就是一些心情、学习考试小结什么的），她会定期批阅，这也是师生交流的一种形式。现在随手翻了几页，看到了几个红色批复的"清华"和许多鼓励的话语，虽然我并不认可这种目标，但毕竟是时代催生的一种共同追求。

语文一直是令我头痛的一门课，全方位地乏力，罚写习字、背课文是少不了的。有段时间老班安排我跟李鹏同桌，也没有改善。尴尬的是，读研究生时，最初的课题选到了自然语言处理，后来因种种原因改了方向，不过始终离不了阅读和写作，如各种项目申请书、文档和报告以及学术论文，于是又翻起语法书。

高中数学由于洪建等人的存在而更加有趣。褚艳春老师十分干练；王玉瑛老师经验丰富，边学边教，跟教研室的年轻老师一起带出了第一批奥数学生。到清北学堂的两次培训和五层数学教研室的那段备考，点缀了单调的高中生活；编号

04、05、06,为奥数生活画上了一个句号。

高三有一天晚上回到宿舍,左侧小腿肚像有东西挂着似的刺痛,宇朋扶我下楼往家里打了电话,报告了老班,路上还碰到了校长,好在是因病不会被处分,不过到医院也没检查出什么。后来也偶尔会有痛感,也许是坐久了血流不畅通吧。倒是宇朋,高考前一直与皮肤真菌斗争,坐着都痛,真坚强。

全班66人,高考倒计时66天时老班写了66份寄语,班会总能给我们感动和激励,记得距高考不远的一次班会开了两个多小时,后来王老师吝惜我们的复习时间,终止了大家的抒情。我的同桌有洪建、付浩、李鹏、春纪,还有曾经的世鹏、德民。同寝有成琳、德健、宇朋、文斐、瑞川、郭靖、伟丽。语文王文霞老师,数学王玉瑛老师,英语卢洪涛老师,物理王国红老师,化学李常虹老师、董丽红老师,生物周金臣老师、郭立欣老师……优秀的老师们带出了追求卓越的228班,感谢!祝好!

永远记得228班的誓词:我们永远的初衷,不负父母的期盼,不负恩师的厚望,不负天赐的智慧,不负青春的理想。我们将带着从容的微笑,去赢得志在必得的辉煌。顽强拼搏,圆梦衡中,捷报飞传,金榜题名。坚持到底,让飞翔的梦在6月张开翅膀!坚持到底,让雄心与智慧在6月闪光!

所幸,我们都做到了。

优秀的衡中,优秀的衡中人。

扬帆凭借力，万里上青云

姓名	解楠
高中	228班33号
大学	本科：中国科学技术大学/金融学专业 硕士：中国人民大学/财政学专业
工作	开源证券/金融管理
荣誉	大学：在主持人大赛中获得较好名次；多次获得奖学金

时光飞逝，距离高中毕业已然有14年。长大的时光总是感觉过得飞快，高考结束后我们冒雨照毕业照的情景仿佛是在昨天，我们的老师、我们的同学、离别的场景、奋斗的光辉岁月仍然清晰地印在我的脑海里。14年过去，我终于意识到当时的分离只是暂时的，228班兄弟姐妹的情谊没有因为毕业后大家的分开而减弱，反而变得更深厚。

2002年进入衡中学习，那年15岁，当时的心情自然是既骄傲又激动的。18岁毕业至今，每每提起，我仍然会很自豪地告诉别人，我是衡水中学的毕业生。三年高中的生活，说长不长，说短不短，却教会了我很多，回忆起当时奋斗拼搏的场景，依然会热泪盈眶。每周一次的班会是我最喜欢的，因为这是我的加油课，听完老班慷慨激昂的鼓励、同学们充满激情的话语，我仿佛浑身充满了力量；百日誓师，响亮的口号化为满满的冲劲；桌子上贴的小字条和后黑板上每个人心中理想的大学，时时刻刻鼓励我、激励我。在大学时给宿舍的姐妹讲述在衡中的场景，记得舍友当时被我们班级的口号感动得热泪盈眶。每一位衡中的老师都是睿智的，每一位衡中的同学都是才华横溢的，现在想来，特别感谢当时老师和同学们营造的充满斗志的氛围，正是这种氛围的带动和感染，激发了我们内心的潜能，成就了我们今天的光辉岁月。

2005年高中毕业后，班里有一半的同学选择了北京的大学，已经不记得是什么原因我选择了南方的大学。第一次离家千里，自然有些不适应，班里只有我自己报考了中科大。去学校报到的第一天,惊喜地发现中科大有衡中的校友会,顿时有种找到了组织的感觉。衡中中科大校友会每年有一次正式的聚会,兄弟姐妹们关系都很好,是衡中——这个我们共同生活奋斗过的地方将我们紧密地联系在了一起。四届校友会加起来30人左右,到第八年,科大的衡中学弟学妹已经有200人了,很开心。当时,找到一个老乡都很激动,更别提是老乡加校友了。真的特别感谢衡中校友会每一位成员带给我的温暖和鼓励。

  大四那年,我面临着保送本校研究生还是报考人民大学的选择,经过认真考虑,我决定报考人民大学的研究生。我刚到北京那会儿,228班同学的热情和鼓励深深感动了我,清华、北大、人大的同学们听说我来北京复习考研都邀请我去做客。在清华见到了很久没见的228班的兄弟姐妹,大家把酒言欢、互相鼓励,让刚到北京感到些许孤单的我顿时找到了温暖的感觉。从那时我就意识到,228班已经不仅仅是一个创造过辉煌成绩的高中班级,集体中的成员已经建立了深厚的友谊,无论走到哪里,大家的感情都不会变,只要一提到228班,心头就会涌上一种亲切,每个兄弟姐妹都会第一时间想到我们的老班,想到我们一起奋斗过的光辉岁月。

  在同学们的鼓励和自我奋斗下,我终于如愿考上了人民大学的研究生,开始了在北京求学的日子。2012年,我正式步入了工作岗位,开始了一种全新的生活;我弟弟也于2012年考入衡中,并从衡中开始成就了奋斗拼搏的人生。我想对正在母校就读的在校生说:"弟弟妹妹们加油,在衡中精神的影响下,我相信你们能开发自身的潜力,最终实现自己的梦想!"

  北京目前是228班同学分布最多的地方,和静静、晓霞会时常联系,在这个大都市感觉到甚于亲人般的温暖。大学毕业后,经常会在我们的QQ群中看到同学们的最新信息,有的已经结婚生子,过着非常幸福的家庭生活;有的已经工作,开始了新的人生追求;有的在攻读博士学位,向着更高的科研高峰迈进。无论是哪种,在这里我都想深深地祝福228班的每位同学、每个兄弟姐妹,希望大家生活开心,还有我们孜孜不倦培育祖国未来栋梁的班主任王文霞老师,希望老师工作不要太累,好好注意身体。高中三年的光辉岁月将永远印在我的脑海里,那些曾经激励过、鼓励过我的话语将一直鼓励我走下去,未来的生活同样需要拼搏向上的衡中精神。

文至最后,希望228班的每位成员都能在自己选择的道路上大展宏图,在今后的生活中心想事成!

衡中校友手记 〉〉〉

卓越就是超越，坚持追求卓越就会一次又一次成功

姓名	王振峰	
高中	228班34号	
大学	本科：大连海事大学／交通运输规划与管理专业 硕士（保研）：大连海事大学／交通运输规划与管理专业	
工作	国际干散货运输公司／企划部高级经理	
荣誉	大学：多次荣获"三好学生"称号 工作：多次荣获"先进个人"和"优秀党员"称号	

"衡中"，一个多么亲切和熟悉的字眼，每每听到这两个字，我的思绪就会不由得飞回那激情澎湃的高中岁月。

衡水中学是莘莘学子向往的殿堂，初次到衡中报到仿佛还只是发生在昨天的事，画面依然那样清晰，心情依然那样激动，自己是那样陶醉于衡中的一砖一瓦、一草一木。衡中"追求卓越"的校训也就是从那时起镌刻于内心，人生新篇章也自此展开。对于"追求卓越"，我的理解是积极进取、不畏艰险，采用科学合理的方法不断实现自己的目标，最终实现自己的人生价值。

"追求卓越"体现在衡中生活的方方面面。

学校通过安排早操，有效培养了我们的竞争意识、刻苦意识，不仅给了我们一个强健的体魄，更培育了我们一颗不易受伤的心。每天凌晨5点，我们就开始竞争起床、竞争上厕所、竞争洗漱、竞争到操场。到了操场，每个人便开始按照自己的计划，或背诗文，或背单词，或背公式，或者筹划如何高效地度过紧张而充实的一天。5点30分大家准时跑操，迈着整齐的步伐，喊着响亮的班级口号，打破了沉寂，也吹响了一天的冲锋号。冬天的那个时间段就如同黑夜，死寂而没有任何生气，可我们依旧会坚持跑操，跑着跑着身上就暖和了，喊几声口号精神就抖擞了，一股热血在身上涌动，一种信念在心中牢固——我们既然能坚持三年每天早上5点起来跑操、喊口号，那还能被什么困难难倒呢？

上午大课间也会有跑操活动。到室外呼吸着新鲜空气，沐浴着温暖的阳光，一切烦恼和不快在整齐的步伐和响亮的口号中得以宣泄，大家整理好心情继续迎接新的挑战。下午大课间学校会安排做眼保健操，同时放轻音乐，让大家在音乐声中得到充分放松。劳逸结合，有效地提高了学习效率。每周一次的体育活动则给了大家选择各自喜好的体育活动的机会，同时还可以和其他班级的同学加强沟通和交流，可谓一举多得。

学校很注重建立科学合理的教学机制。各学科教师组不断探索教学模式和传授方法，不仅让学生们学到了知识，更是掌握了"点石成金"的真本事。老师的耐心解答不仅让同学们知其然更明白其所以然，通过不断发散思维，将知识融会贯通，让课本越学越薄。自助餐的设计让大家可以有选择性、有针对性地弥补不足的学科；语文组和英语组为大家精心挑选美文，在学习知识的同时也陶冶了情操；一周总结帮助大家对自己过去一周的情况进行回顾和总结，思考下一步的目标和任务；周会上的讨论和经验分享为大家提供了共同提高的良好契机，比学赶帮超的氛围很浓厚。改错本的做法我是从其他同学那里学到的，并通过和同学交流，不断完善如何记错、应用，起到了事半功倍的效果。

衡中的老师都很优秀，对工作都十分认真负责，与同学们保持着良好的沟通，为同学们答疑解惑，为走在人生十字路口的我们提供了重要意义的指导。对我帮助最大的是高二、高三年级的班主任兼语文老师王文霞，她语重心长的教诲、慷慨激昂的鼓励对我影响非常深远。我十分庆幸自己在压力巨大、思绪混乱的时候遇到了这样一位好老师，我每次都非常期待王老师开的班会，她在班会上的发言铿锵有力、字字如金。上王老师的班会就是一次对灵魂的洗礼，她总是可以帮助我们很好地调整心态，坦然地去面对生活中的得与失，以平和积极的心态和饱满的热情去迎接以后的每一项挑战，不断提升自己。王老师还曾安排我在一次高三学生家长会上代表所有学生发言，我当时很紧张和不安，王老师一次又一次地与我交流，帮助我修改发言稿，告诉我要自信，告诉我稿子不光是念给别人听的更是对自己说的。我已经不记得当时家长会上的发言是否顺利了，却始终牢记着王老师的教诲。那次发言也深深地激励了我，给了我很多自信，我突然意识到自己原来还可以有这样慷慨激昂的一面。倘若没有那次机会，真不知道我这种能力和这股子劲还要埋藏多久。王老师让我对文字的力量有了一个非常深刻的认识，也

衡中校友手记 〉〉〉

改变了我对事对人的很多看法，我懂得了感恩，懂得了肩上的责任。十分感谢王老师的谆谆教诲，可惜后来高考失利，让老师和父母都有些失望。但是我骨子里很不服气，那时我就告诉自己，将来一定要凭借着自己的努力证明自己的实力。

可以说，"追求卓越"成为我大学时光的一种信仰。刚刚进入大学的时候，很多同龄人开始迷茫，犹如撒缰的野马，失去了目标，开始混日子。但是母校"追求卓越"的校训告诉我应当有计划地过好大学四年，知识、能力等各方面都要显著提升，为将来步入社会和实现自身的价值做好充足、充分的准备。因此，在别人踌躇不前的时候我开始积极参加学校和国家组织的各种竞赛活动，包括中英文演讲、全国英语竞赛、全国数学建模竞赛，参与学院团支部工作。通过参加不同的活动，见到不同的人，我对自己逐渐有了一个新的认识，也对自己未来的努力方向有了一个更加清醒的认识。大学本科毕业后我顺利保研，导师是院长。研究生期间我做了不少课题研究和报告撰写工作，能力不断提高，也得到了老师的认可。再后来走上工作岗位，来到了北京，来到了这个我高考时曾梦寐以求的地方。无论走到哪里，我始终都信守着衡中"追求卓越"的校训。

以后的路还很长，但是衡中"追求卓越"的校训已经深深地流淌在我的血液里。抽掉了这种精神，就如同从人体里抽走了血液，人会变得慵懒、病态。母校的校长经常会说一句话，"今日我以衡中为荣，明日衡中以我为傲"，我现在可以十分自信地说，我做到了这一点，我没有让衡中失望。

衡中是我一生的名片，追求卓越则是我一生的追求！再次感谢衡中传授给我如此丰富的精神食粮，感谢王老师的谆谆教诲！

高考并非胜王败寇的战役，其意义在于为梦想奋斗而不致迷失方向

姓名	李宏宇
高中	228 班 35 号
大学	本科：兰州大学／大气气象专业 博士（硕博连读）：兰州大学／大气气象专业
工作	兰州大学科学观测台站管理中心／工程师
荣誉	无

高中是什么？高中就是那个你刚来的时候巴不得早点走，可真当你要走的时候又急切地希望能多留几天的地方……

高中是什么？高中就是那个你一天骂八遍却不许别人骂一遍的地方……

高中是什么？高中就是你过着平平淡淡、简简单单、日复一日的生活，但当你真的离开后又充满无尽温暖缤纷回忆的地方……

当我们从"家"走进了"家"，那屋檐上的一片瓦也会永远刻在心中。记得从高一刚刚踏入衡中的那一刻起，衡中的每一幢建筑、每一位老师、每一棵树、每一朵花、每一个场景都深深地记在了我的脑海里。

当我离开衡中进入大学，生活丰富多彩了，活动各式各样了，但总觉得少了点什么，大学没有了高中的那份简单的温暖，没有了那份简单的充实，没有了高中的那份紧张，于是，许多人在大学中失去了自我，失去了方向。我想说，衡中带给我的是对梦想不懈的追求、不灭的希望，让我在大学中没有碌碌无为，没有失去方向。

衡中，让我深刻地理解了梦想的含义。我记得，我刚进衡中的时候，是个"不知死活"、不知天高地厚的毛头小子，以为凭借自己聪明的脑子就能在衡中开辟出自己的一亩三分地，结果几次考试，在衡中这个高手云集的地方被杀得头破血流、不知所措，是衡中的老师们让我知道要认清自我，要踏实，要努力；是衡中的老师让我明白什么是目标、什么是梦想。

衡中校友手记

老师们让我们规划自己的目标，让我们有属于自己的梦想，小到每天、每节课的目标，大到我们人生的梦想，他们给我们信心，让我们为之奋斗，在奋斗中快乐，在奋斗中成长。老班王文霞老师告诉我们"狼，就是比狠再多一点"，要我们学习狼的精神，开发我们最大的潜能。她还要求我们"日事日毕，日清日高"，让我们每天的生活更加有条理、有效率。卢洪涛老师告诉我们"欲得其中，必求其上；欲得其上，必求上上"，让我们对自己有更高的要求。董丽红老师告诉我们"要成功，先发疯，头脑简单往前冲"，让我们相信老师，减轻负担，对待试题无所畏惧……各种励志文章也都让我们明白了许多道理，为我们在追随自己梦想的道路上加油打气，指引方向。

许多人怀疑衡中的体制，说她泯灭学生的天性，扼杀学生的青春，将学生捆绑在制度中毫无自主学习生活的能力，对此我不置可否。经过在衡中的生活和学习，我真正地体会到，衡中之所以厉害，之所以每年都能创造奇迹，不是因为她有怎样绝密的试题，有怎样先进齐全的硬件条件，有怎样高学历的教师队伍，有怎样优质的生源，而是衡中的精神仿佛信仰深深地烙在每个学生、每位老师的心中，而那些制度、条例不过是我们前进道路中的辅助工具，让我们效率最大化地生活学习，为我们清除学习生活中那些不必要的麻烦。我想说，是衡中精神让我这个叛逆的少年在衡中有了质的蜕变，让我一个本来很懒散的胖子能够早晨在起床铃响后迅速整理好床铺、洗漱、上厕所再飞奔至操场读书，让我能够半天不动座位完成旁人无法想象的作业量；是衡中精神让我们每一位学子为了各自的梦想不停地飞奔，不停地奋斗；是衡中精神让我们兢兢业业的老师们放弃自己陪伴家庭、陪伴孩子的时间，比我们起得早，比我们睡得晚。衡中精神，让每一名衡中人无悔地拼搏，不懈地追求，拼命地奔跑，那倔强的样子就像夸父逐日，为了梦想竭尽全力、从不放弃。

后来，在大学里，在工作岗位上，在图书馆，在自习室，在办公室，有时我会静静地回忆起这段无法忘记的时光，就像细碎的剪影，既真实又虚幻。这段温暖的回忆，开启了我对梦想的认知、对梦想的追逐。有人说，高中的生活苦、累、无趣，我要说，苦从来都不是白吃的，今天吃的苦就是明天梦想实现的基础，我们的心也从来不会因为追求梦想而受伤。在求学之路上，失落与得意、清晰与迷茫，最简单的在于你拥有一个什么样的心境；不要太在意每次考试的成功或是失败，最关键的便是从中吸取经验和教训，并且在今后的日子中及时改变自己。追寻梦想的道路上，肯定会有失败，肯定会有失去勇气想要放弃的时候，我们需要的便是坚强，是沉默，是坚持，这一切都只是过程，相信结果一定会是幸福快乐的。

最后我想说说高考的意义。有人说，高考是一场成者为王败者为寇的战役，但在我看来同等大学的机会都是差不多的，所以高考的成功其实是个人在高中的成长，是高中时光带给自己的财富，就像衡中精神，成为我们每一位衡中人的信仰，让我们一生能为自己的梦想而努力奋斗，不会迷茫，不会失去方向。

我们18岁的成人礼在衡中的这片热土上举行，我们最美好的青春在衡中这片温暖的土地上绽放。我们离开了那里，而我们的记忆永远留在了那里，温暖、美好。

忘不了，228班；忘不了，衡中。

衡中校友手记 >>>

想成为什么样的人就要努力实现,而不是忙来忙去一无所获

姓名	刘媛
高中	228班37号
大学	本科:天津大学/制药工程专业
工作	知识产权出版社/编辑
荣誉	无

接到老班长的征文通知,本来已经淡忘的回忆像开了闸的洪水,将我带回在衡中的生活,带回那个虔诚的生活状态。想起过去的高中生活,我对曾经的大学生活充满了珍惜,因为我付出了太多才到了向往已久的天津大学,不论多忙碌也释然。

不乏有些人提到衡中总是一种敬而远之的态度,我却觉得如果再让我做一次选择,我仍会选择衡中,无关高考成绩,无关言及母校时他人或质疑或崇拜的目光,而是衡中生活带给我的成长,让我脱胎换骨。

没上衡中之前,我毫无资格地狂妄,肆意挥洒着所谓的张扬的青春,重得失而轻分析,沉浸在喜怒哀乐中,觉得这是青春的常态。直到我到了衡中,才知道自己是多么无知和对人生不负责任——比你优秀的人比你更努力,这是多么恐怖的事!在这种竞争状态下,我不得不改变。

我在衡中最大的收获是一种纯粹虔诚的态度。梦想其实很简单,只要你为了它不顾一切地去做,去努力。我记住了王老师讲的一个又一个小故事,我只想登上峰顶,沿途的风景与我无关。热闹都是别人的,虔诚追梦的人什么都没有。沿途的风景很美丽,有那么多的事情可以让人分心,曾经的我臭美、好事、不安分,可是在衡中我愣是把自己逼成一个早上边跑向操场边用手把头发梳成辫子的女汉子,整天只穿和大家都一样的校服,因为这可以免去我思考明天穿什么的麻烦,并且让我在人群中"隐身",免去了好多不必要的烦恼。我会因为做完作业而欣喜若狂,会因为宣誓而热泪盈眶,那段时间我满脑子都是知识,只想再多学一点儿，哪怕最后考试只提高 0.001 分，我也心甘情愿地做那一沓沓的卷子，绞尽脑汁地冲击一道道压轴题。现在想想那种纯粹虔诚的为梦想奋力一搏的生活实在是太令人怀念。高中毕业后，我一直怕看有关高考的文学和影视作品，拒绝跟大学同学透露自己是一个衡中人，因为我觉得那段时光实在太神圣，任何尝试场景再现的记录都会变得苍白无力，我不愿意跟满是探究心理和歧视心理的人分享我那虔诚纯粹的奋斗时光，那段时光是我心中的净土，不容任何人侵犯。

衡中让我明白了自己想要什么。进入大学乃至工作后，你会发现，大家同样在生活，有的人碌碌无为，有的人却光彩照人，一定是他们起初对自己的要求和认知不一样。知道自己想要成为什么样的人就要努力成为自己想要成为的人，而不是忙来忙去一事无成。学习上要清楚自己哪方面有欠缺，不能做了一天的题，问你学了什么、哪方面有提升却不了解，这样的努力是盲目的，因为题永远是做不完的，要清楚自己怎样做才能有进步。

我在衡中时的成绩大起大伏，连续六次退步，那时的感觉，近乎绝望却又孤注一掷，哭泣和埋怨都没有用，那是弱者的自我开脱。我唯一能做的是再努力些，其间因为心情压抑我还病倒过一次，可我愣是偏执地坚持努力着，果然天不负人愿，我的成绩有了质的飞越。后来，成功了就当成是自己努力的奖励，失败了就分析错误原因，这样把失败的伤感变成分析问题从而提高自己的契机心里会舒服很多。有了这样的体验，我竟然拥有了宠辱不惊的好心态，这让我在大学里受益匪浅，无论什么过不去的都会过去，从而好好面对生活，提高自己。

我还是班主任霞姐的语文课代表。本来就重的课业任务和考试压力已经让人几近崩溃，我还有自己的工作——在衡中卷子的分发量是很大的，这让我的课余生活变得异常忙碌，但我始终记得霞姐说的"为同学们服务一定要负责任，你耽误了一分钟，全班 60 多人加起来就是 60 多分钟"。当课代表虽然为此付出了很多时间，但是这锻炼了我处理学习与工作的能力，也培养了为同学服务的意识和责任感。我想如果没有在衡中当课代表的经历，我不会胜任后来在大学的班长职务。

衡中将校训"追求卓越"印在每个衡中学子的衣服后面，这不是一句空话，是每个衡中人的信仰。拥有干劲和闯劲，所有的努力都不会白费。虽然我最后高考考得不是很好，但是我觉得老天看到了我的付出，所以阴错阳差幸运地来到自

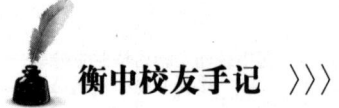

己心仪的大学，继续我的梦想。

我还在衡中这个梦想起飞的地方认识了很多坚韧不拔的优秀的逐梦人，我们曾一起奋斗，拥有一段无法取代的青春，这经历千金不换。

说不尽成长之地，诉不尽眷恋之情

姓名	李海明
高中	228 班 38 号
大学	本科：华中科技大学 / 土木工程专业
工作	中铁建工集团 / 雄安站站房二标项目部副经理
荣誉	大学：荣获"优秀共青团员""优秀毕业生"称号 工作：干挂陶板施工工法、被动桩基托换体系施工工法获中铁建工集团有限公司三级工法，高寒地区冬期施工中底板辐射采暖应用施工工法获中铁建工集团三级工法和辽宁省工程建设工法；临近既有线深基坑施工技术研究获得中铁建工集团有限公司科学技术进步奖三等奖，大型铁路站房综合施工技术研究获得中铁建工集团有限公司科学技术进步奖特等奖和中国施工企业管理协会科学技术奖科技创新成果二等奖，"新艺术运动"风格欧式大型火车站房BIM应用及关键技术研发获得第六届"龙图杯"全国BIM大赛施工组一等奖；荣获中铁建工集团"青年岗位能手"、北京分公司第十二项目部"年度优秀见习生"、北京分公司"党员示范岗""优秀员工""年度十大岗位标兵"称号，荣获中铁建工集团沈阳站改造工程项目部"优秀岗位能手"、沈阳南站工程项目部"岗位标兵"、沈阳铁路局沈阳南站工程建设指挥部"年度先进个人""大干90天会战先进个人"称号；获得辽宁省创建国家优质工程荣誉证书

我是衡中 228 班的李海明，大学曾就读于华中科技大学土木工程系，现就职于中铁建工集团。上班几年来，每年均获得各项荣誉称号，得到了项目部领导的一致好评。我之所以取得这样的成绩，必须感谢衡中，是衡中的三年高中学习生涯把我从一个懵懂少年变成了有志青年，让我坚定了有了目标就不顾一切为之奋斗的决心，让我懂得了责任和担当的真正含义。作为一名衡中人，无论何时何地，我都感到无比的骄傲和自豪，衡中"追求卓越"的校训一直激励着我更好地去走接下来的人生道路。

2002 年 9 月 1 日，我和其他学生一起踏入了衡中的校门。我是外地人，本

衡中校友手记 >>>

身对衡水这座城市就充满了陌生感,当看到其他同学都认识并互相说笑,尤其是我有时还听不懂他们的方言时,更感到一丝恐惧和抱怨,抱怨父亲为什么要把我送到这么远的学校。在经历了两个多月的适应阶段后,我逐渐爱上了这所有着浓厚学习氛围和人文气息的学校,科技楼、图书馆、揽月楼、格物楼、体育馆还有夜晚宁静的校园都见证了我高中时代的点点滴滴。毕业离开学校时,尤其不舍。现在回想起来,那些场景都历历在目,如奔跑去食堂、整洁的宿舍、豆腐块的被子、每天早晨和课间的跑操、厚厚的试卷、讲台上老师们的谆谆教诲等,现在的我十分想念衡中那既单纯又充实的学习生活。

最让我难忘的是每天的跑操,早上1200米的跑操帮助我们从睡眠中清醒过来,以饱满的热情迎接新一天的到来,上午800米的跑操给我们继续增加活力。排队的那两三分钟,也被我们很好地用在了默背单词上。开始跑步后,步伐整齐,号声嘹亮,气势磅礴,相邻的班级更像是比赛似的,口号声一浪高于一浪。当年很多其他学校的老师来参观我校时,都对我们的跑操竖起了大拇指。跑完步的我们汗流浃背,更多的是一身轻松,在跑步和号声中有效发泄了自己的负面情绪,从而以积极的心态去挑战新的学习任务。当时的我们身体最棒,充满了青春和活力,爱学习,爱运动,如今的我们以各种理由来推托锻炼,在不知不觉中慢慢丧失了激情,身体素质大不如前,现在多希望和一群亲密的同学、哥们儿在一起播撒欢笑与泪水、汗水啊。

衡中有我亲爱的老师们。在金钱至上的社会,衡中仍保持着一片神圣的净土,尤其是我的班主任王文霞老师,她把我们当成自己的孩子去呵护、引导和熏陶。王老师每天的工作时间比我们的学习时间都要长。清晨,当我们站在操场上准备跑操时,王老师已经早早到了。夜晚熄灯后,王老师为了督促我们快速地入睡,还要一个宿舍一个宿舍地巡查,男女生宿舍都检查完才拖着疲惫的身体回到家中,照顾自己的孩子。还记得那次生病,我头痛得厉害,王老师像妈妈一样照顾我,带我去医院看病,为我垫钱治病。可以说十几年的学生时代,衡中的老师是我最敬佩的。

衡中有我可爱的同学们。高中的生活紧张而有序,同学间的感情也最深厚。纯朴而有才的王超(曾经为我写过传记),天天受我滋润而又不长胖的佳琦,英语水平让我望尘莫及的泰青,体形和我不相上下的张倩,机灵聪明的洪建(我的证婚人哦),"腼腆淑女,笑声迷人"的黄隽,每天晚自习教室里一片安静时拉我回宿舍的齐腾,表面老实而又有点儿小坏的李鹏,"温柔美丽"的丁丁小朋友,小才女刘宁,等等。衡中同学间的友谊是我终生的财富,不管我们身在何方,终究是同学情最真挚。

衡中,我成长的地方,是你为我的一生打下了良好的铺垫,我以你为豪,我会踏实努力走好自己的每一步,不辱没你——衡中。

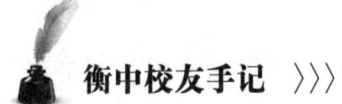
衡中校友手记 〉〉〉

学习有法，事半功倍

姓名	赵杰
高中	228班40号
大学	本科：浙江大学 / 电子信息专业
工作	美团点评 / 闪购事业部运营经理
荣誉	高中：语文课代表 工作：多次荣获"优秀员工""优秀管理者"称号

不经意间，离开衡水、离开衡中已有14年了。很多记忆已渐渐模糊，但高三那一年在衡中的点点滴滴仍历历在目。

也许，人生只有那一年可以心无杂虑、唯学是念，会因为解决了一道难题而欣喜，会因为一场过去的或即将开始的考试而难眠；也许，人生只有那一年，可以有一帮纯粹的伙伴，为了共同的目标、各自的梦想奋斗，约好了好好学习，毕业一起去哪座城市，上哪所大学。

在人才济济的衡中，我很普通，但我仍希望用自己不太普通的备考经历和几点心得，为学弟学妹们带来一点儿帮助。

一、课上十分钟，课下十年功

很多同学会选择老师在讲台上讲课时，自己做另外的题目。我建议，你若不是已经强大到随时可以去高考，随随便便就可以考出好成绩，千万不要这样做。大家都学过力学，都学过矢量，两个方向的力有可能变强吗？那时的1+1约等于0。我上课时，完全跟着老师的思路走，比如语文课，我都会跟着老师念出来，她提到什么，我知道的都会立刻说出来，不知道的跟着念一遍就记住了，不用再花什么时间来回顾。我语文基本每次考试都是前十，过半第一，考过130分，其中作文45分，其他部分只扣了5分。

二、学习最讲究的是方法和技巧

解一道题，一定要把它的考点看透，把它涉及的知识点全部挖出来，这样它无论披上怎样的画皮，你都能让它暴露原形。

错题是进步的源泉，平时多出错是好事，将问题尽可能多地暴露出来，解决掉，在高考时才会尽可能少地遇到未知的情况，发挥得更好。错题本很重要，不要怕麻烦，把错题整理出来，并附上一些自己的心得，反复翻看，每解决一道题，就向前迈了一大步。

三、偏科注定是硬伤

我用血的教训提醒你们，千万别偏科。我从高二时就不喜欢数学，结果导致很多次月考都因为数学一落千丈，有一次数学才考了 74 分。要知道，偏科的科目稍微进步一点儿就是十几分、几十分，而在你擅长的科目上再怎么努力也只是一两分的差异。高三下半年，我彻底纠正了自己的想法，多放精力在数学上，最后一次月考和高考，就是因为数学的提高而让我的总成绩很好。

四、调整心态，对紧张说"不"

高考那天，我坐在考场上也很紧张，但我突然想到，虽然可能还有很多不足，但我在有限的时间里，把该做的、该准备的都已经做了，已经问心无愧，没必要紧张。

况且，高考只是人生的一个十字路口，它并不能决定你的人生高度：多少人上了名牌大学，毕业后却碌碌无为，甚至很多人刚开始就被退学；多少人高考失利，却在大学里奋发图强，考取了清华北大的研究生，或通过实习和努力，进入世界 500 强的公司。所以，不要有压力，高考只是一个舞台，你只需要尽情地表演，将自己最好的一面展示出来！

五、相信自己，坚持到底

普通的我，最难忘的就是这段经历中的这几个数字：高考三次摸底考试，第一次我考了 400 多名（此前都是一两百名），之后我也在努力地学习，可是第二次摸底考试我竟然考到了 500 多名，当时压力很大，开始怀疑自己。经过几天的调节，我还是放下了包袱，继续踏实、努力，解决问题，最后一次摸底考试我考了 100 多名，顿时信心倍增。最终，高考我考了 40 多名。

高考成绩出来后，很多人说我是超常发挥、运气好，可是个中的压力、辛酸、努力，只有我和我的老师知道。正如《无极》里说的，真正的速度你是看不见的，就像风起云涌、日落生息，就像你不知道树叶什么时候变黄，不知道你的孩子什

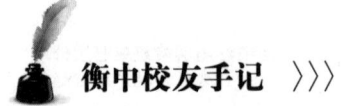

么时候长出第一颗牙。正是默默地坚持和努力,从而让自己的实力飞速地提升!相信自己,坚持到底,终将成功!

　　最后,我要感谢衡中,这个让我放飞梦想的地方!感谢班主任王文霞老师,在我有次作文跑题、语文倒数的时候,竟让我当语文课代表,给了我信心,缓解了我的压力,让我做得更好;感谢同学们,每次考试郁闷了,都会写字条互相鼓励,一起在操场上散步、跑步减压;感谢爸爸妈妈,高考那一年,父母比我们更紧张,压力更大;感谢我们自己,真的很棒,在十七八岁的年纪,抵住了诱惑,顶住了压力,用虔诚的汗水谱写了热血的青春。

　　长风破浪会有时,直挂云帆济沧海!每个从高考战场下来的战士都是英雄!祝学弟、学妹们高考大捷!哥等着你们!

要想得到更多的玫瑰花，必须种植更多的玫瑰树

姓名	付浩
高中	228 班 41 号
大学	本科：北京科技大学／工程物理专业 硕士：中国原子能科学研究院／核科学与工程专业
工作	生态环境部核与辐射安全中心／工程师
荣誉	工作：获得国际学术交流二等奖

转眼间，离开衡中已经十多年的时间。每当我说起自己的母校，别人都会瞪圆眼睛，张大嘴巴，很佩服地说"好厉害"，然后问我是怎么熬过来的，我总是淡淡一笑，想到当初踏进衡中的那一刻，我也是听了很多外界的传言，心中怀着一份恐惧与敬畏，不过一向喜欢挑战自己的我最终还是选择了那里。

到了衡中，我才真正感受到了青春的力量，无论是讲课的老师毫无间歇的节奏，还是学生雷厉风行的速度，无时无刻不在宣示着衡中人的激情。外人眼中的"魔鬼训练"在衡中人看来也不过是家常便饭。在别人看来，衡中的教育模式有些不近人情，有些难以理解，但当你真正一心一意、竭尽全力去为一个目标而奋斗的时候，你便会懂得，一切不近人情的舍弃与付出之后，等待你的都是震撼人心的获得。所以，只有经历过高考特别是经历过一段付出足以让自己感动得热泪盈眶的岁月的人才会理解衡中人的状态。

经过在衡中的历练之后，我更加深刻地体会到要想出类拔萃必须做到与众不同，做别人做到但没有坚持做的事情，做别人想到但做不到的事情，做别人想都想不到的事情。

首先，专注是做好一件事情最重要的保证，尤其是在备战高考的岁月里。做一件事当你忘了做它的目的，你才真正地投入进去了。如果人的一生只干一件事，那他一定会成功。学习就是要心无旁骛、全力以赴，全身心投入学习的战场，任凭种种诱惑，我自清风拂山冈。考试就是要忘记这是在考试，专注于每一道题，

忘记周围的环境，专注于自己的节奏和时间，忘记前面做过的题正确与否。专注不是一个虚无缥缈的词汇，也不单单是说说而已，当你在下课铃响的时候仍然埋头苦读，当你静心自习听不见外面的车声，只记得自己在学习，只想做好手头的题目，成绩已经在不知不觉中提高了。不要总是抱怨自己不够专注，如果总是在想怎样才能专注，那你无论如何也不会全身心地投入。你只管去做，只管去学习，放平心态，自然就会提高效率。

其次，要宁静，不要大喜大悲，要淡定处世。每一次最震撼人心的爆发都源自内心最深沉的宁静，静水流深，静能生慧。不要因为成绩的波动而过分纠结或兴奋，生活有时就是在试探我们，我们有时会在某一次考试中成绩好得出奇，也可能在某次考试中成绩差到不敢相信，但我们要做的是在许多次的挣扎与困顿中寻找到内心的平静。每个人在考差的时候都会伤心难过难以平静，也都会在某次放假时心中偶尔蔓延出一份贪图安逸的小心思，这难道是我们应该做的吗？我们能在失败时找出种种借口来安慰自己，甚至变得麻木吗？我们能时不时地放纵自己满足自己的欲望吗？我们不能，我们没有那么多时间。如果我们放纵自己，我们当初就不应该来衡中，我们数年的寒窗苦读是为了什么？高三真的舍弃了很多，舍弃了曾经的各种饰品、爱好，漂亮衣服换为简单朴素的校服，曾经的闲聊扎堆变为埋头苦读，如果这些舍弃不能换来相应的成绩，那它又有什么价值？我们果断理智地舍弃一些浮华，用最深沉的宁静踏实前行，追寻最初的梦想。

最后，要永葆激情与进取之心。在大学里有的同学可以同时获得多种荣誉，不仅成绩优秀，还可以参加好多活动，而有的同学却多门挂科，并不是他们有多差，而是他们没有一种追求卓越的心态，没有想过凡事都要去争第一。衡中的校训是"追求卓越"，简单的四个字，却有好多人不能领悟它的真谛。乔治·艾略特曾经说过，要想得到更多的玫瑰花，必须种植更多的玫瑰树。很多人都急切地想得到高分，想有一个很大的飞跃，可是如果没有脚踏实地的努力，这一切都只能是空想。只有在过程中尽力做到最好，你才有能力有资格去战胜别人，去实现理想。我们生来不是被人打败的，而是要让人仰望的。我们都会经历一个从丑小鸭变为天鹅的过程，在这个过程中，我们会摸爬滚打，我们会歇斯底里，我们会在疼痛中发现努力奋斗的快乐。但是如果不能将所受过的苦痛升华，那么我们就如同在温水中浸泡的青蛙来回扑腾，直至变得麻木，那么苦痛永远只是苦痛，耻辱也只是耻辱。这种痛苦对于别人来说毫无价值，只是一个反面的失败典型。我们要在痛苦中涅槃重生，忍受烈火的焦灼，要像火凤凰一样，用奋斗实现自己的价值。

遥想当年，好多同学都在拼命地奋斗着：每天中午很晚都有人在伏案学习，每天都有人飞快结束吃饭回教室学习，每天早晨都有人在操场候操时手拿背诵本……我真的从心底佩服这些同学，也深深地为有这样一批优秀的同学同行感到荣幸，为有这样一批共同战斗的同学相伴感到万分幸福。几十个来自不同地方不同学校的学生聚在一起，有着相同的经历，有着共同的梦想，一起在这方土地上洒下汗水，留下坚实的步伐，这将是多么刻骨铭心的记忆！学弟学妹们，趁你们还有机会，还有时间努力，抓紧每分每秒，搞清自己想要什么并为之努力奋斗吧！

你要相信，只有付出比别人更多的努力，你才有底气去战胜别人；你要相信，没有人永远成功，也没有人永远失败，但有人永远进取，每一个光鲜的花环背后都是一颗进取的心，不要去羡慕别人的成绩或者家庭；你要相信，每一次发奋努力的背后必有加倍的赏赐。努力吧，衡中的学子们！祝愿我的母校有更加绚烂的明天！

衡中校友手记 >>>

知世事多艰，惜正能量可贵

姓名	李静
高中	228班42号
大学	本科：中国人民大学／统计学专业 硕士：中国人民大学／统计学专业
工作	国家开放大学／助理研究员
荣誉	工作：获得北京市高校教育统计工作优秀个人一、二等奖

一位对星盘很有研究的朋友曾帮我做星盘分析，总结出我的三大性格特点，其中之一是"固执"。

"'固执'并不是一件坏事，而是说坚持自己的想法很难改变。如果最初接受的思想都是正面的，就会把正面的想法执着地坚持下去；相反，如果最初接受的都是负面的思想，也会贯彻到底，难以改变。"

听完她的解释，想着我还算积极向上、热爱生活，应该属于前一种情况，于是庆幸自己在三观形成初期的高中接触的都是"正能量"。

一、健康

都说21天养成一个好习惯，而当一个好习惯坚持三年的时候，带给人的影响是巨大的。一天之计在于晨，高中三年，每天都以跑操开始。全班人一起迎着朝阳晨跑，一起高喊口号，跑完之后大汗淋漓，精神也振奋了。每天的生活十分规律，起床、吃饭、休息都严格按照时间表来。大学时做体能测试，一向体育很烂的我居然肺活量在全班女生中属中上水平，未必不是三年坚持晨跑、规律作息的结果。

二、知识

有人说高三是人生中最辉煌的时期，上知天文下知地理，能解抛物线，会背文言文，看得懂英国历史，画得出世界版图。回想高中三年，整日埋在书本中，虽然当时觉得很痛苦，但现在想来，每天遨游在知识的海洋里，完全不用理会其他，其实是件很幸福的事。离开象牙塔之后，各种繁杂的事情都要面对，很少能静下心来好好看书。人的知识需要不断更新，内心需要不断丰富，头脑需要不断充实，这些都要通过读书实现。即使已经离开校园，把读书变成一种习惯，也是十分必要的。

三、感动

高中时被感动最多的场合是班会。班主任王文霞老师精心准备的班会每次都给人触动，她总能用最豪迈的语言鼓励大家，用最深情的事例打动大家。班里很多同学家不在衡水市，独自离家在外地求学，父母不在身边，每天又要承受很大的学习压力，这些对十几岁的孩子来说很不容易。王老师通过一次次班会让大家明白，自己不是孤军作战奋斗，背后一直有父母的默默支持。她让大家懂得了亲情的可贵，明白了要心存感恩，并引导大家把这种感动转化为上进的动力。她使大家变得更加懂事、坚强、善良。

四、激情

整个高中阶段是一段激情燃烧的岁月，尤其是高三。高三的生活很单纯（只有学习一件事），很痛苦（巨大的学习压力和心理压力），也很美好（全班所有人一起奋斗，朝着共同的目标努力，一切干扰都暂抛脑后，一切困难都要克服）。现在回想起来，高三应该是迄今为止最热血的一年，之后很少能如此专注地为一件事情而努力了。这种目标明确、信念坚定、充满激情的状态对做好一件事是很重要的，希望今后能一直保持下去，让生活少一分懒散和得过且过，多一些激情和斗志。

近些年看到过很多关于衡中的新闻报道，有正面的也有负面的。负面报道主要是说衡中是典型的应试教育，把学生都变成了学习机器。我觉得无论什么事情，只有经历过的人才最有发言权。外界对衡中的评论五花八门，但对我而言，衡中给予的正能量还是很多的。虽然放弃了很多娱乐时间，放弃了旅行长见识的机会，放弃了自己喜欢做的事情，但其实任何事情都要付出代价，学习是，别的事情也是。即使当时没有选择衡中艰辛的学习生活，而是选择了其他的学校或者其他的事，肯定也会有代价，有遗憾。那些没有通过读书进入社会的人（如创业或其他途径），可能现在过着光鲜耀眼的生活，但其实他们肯定付出了更多的代价，或者更多的努力，他们也走了一条艰辛的路，只不过是和读书不一样的另一条路而已。

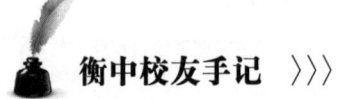 **衡中校友手记** 〉〉〉

也许学弟学妹们看到这篇文章时高考又临近了,希望你们把握在校的美好时光,好好学习,但不要只学习,有很多东西是比学习更重要的,比如,坚持的信念、重要的人、内心的积淀等,这些东西才能塑造出完整的人格,并且让人一直朝着好的方向发展。

严格的管理对自制力弱的人来说刚刚好

姓名	郝德健
高中	228 班 44 号
大学	本科：中国人民大学 / 信息管理与信息系统专业
工作	中国工商银行北京市分行 / 项目经理
荣誉	工作：获得分行青年创意大赛一等奖，分行信息科技部第三届创新大赛二等奖、第四届创新大赛一等奖；参与编写的课题报告获得北京市城市金融学会 2016 年度课题二等奖；荣获分行"信息科技部年度优秀共青团员"称号

年复一年，日复一日，当你真正静下心来回想生命的过往时，才会尤为明显地发觉时间过得真快。一晃十数年过去了，我们都不再是之前的我们了，我们长大了，不管愿意与否，我们都各有各的性格，各有各的思想，各有各的发展，各有各的抱负。但十数年前的回忆还在那里，静静地等着我们去翻阅，去感受，唤醒我们埋在心底的一丝丝悸动。

每次跟人提起我是衡中毕业生时，对方都是羡慕的同时一脸惊讶。我每次看到这种表情都想说"有什么好惊讶的？不要怕，衡中没有你们所听到的、看到的、想象的那么恐怖好吗"，难道现在断章取义、妄加揣测的不实报道还少吗？

我一直觉得衡中不错，有条理、有纪律，该睡睡、该起起，该学习的时候谁也不能浪费一分一秒，对我这种自制力不很强的人来说管理得刚刚好。在我的印象中，我并没有多少苦不堪言的遭遇，也没有多少让我忍耐不了、承受不下去的念头，为高考不断奋斗一直是我衡中生活的主旋律。现在的我过得虽然丰富多彩，但要处处操心费力，还有可能费力不讨好，危机四伏，多重高压，不再是一路坦途，不如在衡中好好学习天天向上那么单一地追求美好。所以，现在身在高中或即将步入高中的孩子请珍惜，请充分利用和享受高中这么美好的时光。

228 班，仿佛已经成为我身上的一个烙印，我生命的一部分，每次邂逅这个数字，我都会情不自禁拍下来留作纪念，因为我曾经属于她，而她在我的人生里

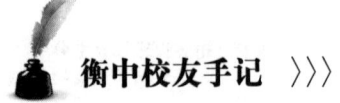

永远不可或缺。

　　说到学习，我觉得终生遗憾，如果现在的我能穿越回去，我相信肯定能有所作为。虽然有聪明与愚笨之别，但那只是某一时间点的状态，确切地说，应该是聪明起来的时间早晚有别。某一时间点的聪明程度会随人生的阅历而不同，阅历越丰富越聪明是普遍情况。当然有时候也会遇到难开窍的死结，多锻炼锻炼没准也可以解决。当时的我应该算是开窍晚的那类型，只是一味埋头盲目努力，从没花心思想想那样的努力是否有效果、有效率，学习方法是否存在问题，或许当时根本就没这时间——一门挨一门的填鸭，一场接一场的考试，一个又一个名次的刺激。印象最深刻的是教室里漫天飞舞的卷子，我只能按照一种不假思索的固有模式或说是学习方法去努力，就这样还嫌时间少。事实证明，我的这种努力是无效的，不懂所谓的理解记忆、融会贯通、举一反三、总结归纳，只是低着头无谓地挣扎前行。曾经在初中聪明过的我，那时真的跟不上节奏，觉得自己变笨了，但也只能当局者迷了。

　　去年母亲的忌日，我回衡水祭拜，禁不住想回衡中看看。当我在红彤彤的夕阳下再一次看到母校的时候，不禁回忆起了在学校时晚饭后的一刻轻松……漫步校园，满脑子都是无忧无虑，是美好，是温馨，是青春，是激情，是快乐，是单纯，是向上，是拼搏，是充实，全然没了那时的沉重、苦闷，没了学习一直不尽如人意的焦躁，没了好长时间都不能洗澡的浑身难受，没了夏夜里宿舍连风扇都没得吹的怨念……

　　在学校门口环顾四周，我仿佛看到了半个月回一次家的自己从校门里冲出来，兴奋地去找自己的单车，激动地骑车赶紧去和等在肯德基里的妈妈会合（这或许也是我现在依然不舍肯德基的理由，只要想想就觉得那么美味）。回忆里有改善伙食的垂涎欲滴，有我狼吞虎咽时妈妈不停地说"慢点慢点"的温暖眼神……

　　母校扩建后的操场大了很多，围墙也不再是密不透风的砖而改用了栅栏。相对于原来的全封闭式教育，这是希望孩子们心胸和视野开阔起来的寓意吗？也许是我想太多了……

　　那三年，我有着永生难忘的青春岁月。

　　就在那三年，我们蜕变，我们化茧成蝶。

离开高中才是真正展翅的时候，要更加用力飞翔才不会掉下来

姓名	杨琼
高中	228班45号
大学	本科：华中科技大学 / 城市规划专业 硕士：华中科技大学 / 城市规划专业
工作	中国城市建设研究院 / 城乡规划师
荣誉	大学：多次获得奖学金 工作：获得中国城建院年度优秀设计奖三等奖，北京市年度优秀工程咨询成果一等奖、三等奖以及年度优秀城市规划设计三等奖

一、关于外人眼中的衡中

昨夜加班，大概凌晨5点才迷迷糊糊睡着，7点30分闹钟没响就醒了。裹在厚厚的被子里，体会因为熬夜产生的饥饿和不适，我有一种荒谬的不真实感。想到即将开始的惊人工作量，以及本文已经到了截稿最后一天，瞬间清醒。

高中毕业距今已14年，跌跌撞撞一路走下来，经历无数糟心事，值得欣慰的是总归是往好的方向发展。不知是我要求不多还是真的运气比较好，每到关键时刻，好像总会有神奇的事情发生在我身上，哪怕当时并无端倪，甚至为之纠结，但过后总有一个时刻会让我大呼一声："还以为是坏事，现在想想真是太幸运了！"

自觉是一个非常随意的人，不够认真不够努力，致力于各种非主线的人生经历，总是靠一点儿小聪明混日子，得过且过，且不以为耻反以为荣，看到同学们写的回忆录中各种无悔青春，自己简直就是反面教材的典范，更加觉得得到了比想要的多得多的东西，进而更加忐忑，就好像本不该得奖的孩子却被老师标上了小红花，心是惶恐的，总觉得自己不够资格得到这些。

二、关于自己的衡中生活

关于衡中，总记得228班成立之初的第一次班会上班主任王文霞老师的第一句话："我们要的不是尽力而为，而是全力以赴。"彼时我还是叛逆少女一枚，天

大地大唯我独尊，却独独被这句话刺激到了，醍醐灌顶，真是我的死穴啊，好像从来没有为一件事全力以赴、酣畅淋漓过。不可否认那的确是有生以来第一次开始正经努力，可能在别人眼中仍然不够，但是毕竟我心里已经埋下了一颗种子。

很感谢老班的一次次班会，之前常常觉得有些事做不到，可听到有人说我能做到，给了我机会，所以就算纠结、犹豫、拖延，可还是努力往那个方向走了，后来走着走着，还真就离那个看起来遥不可及的地方近了。感激的话说得太多显得不够诚恳，但还是要从心里感慨一下，要谢谢那些鼓励你说你能行的人，很多事情去做了，真的没有想象的那么难。

真正知道拼命其实是上大学之后了，课业异常繁重，大学生活几乎就是在各种通宵以及崩溃大哭中度过的。学期最后一个月常常一周只有20小时睡眠，要小心翼翼规划到多长时间可以睡半小时，而这半小时，也常常因为过于焦虑而绝望失眠。每当这时，我就会怀念衡中单纯的学习环境，所有的学习计划都已经安排好，不用自己去总结题型、收集资料，居然有什么都不用想只要学习就可以的好事，当时却不知珍惜！

三、关于衡中的与众不同

突然忘了自己想要说什么。

好像是要说衡中是一个只要努力就有回报的地方，会有很多人为你铺路，给你翅膀，你要做的就是全力以赴向前跑。

好像是要说离开衡中后，才是你真正展翅的时刻，要更加用力飞翔才不会掉下来。

但好像我一开始想说的是努力总会有回报的，哪怕效果不是当时立现。

还有我其实还是那个17岁的叛逆少女，嘴硬不肯说自己已经长大了，偏要装作那个好像随随便便不用功就很厉害的死小孩。

总之，任何时候都全力以赴吧！

高考结束，人生竞赛才真正开始

姓名	郭琳
高中	228 班 46 号
大学	本科：天津大学 / 财务管理专业 硕士：南开大学 / 财务管理专业
工作	泰康健康产业投资有限公司 / 规划预算总监
荣誉	大学：荣获 2008 年度天津大学院级"三好学生"称号 工作：荣获 2013—2015 年度中化化肥"先进工作者"、2017 年度泰康健投"十大杰出员工"称号

  回忆起衡中三年的高中岁月，唯有感激。感谢母校衡中，感谢班主任老师和每位任课老师的谆谆教诲，感谢班级同学一路相伴，共同奋斗，互相勉励，让我在高中毕业后仍然怀揣梦想，相信天道酬勤，憧憬无限美好的未来。

  高中时印象最深的就是周周不间断的班会，那是王文霞老师精心为我们班每位同学准备的心灵辅导和激励，也是我一生都受用的宝贵精神财富。那时接受的精英教育，让我至今在遇到任何困难和压力时都能坚定信念，鼓起勇气，跨过一道道坎。那种不服输的精神，那种一切都可以推倒重来的勇气，就源自那一堂堂班会上王老师的打气和教导。王老师鼓励我们最多的话，是说我们非常幸运，有改变自己命运的机会，让我们一定要好好把握，为了自己鬓角渐渐斑白的父母，为了每个家庭的荣光。王老师在我们高中毕业时的嘱咐我仍记得："高考结束，你们的人生竞赛才真正开始。"是的，我们班上每位同学，如今都正走在自己精彩的人生道路上，享受过程，珍惜感恩。

  正是高中这段激情拼搏的岁月，让我在工作了一年半之后，虽然身上的棱角不断被打磨，也不禁时时感叹社会的现实，但是仍然能不忘初衷——命运必须由自己好好把握，有梦想人生就充满希望。

  我的梦想，在路上！

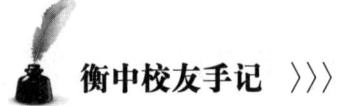
衡中校友手记 〉〉〉

来路尚长，支撑我们走得这么久是梦开始的地方

姓名	张鹏飞
高中	228班47号
大学	本科：天津大学/软件工程专业
工作	自由职业
荣誉	无

　　大学毕业后，我最先在新浪微博工作，然后在腾讯北京有限公司做后台研发组长，之后在福建华通银行做互联网事业部经理，如今自己创业，从事西洋乐器制作、销售。路尚长，而支撑我们走得这么久当然是梦开始的地方。

　　高考是场铁与血的较量，而那考场，是无声的战场，是硝烟弥漫的地方，于是在小时候我就立下志向：做一朵花，彼时，浴血绽放。

　　然而，时光荏苒，如同滔滔江河，奔流而去。当初的热血早已冰凉。成绩的好坏令人萎靡厌烦，并且我那不羁的灵魂也早已对这种模式的学习充满不屑乃至憎恶。冥冥中似乎早已注定儿时的梦想是一个梦，我，不仅是梦的终结者，还是苦果的品尝者。

　　当我注定要尝到那人生轨迹的挫折时，命运指引我来到了衡中，来到了那个如今依旧梦萦的圣地，充满睿智与书香气息的知识殿堂。就在那时，我与228班结下了不解之缘，并且有了许多兄弟姐妹，有了并肩的战友，有了我认为衡中最好的班主任，有了衡中最有战斗力的班级——228班。

　　伴随我走过金色年华的是高三和永远在一起的228班。在无数诗人和歌手赞美歌咏过的黄金岁月里，陪伴我的不是诗一样的浪漫、歌一般的纯情，抑或是孩童般的天真。那时，我拥有的是寒窗苦读的艰辛、考试失利的打击、来自周围人的鼓励、作为儿子的感动以及执着向目标前进的坚守。

　　我依旧记得，寒冬腊月，父母在校门外守候几小时，冻到双腿双脚毫无知觉，只为了见我一面，给予我考试失利后的劝慰与建议。

我依旧记得，违纪被抓后我不以为然，当班主任逐一指出我的错误并严肃教育我时带给我的温暖和感动。

我依旧记得，自习课上，和同学争论一道题的对错却被检查老师误以为说话导致违纪的愤怒乃至伤感。

那时的我，心中依旧有几分浪子情怀，仍带几分幼稚与天真。于是，我天真地以为带手机不会被发现，结果被同学揭发，只因早上闹钟定得太早。于是，我曾躲到厕所为了逃过课间的跑操，也曾利用一些小伎俩躲过几次早操的迟到。然而如今来看，那些事天真而又令人怀念，现在，已回不到从前。

"二二八班，霸气冲天，浴血奋战，清华同班"——依旧记得这四句宣言。就在一天天接近高考的路上，每天清晨，操场上都会响起我们的怒吼声。班主任开玩笑说把所有的火气、怒气都宣泄出来吧。

曾经一个人在衡中操场上走过，仰望着满天繁星，踏着茵茵草坪，踢走硌脚的石子，一圈又一圈，绕着，绕着……那时的路就像车轮，永不停歇，日子也一样，翻过一页又一页。

印象很深的是教室后面挂着一幅箴言："心甘于学，业精于勤，行胜于言。"回忆当中，自己貌似一条也没做到，但这并不妨碍自己劝勉学弟学妹：在衡中，永远保持虚心，永远听从劝勉，只要一心向学，衡中就是我们的家园。而试图挑战那些底线的人，只能以 loser 的身份对学习说再见，潇洒转身后，一大批同学会紧紧围绕在他身边，对着他的背影，充满鄙夷地说一句："他好像一条狗哎。"

呵呵，我爱衡中，我爱228班，如果给爱一个期限，只有一个选择，那便是一万年！

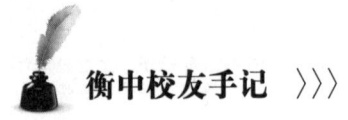
衡中校友手记 >>>

致知在格物，物格而后知至

姓名	吴晓明	
高中	228班48号	
大学	本科：湖南大学／电气工程及其自动化专业 硕士（保研）：华南理工大学／电力系统及其自动化专业	
工作	国网山东省淄博供电公司／经理	
荣誉	大学：获得国家励志奖学金 工作：荣获公司"先进个人"称号	

2003—2005年三年高中生活，让我一辈子受益匪浅。

校园篇

学校的环境十分优美，校门右边是风景小区，人工建造的小池塘上面有木质的回廊、小亭子，往前右手方是逸夫图书馆，里面珍藏的图书不计其数。图书馆的前面是学校的行政大楼求真馆。校门的左边是格物楼，名字应该源自《礼记大学》中的"致知在格物，物格而后知至"吧。格物楼前面有个音乐喷泉，再往前走就是姊妹楼。我们高三的时候就在姊妹楼上课，至今还能回想起当时上课的情景。

学校的食堂伙食相当丰盛，餐具都是统一消毒，既干净又卫生。

学习篇

刚入学校就参加了摸底考试，感觉这里高手如云，压力随之而来，然而心态的调节是最重要的。由于自己的心理素质比较差，幸亏各科老师的教导及指引，经过努力，最终考上了湖南大学。这个成绩在衡水中学可能不足以为豪，但于我而言，那三年的高中生活锻炼了自己，提高了自己。

记得从早上5点30分起床到晚上10点，早操，早读，早自习，上课，午休，上课，晚自习，晚休，每天都在重复着这种生活，我们每个人都在为自己理想的大学奋斗。每天都在做大量的试卷及复习回顾知识等与学习相关的东西。除此之外，唯一的乐趣就是每周一节的体育课，男生喜欢篮球可以小小放松一下，女生可以踢毽子、跳绳等。每周一小考、每月一大考的题海战术让我们身心疲惫的同时也学到了知识。

生活篇

教室有中央空调、电脑、投影仪等设备，还有免费矿泉水。宿舍的生活条件也是十分优越的，军事化管理，要求井井有条，各种东西都要摆放整齐。我们处在这样一个环境中，自然对自己的要求也越来越高。和同学在一起生活的日子很快乐，日常努力学习，回宿舍快速地洗漱，晚上熄灯后的一段时间是黄金时间，有时会讨论一会儿，等到查寝，我们会快速入睡，第二天会很快到来。

大学的时光是美好的，个人的自由空间很大，一周有时就几节课，课余时间可以追求其他的兴趣爱好，感觉时间很充足。高中的生活习惯使我一直严格要求自己，后来带着良好的习惯继续读研、工作。大学期间，我一直认真钻研专业知识，取得了一定的成绩，我坚信天道酬勤。研究生期间，我开始丰富课余生活，尝试了好多新鲜的事物，也丰富了自己的人生。现在我的工作很稳定，人生有了一定的规划，希望可以再接再厉。

如果说高中生活塑造了我的性格，那大学生活则指引了我人生的方向。感谢人生路上老师的关心和爱护，我会继续努力的！

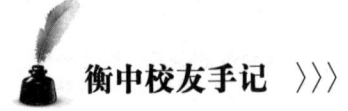
衡中校友手记 >>>

因有情而难忘，因感恩而珍藏

姓名	周天翼
高中	228 班 50 号
大学	本科：对外经济贸易大学／金融工程专业
工作	招商银行深圳银行／项目经理
荣誉	高中：生物课代表

毕业的时候我就知道，我这辈子跟衡中已经分不开了，因为那个地方的那些时间和那些人。写下这篇文章，来纪念我在衡中的日子。

2002年，我穿着一身自以为很帅的衣服走进了衡水中学。在那之前，我基本没有去过衡水，就在冀州一亩三分地上享受着所谓的好学生所带来的无聊生活。第一次在没上课的时候说普通话，第一次睡宿舍，也是第一次跟另外七个人在一个房间里睡觉，一切都显得那么别扭，又都很新奇。我是一个小有冒险精神的人，所以，我开始爱上这个地方了。

没心没肺是一种生活态度，高中三年，我就是在这种精神的指引下生活。228班之前的日子没给我留下太多印象，只记得我堕落了，好像每一个独自在家中的孩子，被"漫画在手，江山我有"的痛快感觉充斥着。

"非典"那段时间，一种若有若无的恐惧让我过了一段更是没心没肺的日子，唯一让我印象深刻的就是，也许是这恐惧唤醒了人类繁衍的本能，在那段时间跟一个女生传了一次小字条，内容已经记不清了，因为后来也没有了下文。

好了，终于说到传说中的228班了。在学校门口的墙上看到了分班大榜，我名列228班第50名。后来得知228班是实验班后，我心里窃喜，装作若无其事地走进了让我终生难忘的一段时光。

在衡中，228班就是我的旗帜，而228班的旗帜，就是老班——王文霞。霞姐是一个正能量泛滥的人，每周的班会，就是霞姐正能量决堤的时候。班会上，在一帮能量微弱的人的前面，一个人散发着万丈光芒，仿佛唐僧正在念真经，而下面的人在"真经"的感召下，负面情绪像孙猴子一样被压倒在地，一点儿星光在这些人的眼睛和心脏部位亮了起来，逐渐布满全身。

在霞姐这样一个随时都可以小宇宙爆发的人的领导下，在228班当时豪华教师阵容的教诲下，班里的兄弟姐妹就像青铜圣斗士一样，怎么样都打不死，并且坚定地向着黄金圣斗士的更高目标大步迈进。当年高考，全班成绩非常理想，光是考上清华北大的就有八人，连我这么没心没肺的都考上了外经贸。

成果喜人，过程是痛并快乐着。一天学12小时，一周学7天，连吃饭都拿着小本准备排队的时候背单词，"追求卓越"印在了每个人的脑门上。虽说当时没什么像样的娱乐工具，但我觉得下课的时候跟兄弟们跳起来够天花板其实也挺好玩的，跟齐腾、小田、付浩、烨子、"小虫"还有"崔大""奶哥""狒狒""蛋康"……（此处省略N个人）一起玩调戏与被调戏的游戏也不错。如果再见到我的兄弟们，我一定还说这句话："哥们儿，给大爷笑一个！"

说到这儿，有件事我不得不提。想当年228班非著名"打饭三人组"中，张佳琦后来是一名著名大学的博士，有一位同是228班又在同一大学读博士的刘娟跟他共度一生；韩卿曾驻扎在某个同时观看戈壁和海上景观的知名城市海关，也有一个十分美丽可爱的留学归来的武汉琼琼妹子；而我，则成了一名金融工作者，在邓爷爷画的圈圈里兢兢业业地做着"拉皮条"和"放高利贷"的工作（为了避免误会，说明一下，我是在银行工作），也将一个幼儿园、小学、初中、高中同学——美丽大方、聪明睿智（此处省略500字）后来在北大读博士的丁女士放在了心上。三人组变成了六人行，何其美哉！

一个家之所以成为家，是因为有人、有情。在我心里，228班之所以是228班，是因为在对的时候遇到了对的人，做了不算错的事。

衡中校友手记 >>>

无论有多美好的事物在前方等待,都无法替代高中所给予的成长

姓名	刘娟
高中	228 班 51 号
大学	本科:华东理工大学 / 化学工程与工艺专业 博士(硕博连读,保送):华东理工大学 / 化学工程专业
工作	华东理工大学 / 分析测试中心教师
荣誉	大学:多次获得奖学金;荣获上海市"优秀毕业生"称号 工作:在国内外知名学术期刊上发表论文多篇

从一个不谙世事的小姑娘成长为一个能够独当一面的女博士,其中的酸甜苦辣是别人无法感受也不能替代的。是高中的那段经历,给了我不断进步的动力,给了我克服困难的勇气。我在高中学到的不只是如何应对高考,更多的是应对压力与困难的毅力与勇气。

我知道,在母校的历史长河中,我只不过是一滴普通的水滴,与万千学子一样,汇成了涓涓细流,滋润着衡中的土地。但是,对我而言,母校是全部。在那特定的时间里,三年的光阴,唯一陪伴我的只有衡中,衡中的人和事。

走出衡中以后,我一直在求学,不停地感受着校园带给我的安静与祥和。但是让我最难忘怀、最怀念的,仍是衡中,仍是团结的 228 班,2002 年—2005 年那段时间发生的事仍历历在目。仍记得冬日清晨,在温暖的路灯下刻苦背诵、等待跑操的我们,仍记得教室里奋笔疾书的我们,仍记得因为一次考试失利而暗下决心超越自我的我们……点点滴滴,汇成了满满的回忆。

大学是踏入社会的第一步

进入大学之后,不再晨跑,不再有严格的作息时间,不再有老师孜孜不倦的教诲,人也变得懒散了许多。起初,我像脱缰的野马,没有了约束,肆无忌惮,随心所欲,赖床、逃课,大学校园里种种被学生视为不可或缺的部分我都尝试了,

度过了"不缺失"的大一，其中还掺杂着背井离乡的苦楚。

孤身一人来到陌生的大都市，没有了家长与老师的呵护，任何事情都压在自己的肩膀上，再也不能像在衡中那样心无旁骛地学习，毕竟生活也占了很大一部分，当然成绩平平是注定的。到了大二，我猛然间发现，大学生活的重心还是在学习上。我给自己定好了目标，想好了未来的路，重拾衡中时期的学习热情，渐渐地成绩变得优异起来，每年都能拿到学校的奖学金，最后顺理成章地被保送，成为硕博连读生。

现在回想起来，刚刚毕业的时候，董丽红老师曾告诉懵懂而又对大学生活憧憬的我们："如果你们能够拿出在衡中学习三分之一的劲头来，你们在大学就肯定能名列前茅。"那时我不懂，只是敷衍地点点头，而如今，我仅仅拿出了十分之一的劲头就足以让我顺利地完成自己的目标。

大学校园是我们这些只知道学习的学生步入社会的第一步，在这个大熔炉中，生活很丰富，各种诱惑也很多，母校教会我们的，就是在各种诱惑中把握住自己，明白自己最需要的是什么，最应该做的是什么。

母校是经历时抱怨离开时怀念的地方

母校，就是一个自己可以骂千百遍但是不允许别人说一句不好的地方。的确，在衡中的时候，我们抱怨；走出衡中以后，我们唠叨，觉得衡中的管理太严格了，有些不近人情。但是当别人说一句她的不好，我们又会极力辩解。网络上曾流传对衡中的各种指责，每一届衡中人都站出来为衡中辩解，对衡中维护。在对衡中的热爱程度上，没有年龄的差别。作为2002级的学生，我深刻地体会到了我们这一届学生对衡中的热爱。有的时候遇到同届衡中的学生，哪怕以前不认识，也能够很迅速地熟稔起来。大家像家人一样，全心全意地相待，这些是在大学里和社会上结交的朋友很难做到的。高中时期的单纯与共同奋斗的经历是刻骨铭心、无法替代的。我们这些学生遍布全国甚至世界各地，从事各个行业，但是有一根线永远系在我们中间，那就是衡中情。

三年，青春萌动的三年，迅速成长的三年，衡中陪伴着我，教会我独立和上进。很难想象，没有衡中，现在的我会是什么样子。我很庆幸，在这样一个优秀的校园中开始了我的求学之路；也很庆幸，能够在228班这样一个优秀的集体中

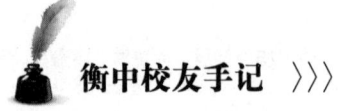

度过我的高中时期。

当失去时,才知道珍惜。在大学里,没有一个班级能够像228班那样团结,那样能够为任何一个同学奋不顾身。当对现实无能为力时才深深地体会到,228班是那样值得怀念,无论我们走到哪里,从事什么行业,我们永远是一家人。我的求学之路很漫长,经历的班级也很多,遇到的同学更是数不胜数,但是,228班是最团结的一个班级,没有哪个班级能够毕业几年还一直保持联系,也没有哪个班级能够在多年以后说起来仍能让每一个参与其中的人都感到如此荣幸。

犹记得,高三下学期连续两次考试失利,跌至谷底,对于一帆风顺的我无疑是一个天大的打击,是228班的老师和同学们帮助我走出了困境。老师一次次的长谈开导,同学们一张张的字条纾解,使丧失信心的我重新站了起来。都说实验班压力大,但我觉得正是这种压力造就了我们现在的能力。没有那样的环境,相信228班不会如此优秀。有些人无法理解,在这样一所中学里,同学们是怎样生活下来的,怎么能够这么自虐。但是我们这些衡中人知道,衡中的作息时间是非常科学而健康的。非常怀念当时那种心无旁骛、一心一意只为学习的境界,纯净的心,单一的心,为了目标全力以赴的心,是那样不可复制,又那样令人怀念。

无论多么美好的时光,都无法阻止我们长大,但是深深印在脑海里的身影是无法抹去的,成长的痕迹也会刻在我们的身上。重回衡中时,看到学弟学妹一张张稚气的脸,羡慕之情油然而生——珍惜现在吧,无论有多美好的事情在前方等待,都无法替代高中所给予的成长。

优秀的集群效应不只发生在校园内，毕业后仍在不断竞争着

姓名	康春纪
高中	228班52号
大学	本科：天津大学 / 软件工程专业
工作	衡水万象宝脚轮制造厂 / 负责人
荣誉	无

"清清其华，衡留其中"，这八个字取了清华、衡中的意思，用来表明自己的信念，虽说最后也没有去成清华，但衡中确确实实留在了我的心中。离开衡中很久了，至今仍旧不时想起在衡中学习时的一幕幕场景。衡中带给我了什么，我想不仅仅是学习的进步，更多的是个人的成长。那些年，的确让我成长了许多，也收获了许多。

在衡中绝对不是非常苦恼地学习，这里的一切都充满着理性的智慧。衡中教会了我如何学习才会更有效率。大到整个学期的学习规划，小到每一节课的听课记录，自习时学科的合理穿插，以及零碎时间的高效利用。我们每时每刻都在学习，又每时每刻都在计划着我们的时间。这种理性智慧的学习生活方式伴随我进入了大学，使我在相对宽松自主的大学中合理规划自己的生活，使得学习、社交、娱乐都能很好地共存，工作起来游刃有余。

在衡中的学习生活对我们的性格塑造是潜移默化的，有些时候我们并不十分明确到底获得了什么，但它们会在我们之后的经历中一点点地显露出来。上大学后发现学习压力并不比高中小，每天同样都很疲惫，这使得我们懒于处理自己的生活，周围一些同学开始赖床，不叠被子，甚至不吃早饭，我也曾经历过这样的一段时期，但后来逐渐意识到生活节奏被打乱，于是尝试恢复并坚持下去。这些虽是小事，但也体现了个人的毅力，就如同我们在衡中每日雷打不动的跑操。毅力并不是要去做多么困难的事情，而是把一两件小事坚持做下去。

有一个名词是我在衡中时经常提到的，那便是"信仰"。信仰具有很神奇的

衡中校友手记

力量，而它本身过于抽象，很多时候我们无法控制自己的信仰，反倒像是信仰在操控着我们的身体。就像西方的信徒信仰上帝，他们坚定地相信上帝的存在、上帝的仁慈，这使得他们在自己最困难的时候不自暴自弃，以至于绝处逢生。在衡中我收获了自己的信仰，信仰自己的大学，信仰自己认定的高度，这使得我没有任何放松放弃的理由，即使身心俱疲，仍旧不由自主地伏案学习，即使脚伤非常严重，依旧不肯回家休养，在同学的搀扶下从宿舍挪向教室，又从教室挪向宿舍。这些促成了我高一时的稳步爬升，高二时的默默积蓄，高三时的猛然爆发。我用了两年多的时间，实现了从1300多名到13名的跨越，信仰的可怕力量自然不言而喻了。初到大学的我们或多或少会迷茫一阵子，想来这时的我们正处在信仰的真空期吧。

很多同学一到大学就开始颓废，大概是因为高中学习太过辛苦，到了大学就会感到解放了，容易产生享受心理，沉迷于游戏，以至于频频挂科，无法自拔，但我发现一起从衡中毕业的同学中间却鲜有这种情况。毕竟衡中的校训是追求卓越。追求卓越啊！每每意识到自己娱乐过度，首先想到的并不是对不起自己，而是对不起母校，对不起那句"追求卓越"的校训。想想当初和自己朝夕相处的同学仍在不懈地向上攀爬着，自己又怎么能有一丝松懈呢？谁说优秀的集群效应只是发生在校园内，毕业后我们仍在不断竞争着，"追求卓越"的信条早已铭刻在我们每一个衡中人的心中。

离开衡中已经多年，偶尔也会怀念一下在衡中的过往。大学生活的确也和当初所想象的有所差别，就像我们高考时的出乎意料一样，生活总是充满着变数，谁也无法预料即将发生什么。衡中之于我们，我感觉并不只是能够取得更好的成绩，想想那些可爱的老师，那一句句发人深省的话，有那么多的回忆留在了我们心中，继续帮助着我们。高考终究会过去，人生的路还很长，过去衡中是我的避风港，现在衡中成了我心中的一面旗帜，学习上遇到了疑惑，生活中遇到了麻烦，工作中遇到了困难，我总是第一时间想到我是从衡中出来的，没有什么事情做不到，小看了衡中人是十分错误的，这便是衡中带给我的自信吧。

以上便是我逐渐感悟到的衡中带给我的收获，可能比较零散和粗浅，但确实使我受益颇多。最后，祝福母校再创高峰！

初中的刻苦与磨难仅是高中的冰山一角，高中于人生同样是万川归海

姓名	高成琳
高中	228 班 53 号
大学	本科：天津大学 / 自动化专业 硕士：天津大学 / 控制科学与工程专业
工作	天津市市政工程设计研究院 / 工程师
荣誉	高中：荣获"三好学生"称号 大学：荣获"院三好学生"称号 工作：荣获"年度优秀员工"称号

作为 2002 级 2005 届衡中学子，从衡中毕业已经多年，这意味着从事工科的我已经多年没碰过语文了，文采遗失殆尽，但我只想用最朴实的语言、最真实的感情与敬爱的衡中师生们分享我的衡中经历和从衡中学到的真谛，只盼杨忠信老师和老班王文霞两位名师莫要取笑我的文笔。

17 年前，在衡水八中有过辉煌的我，虽然中考发挥失常，但还是如愿以偿地考入了无数学子梦想中的殿堂——衡中！衡中，早早地作为大学、重点大学、名牌大学甚至是清华北大的代名词。第一次听到衡中的名字还在小学，爸爸跟我说以后考上了衡中就能考上大学！大学，对于一个农村的孩子意味着什么？意味着走出了庄稼地，意味着好生活，意味着很多很多……因此考上衡中的兴奋可想而知。

原本以为考上衡中就进了"保险柜"，就完成了人生任务，其实，真正的考验和磨难才刚刚开始，初中的刻苦和磨难相对于高中来说也仅仅是冰山一角，只能算是汇入长江的涓涓细流。现在看来，漫漫人生路，高中这滚滚东去的长江水又何尝不是大海纳百川中的一川呢？然而，衡中这所高中教给我的教给无数从衡中走出来的学子的却是一生受用不尽的宝贵财富：顽强拼搏的精神，坚持不懈的斗志，追求卓越的态度，格物致知的严谨，可上九天揽月的霸气……

衡中校友手记 >>>

在衡中，我只用一周的时间就基本适应了她的作息时间和生活习惯：每天5点30分起床，叠豆腐块被子，床单不能有褶；每周一次的值日，无比整齐的早操，6点到达教室……四季如此！衡中的生活节奏就是很快，每天早读后为了减少排队买饭的时间练就了无数衡中人的短跑速度。赶上了一年衡中蹲着吃饭的食堂，现在依然怀念那时可口便宜的饭菜，很想再吃一次衡中的烧茄子和炖豆腐……早预备后是四节紧张充实的专业课，那时最大的感觉就是衡中的老师们怎么都专业到居然能一刻不停、醍醐灌顶地教授知识，让你应接不暇。显然初中把老师讲的每一句话都记住的学习方法已经过时了，而我却用了很久才明白这个道理，可怜。中午，我和我的"酒肉朋友"王维康通常都是推迟到12点30分甚至12点35分才奔离教室，到食堂吃完一大碗米饭和菜，飞奔回6楼的宿舍，上厕所，然后躺下进行一小时的午休，居然没有一次违纪过！我和王维康很好地诠释着衡中的效率！下午四节课后，晚饭的时间显得比较充裕，我喜欢和同学一起溜达着回来，散散心，看看美丽的校园。连续三节晚自习，不准说话，不准交头接耳，不准借东西，不准喝水，不准把水杯放桌子上，不准回头，不准睡觉，不准做学习之外的事。那时习惯了，现在看来，还是觉得衡中够霸气，衡中的辉煌正是来自严明的纪律！晚上10点10分熄灯，熄灯后纪律量化，说话声是不该有的，除了睡觉的呓语和呼噜声，其他的都是不准的！教室的卫生检查过后，你不会在教室的任何一个角落发现脏东西，你不能在校园里找到一片纸屑，这就是衡中的卫生！还记得我的组长丁忆同学经常检查出我负责的区域的卫生问题，我觉得自己擦得很干净了，但是她总能找出问题，真是个认真负责又细心的女生呀！其实每次我都会觉得不好意思，甚至不好意思表现出来。衡中的小红帽负责检查卫生、纪律、跑操等量化，对食堂排队加塞的同学严惩不贷，真是衡中的一道风景线啊。衡中的跑操是衡中精神最好的诠释，也是衡中的标志。大家高中毕业后在大学校园里再没见过那么整齐划一的步伐吧，一排排、一列列是多么美；即便见过，也再没有那么坚定的目光以及发自肺腑、踌躇满志、响彻云霄、充满霸气的口号。衡中口号的响亮度不亚于军人，因为理想和信念的力量是无穷的！多想再看一次衡中的跑操啊！衡中经《中国教育报》报道后，来参观和学习的人络绎不绝，无论冬天5点30分的凌晨有多么寒冷，他们都会观摩一下衡中的跑操，这才算不枉此行。

进衡中的时候我排到全年级400多名，中考的失利使我憋着一口气，第一次月考自认为正常的发挥终于让我出了一口气，年级 41 名！当时我认为这是我应有的名次，然而怎么也没想到，这竟是我在衡中的最好成绩！在高手如云、尖碰尖的衡中我的磨难开始了……

适应了衡中的生活，但这里的学习我显然是不适应的。高一很荣幸成为褚艳春老师所教的 231 班的一名学生。褚老师是一名异常出色的数学老师，讲课清楚，问题分析犀利。杨忠信老师是衡中语文组的组长，可谓博学多才，被同学们称之为"一代大儒"。还有很多优秀的老师让我对衡中老师的专业能力和教学水平瞠目结舌，啧啧称奇。我高一名次的波动基本是年级一两百名的样子，有过三次前 100 名，但是总让我不满意，关键是我一直很努力很努力……这相对于 41 名来说，不是一种极大的失败和失落吗？我极力想考个好名次，想进入第一考场，但是距它却渐行渐远……

高二分了文理科，我进入了四个理科实验班之一的 228 班，班主任是王文霞老师。王老师的大名早已响彻衡中的每一个角落，而我们，每一个 228 班的同学，可能谁都没想到，王老师带领着我们 228 班的每一名同学在这个竞争无限激烈的衡中，尤其是同时还存在着同级别的另外三个实验班，创造了一个又一个神话和奇迹，成绩量化拿了一次又一次的第一！228 班的名字越来越响亮，甚至连低年级的学弟学妹们一听是 228 班的都投来敬仰的目光，228 班简直成了第一的象征！王文霞老师的语文课讲得那叫一个精彩绝伦，各种成语、诗文、语法等在讲到任何一个知识点的时候都能串联一下，知识点就是这么一遍遍地复习的。认为王老师是衡中最出色的语文老师和班主任的同学不在少数吧，至少我一直这么认为。王老师待人真诚随和、热爱工作、充满激情，爱自己的学生，所以也深受学生的爱戴。王玉瑛老师的数学课给我的印象很深刻，因为听王老师讲课总是有很多乐趣，而她又总能把问题讲得清楚明白，寓教于乐。王国红老师的物理课生动形象，董丽红老师的化学课灵活百变，卢洪涛老师尽职尽责，郭立欣老师是生物课的元老级人物。这样一批特别优秀的任课老师带出的 228 班能不强大吗？

然而 228 班这个拥有无数优秀同学的省级优秀班集体并不能保证每位同学都能取得自己满意的成绩和进步，228 班在进步，而我却在退步，很显然原因在我。我的名次一路下滑，从年级 120 多名到了高三加入复习生后我已经是年级 400 多名了，班级的学号也从 30 变成了 53，退步之大可想而知！是我不够努力吗？我

 **衡中校友手记** 〉〉〉

和王维康的刻苦努力否定了这点！最痛苦的事不是你贪玩所以成绩下滑了，而是你努力学习后成绩下滑了，你更加刻苦努力学习后成绩又退步了，玩命学习后成绩依然下滑！下滑的成绩完全打击了我的自信心和决心。那时我的压力真的很大很大！太痛苦了，很无助、彷徨、迷茫，到了高三过年的时候我已经跌到了人生的低谷，成绩条发下来，我是年级555名！还记得我爸看到成绩条后若无其事地说："没事，挺好的。"一年半了，或者说是两年半了，我的成绩居然一直在退步，而我，确实是使出了浑身解数，拼命地在学习！定位在年级555名的位置上，距离高考还有几个月，我想了很多，毕竟清楚自己的处境，我问自己还有多少信心和耐力，还有多少力量，还有多少坚持下去的理由，还有多大的可能再进步，可以说，从最初的期待到当时的低谷到后来的高考我从来不曾放弃过，我一直在坚持着，即便遭遇屡屡的打击和身处艰难的处境，我也从来没有放弃过努力。我总是在拼命地学习，那股韧劲和毅力直到现在我都一直敬佩我自己。我一直信奉丘吉尔的那句名言"坚持到底，永不放弃"，当你懈怠想放弃的时候，再回过头来看看第一秘诀——"坚持到底，永不放弃"！是的，我从未放弃，而且这是衡中教会我的、赐予我的意志品质，并不是我看到丘吉尔的名言后改变的，而是与之共鸣。年后的家长会上，妈妈问王老师我的情况，永远不能忘记她期待的眼神和眼神中带点晶莹，王老师眼神很坚决地对我妈就说了一句"还有潜力！还有潜力"，感谢亲爱的老班，这句话给我的鼓舞真的很大！不管老师那时是不是这么觉得的，反正我是把它当作真理来看！我妈对我说："这场战斗就像是在拔河，你用力去拉，你的手可能会破，可能流很多血，但是你还有肉在！等肉也磨没了，你还有骨头在！但是，你不能放手！"是的，您的儿子从未放过！下学期的考试和几次模拟考试我的成绩居然奇迹般地一次次地进步了！难道是高考如同长跑的冲刺，在我前面的同学没力气了，被充满韧劲的我超越了？王国红老师在我低谷时趁我一次月考物理成绩不错的时候给我写了一段话，大概的意思是夸我考得很棒，说我很优秀，一直都相信我，也坚信我能在以后取得更好的成绩，让我好好加油。那时的温暖足以让我铭记一辈子，也因此涌现出无穷无尽的动力，高考我的名次最终一锤定音到年级一百六七十名！我的坚持和不懈的努力，最终得到了很好的回报！就像褚艳春老师跟我说的："只有超常的付出，才会有超常的回报！"我用我的衡中经历想和大家分享的，就是这种坚持到底、永不放弃的精神，这种精神

决定的可能是最终的天壤之别的结果。毫厘之间都可以决定胜负，更何况是坚持不懈和放弃后的差别呢？现在想来，低谷时可能是当时的心态不好，一到考试就压力过大，这从每次考前的失眠就可以看出来；还可能是智商低，脑子总觉得不够用；也可能是情商低，由我急躁的脾气决定的。总之不管什么原因，我都挺了过来，调整好了心态，超越了自己，高考圆满结束！真的要感谢衡中的磨砺，感谢衡中无形中教会我的，感谢衡中的老师们和同学们，尤其是帮助过我的老师们和同学们！

228班的同学走到哪儿都感觉是一家人，班级聚会在毕业后四五年还一直延续着。只要我回到衡水老家我都会去参加，很多次都能有幸见到敬爱的王老师和其他几位老师，满心欢喜！228班有太多美好的回忆和太多优秀可爱的同学，你们每一个人的名字我都牢记在心，永远不会忘记！那时冯世鹏是被叫作"婉约"的，崔继伟是被叫作"崔大"的，李海明是被叫作"奶哥"的，郝德健是被叫作"大妈"的，王振峰是被叫作"峰姐"的，韩卿是被叫作"黑豆"的，王维康是被叫作"迂讷"的，郭靖是被叫作"大侠"的，付浩是被叫作"负号"的，张华良是被叫作"狼哥"的，李鹏是被叫作"总理"的，张鹏飞是被叫作"肉丝儿"的，李阳是被叫作"克里斯"的，田顺庆是被叫作小田儿的，邢翠柳是被叫作小翠儿的，康春纪是被叫作小康的；潘林的眉毛和数学都是很卓越的，王洪建是让大家为用"才思敏捷""妙语连珠"还是"滥用成语"来形容他而发愁的，齐腾是最能搞怪和活跃的，王超是最有魄力和最能调动氛围的，贾盟的笑容是最可爱的，泰青的英语是最好的，"崔大"吃饭用的绝版的崔勺是最大的，赵悦美眉是最受老班赏识的，于杨是经常被我问问题同时作文也是很好的，彭德民半夜下床上厕所总是要踹我一脚问候我的，付浩、尹晓林、郑宇朋打篮球是最好的，韩卿、张佳琦、周天翼吃饭是一直搭伙的，郑宇朋这个班长是最人精人缘最好的；呼荣媚是喜欢生物的，"迂讷"是喜欢物理的，赵杰是喜欢赵子龙的，韩卿是喜欢杨琼的，张佳琦是喜欢刘娟的，孟春晓是喜欢冬天的，刘媛是女生中最高而且爱笑的，王伟丽是最尽职尽责的，尚怀赢是最稳定的，李文斐斐然的文采是在宿舍发挥的，李宏宇是最文质彬彬的，童瑞川笑起来是最安静的，苗海涛的思想是最单纯的，李志昂的小分头是最帅的，刘烨看上去是最亲切的，郭琳的字是写得最整齐的，丁忆是最神奇的，李静是最文静的，解楠是最胆小而又可爱的，安竞文是最爱笑的，田彦静是最直率的，吕艳

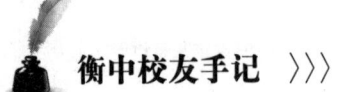

蕾是最朴实的，黄隽是最白且最有见解的，陈亚娇内心是最活泼的，刘宁是最起伏而又宁静的，于靖是最能接话题的，任娜是最机敏的，刘晓霞是最精灵的，高志娟看书的速度是最快的，刘蕾是最能改变的，刘世政是最执着的，吴晓明是最热情的，戈臻是最老实的，邢春霞的笑是最单纯洋溢的，陈丽是最能认人的，小翠儿是最活泼和大方的，张倩是最真诚的，刘娟和杨琼是最美的，小康是最实在最可靠的，我呢？我跑1000米是最快的，哈哈！

高中毕业后，虽然大家不是都在一座城市，可能会疏远，可能会很久不联系，但是那种情谊与友谊和228班的名字及辉煌一样永远存在，那种见面的亲切感、熟悉感和兴奋感，一年两年、十年八年甚至更久没见面都依然浓烈存在！这，就是王老师的核心力！这，就是228班的凝聚力！这，就是衡中的魅力！

最后，想对班主任王文霞老师和其他任课恩师说声谢谢，感谢你们的培养和教导！想对228班的同学们说声谢谢，在青春四溢最美好的年华里，有幸有你们这样的同学相伴！你们是最普通的衡中学子，你们又是最不平凡的228班同学！衡中加油！228班的同学加油！

高中三年只有三堂课

姓名	刘晓霞
高中	228班54号
大学	本科：四川大学 / 建筑专业
工作	邮政储蓄银行 / 业务经理
荣誉	大学：多次获得学校、学院奖学金；荣获"优秀学生干部"称号

"春天的花开秋天的风以及冬天的落阳……流水它带走光阴的故事改变了我们，就在那多愁善感而初次回忆的青春。"耳边再次响起罗大佑这首《光阴的故事》，回忆又一次将我带回那难忘的高中岁月。

2002年夏，带着暑假结束后的不甘，我跨入了衡中的大门，正式开始了高中三年的求学生活。矫情一点儿讲，懵懂的青春年少时光，自此拉开帷幕。

第一课，生活

多年前的夏天，衡中还不是现在的模样，没有坐着吃饭的食堂，也没有澡堂和洗衣房，没有24小时中央空调的宿舍和教室。那时，被子要叠成豆腐块，床单要一丝褶皱都没有。那时，清晨5点50分上操，校园里、操场上甚至环校园的马路上都留下了我们的足迹。那时，每个周五的晚上放了学，不能回家的同学们三五成群，结伴去校外改善生活，或者拎着袋子去校外的浴室洗澡。那时，经历了非典时期的封校，已经记不清当时是否有过恐慌，只记得不能吃零食，不能出校门，还要经常大扫除。还记得蔡一政老师给大家的蛋黄派，桑海勇老师带来的旺旺仙贝，还有每周末在教室里集体看电影。

第二课，学习

还记得高一入学时，教室桌子上的日常生活安排表中有一项是"自助餐"，我问同桌食堂是自助餐吗，她很惊讶地说不会吧。后来才发现，此"自助"非彼"自助"——每天老师们都会在日常作业之外给大家发很多的补充知识、习题，让大家选择性学习。三年的时间里，我想每个人应该都不记得做过多少卷子、考过多少试、涂过多少张答题卡、拿到过多少张成绩单吧，以至于后来我经常和朋友调侃，衡中的三年大概是我人生中最励志的三年了。在这里要感谢衡中的老师们，为了让我们取得更好的成绩，你们付出了太多的时间和心血。那时的我们并不知道，所有的学习计划都已经被安排好，不用自己去制订计划、收集学习资料、总结题型，只需要努力学习的幸福生活未来再也不会有，这些铺垫的工作在以后的学习生涯里一点一滴都要自己去身体力行。可以说，衡中的老师们都是甘做铺路石，而衡中的学子们可以走得那么远，站得那么高，是因为站在了他们的肩膀上。

第三课，成长

　　成长可以是一个缓慢的过程，也可以是一个临界点的突变。高中时总觉得日子过得很慢很慢，好像这样的生活永远不会结束一样，而时间就是趁我们不注意的时候悄悄溜走了。

　　衡中的校训是"追求卓越"，所以每个人都拼了命地努力让自己变得更优秀，但我们很少去思考"优秀"究竟是一个怎样的定义，是更高的分数还是更好的名次。我们很少思考自己喜欢做什么，想要做什么，想成为什么样的人，最简单的问题却被轻易地忽略，因为我们只想争取更高的分数。诚然，在千军万马过独木桥的高考中，只有取得更高的分数才可以读更好的学校，才可以有更高的平台，才可以有之后的种种。但在高考结束，在这短暂的功利性的竞争结束之后，也许寻找内心的真正渴求和愿望才是所有行动的力量来源。随着我们逐渐长大，才发现原来全心全意、无论何时地热爱生活才是人生一个终极的难以达成的目标。很多时候，并不是因为看到了希望才坚持，而是因为坚持才看到了希望。让我们在黑暗、孤独中坚持的，正是内心的渴望。

　　成长的这一课，当初的我们上得并不够，衷心希望学弟学妹们可以把这一课上得更加精彩，不只在高考的战场上取得好成绩，还能够在人生的路途中早一点儿明确未来的方向和要走的路。

　　三年高中生活，留下的回忆太多太多，虽然很多细节已模糊不清，但想到当时的那人、那情、那景，那种熟悉而又感动的感觉依然会萦绕心头。闭上眼睛，依然可以浮现出一幕幕的画面：和丁忆漫无目的地遛操场，和翠翠肆无忌惮地聊八卦，和韩卿乐此不疲地吵架然后等琼琼主持公道，一定要关窗户把潘林气哭，抢李静的漫画惹她生气，自习课拉着解楠聊天让她不止一次想要换座位……

因为经历，所以更懂得珍惜。简简单单的高中生活，是多么单纯美好的小幸福。励志的话就不多说了，大家都懂得。希望学弟学妹们在刻苦学习之余，能够静下心来细细品味生活的点滴滋味，因为青春这趟列车只能呼啸向前却不能回头。

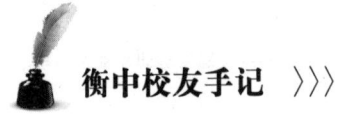

衡中校友手记 〉〉〉

最是深情可蚀骨，我的班主任我的班

姓名	贾盟
高中	228班55号
大学	本科（提前批）：北京航空航天大学／探测制导与控制技术专业 硕士：军事科学院／军队管理学专业
工作	保密／保密
荣誉	大学：在学生会任职 工作：荣获"优秀共产党员"称号

如果套用电视剧的片名，题目应该是"我的班长我的班"，团长是团里最大的，可班长并不是班里最大的，而且班长始终处在老班万丈光芒的照耀之下，所以不好意思郑宇朋、王伟丽同学，虽然你们在228班时红得发紫，现在仍炙手可热，可你们的魅力与我们心目中伟大的老班相比还不在一个量级上，本文没有把你们置顶，不要有意见啊。

玩笑开完了，言归正传。正如老班在征稿启事里说的，从2005年高考离开228班已经14年了。在这14年中，大发展谈不上，大变化还是有的，虽然已经走上工作岗位，但不变的是对班级一如既往的深厚感情。在这14年的学习、生活、工作中，沉淀的是对班级的怀念、对学习生活的感悟、对未来的思索。

回忆一下228班的时光，真是韶华易逝，可以说那是非常美好、十分重要的两年时光，虽然有些事情我已经淡忘了，但大家一起学习生活和拼搏的很多场景和画面仍深深地存在我的脑海里、我的梦里、我的心里、我的歌声里……

提起我的班主任王文霞老师（好多同学叫她"老班""霞姐"），在整个衡中真是无人不知、无人不晓，我为什么这么说呢？因为她是衡中牛人中的牛人，具体牛到什么地步，大家都懂得，也都了解，所以我不能再赞美我们可亲可敬的班主任了，那样太没有新意了。人无完人，我今天就冒天下之大不韪，说说王老师的缺点和不足，反正也没人拦着，以前不敢说的话，我今天就说个痛快，这么多年对老班的意见一点儿也不会保留了……我主要讲以下三点。

一是王老师不顾及家人感受。要说衡中老师事业心、责任感强，大家应该都深有体会，可就没见过像我们老班这样的，天天跟学生待在一起。我们没起床她就到学校了，从早操开始就和大家一起跑步，盯着大家早读、早预备。上课、吃饭、公共自习课都少不了老班的身影，晚上我们都洗漱睡觉了，她还在查铺、加班。周末休息老班也不放心，还要到班上转转，了解一下没回家的同学的学习生活情况。久而久之，家里就照顾不到了。本身回家就少，本来属于家人的时间又被挤压得越来越少，别的不说，连老班的儿子国庆都有意见了，我不是信口雌黄，这是有事实根据的。记得老班亲口跟我们说过娘俩经常吵架，我推断就是老班对自己班上的同学关心太多，对自家孩子关注太少，国庆羡慕嫉妒恨使然。所以我的班主任王老师，您整天忙于工作，忽视了对家庭的照顾、对子女的关心，我对您有意见。

二是王老师不顾及自身健康。要说衡中老师不辞辛苦，我想大家也都有目共睹，可就没见过我们老班这么拼命的：每堂课都精心准备，50分钟的时间能讲出1小时的内容；每天的作业都亲自批改，每一次班会都细心准备；到了高三还有月考、周考，试卷都是常讲常新；除了自己担负两个班的语文课外，还要处理班级量化等相关事务，还得负责教研组的工作。都说人的精力是有限的，我们都觉得老班太累了，不注意休息，长此以往，身体健康会受影响的。可她自己从来都不管不顾，在讲台上只有声嘶力竭没有筋疲力尽，每天都是激情澎湃、活力四射，很多同学都被她这种状态感染，经过不懈的拼搏进取，凤凰涅槃，金榜题名。

三是王老师不顾及自身"形象"。要说衡中的女老师不美丽，大家肯定不会随声附和（当年一帮文艺青年私下里可没少品评年轻女教师），可就没见过我们老班这么不爱美的。记忆中王老师每天都是身着职业套装，特别不注意打扮。为了省出时间工作，总是删繁就简、素颜本色、朴实无华。记得高三寒假开学后，老班把头发拉直换成了披肩发，身着一件紫色呢子风衣，全班同学都大跌眼镜，后来老班可能感觉不适应，又换回了原来的造型，这次改变形象不幸以失败告终。我想来想去，最终只能得出一个结论——繁忙的工作让老班丧失了女人爱美的天性。228班的孩子们，你们让老班操了多少心啊，老班做出了多大的自我牺牲啊，我对你们也有意见！

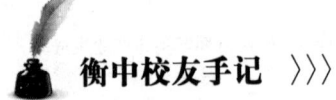 **衡中校友手记** 〉〉〉

我的班主任王文霞老师，18岁投身教育事业，30多年如一日，默默耕耘、无私奉献，把自己的青春和汗水倾注到学生身上，如今已是桃李满天下。她用自己的实际行动诠释了一名人民教师的崇高与伟大，我们永远爱戴您、敬佩您，祝您阖家幸福、身体健康、青春永驻！在学生心目中您始终是最美的！

我的班就少写几句吧。我们228班是一个优秀、团结、和谐的班集体，228班在衡中的历史上已经达到前无古人的高度。66名同学，互相关心、互相爱护，集智汇力、攻坚克难，一起战斗、一起奋进，无论是操场上、教室中，还是食堂里、宿舍内，都有着无尽的欢声笑语和辛酸泪水。跑操、抢饭、军训、整理内务、自助、男女生非正常接触、违纪通知单、家长再教育……现在想想不禁莞尔，但这些都是衡中给我们留下的深刻回忆。在228班的两年，自己没有取得多好的成绩，没有做出多大的贡献，甚至没有给大家留下太深的印象，对于班集体来说无足轻重，可是228班始终处在我心中最柔软的地方，见证了我的成长，228班的老师和兄弟姐妹是我人生最宝贵的财富，我们之间的友谊是最纯洁、最美好的。即便是告别228班的这些年，即便是没有过多的联系，可仍能回想起大家朝夕相处的峥嵘岁月，我相信大家也都心意相通、彼此珍重。文至最后，感谢帮助过我的朋友们："狒狒"、齐腾、洪建、婉约、泰青、"奶哥"、佳琦、娟子、阿美、李文斐、黄隽、郑宇朋、王伟丽、世政、尚怀赢、"蛋康"、卿、kian、叶子、付浩、"大妈"、小春、小林、瑞川，等等，祝大家有更大的发展，228班的明天更好！

没有最好，只有更好，为梦想何惧风雨

姓名	王伟丽
高中	228班57号
大学	本科：吉林大学／机械工程及自动化专业 硕士：东南大学／机械工程及自动化专业
工作	博西华电器（江苏）有限公司／测试主管
荣誉	高中：班长 大学：班长；连续三年获得二等、三等奖学金；获得数学建模二等奖；多次荣获"优秀志愿者""优秀团员""优秀干部"称号，带领班级荣获吉林大学"十佳班级"称号 工作：连续两次荣获"先进个人"称号

很庆幸成为衡水中学的一员，并且见证了衡中的飞跃。就个人而言，衡中是我人生道路上最重要的一个阶梯，后面的大学以及工作都没有办法与之相比较。回顾衡中三年的生活，整体印象机械而又忙碌，清晰而又虚幻。

进入衡中实属侥幸。2002年中考过后，考试成绩不甚理想，虽说在本校名列前茅但离本市的重点中学录取分数线仍有5分的差距。面对着1分1000元的入学费我退缩下来，但那年运气特别好，衡水中学的招生老师毫无征兆地来了学校，就这样"矬子里面拔大个"把我拔到了衡水中学。当时真是无知者无畏，由于没有听过衡水中学，所以提出要求想先看一下学校。不用想，由于当时没见过世面，初次见到衡中这所大学一般的高中，自己的眼都直了，毫不犹豫地拜倒在衡中的脚下。那时衡中还只有一栋格物楼，现在揽月楼和明志楼也起来了，不知道对后面的学弟学妹们的冲击有多大……

衡中的生活机械而忙碌，大多数同学的文字中都会提及四季不变的档期和满满的作息表，网上也常有以此作息表抨击衡中借题发挥的文章。看到此类或不明真相或别有用心的分享，一般都是一笑了之。没有经历就没有发言权，经历了就

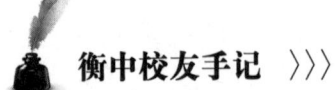
衡中校友手记 >>>

会知道,衡中的作息时间虽然满满的但具体的细化安排却十分合理。衡中是一个特区,一个精神特区,一个生活特区。在衡中的很多现象和做法站在社会的角度是很难理解的,离开衡中之后自己也觉得衡中的生活是比较理想化的、不真实的,是高出日常生活太多的。如果说生活在大地上的人们是长在土地上的庄稼,那么衡中的学生就是无土壤种植,是在营养液中培育的基苗:清晨起来整理内务,集合跑操、晨读、早饭、早自习、上午课、课间跑操、午饭、午休、下午课、课间眼保健操、晚饭、看新闻、晚自习、休息……一天又一天周而复始。三年之中穿插着"非典"、远足、运动会、高考……虽然过去十多年了,但是现在想起来,就犹如昨天的事情一样,十分清晰,十分怀念。

还记得那是 2003 年春天,我们正好是高一的下半学期,一场空前的传染病"非典"袭击了整个中国,全国上下草木皆兵、人心惶惶,感冒发烧一经发现立刻采取先隔离后确诊的措施,防止事态恶化。板蓝根、体温计、大萝卜价格猛涨。学校全面进入封校状态,一个多月不允许学生出校,也不允许家长来探望。每天教学楼内都有烧醋的味道,数不清烧坏了多少口锅。终于在两个月后,"非典"恶化的趋势得到了控制。学校也放松了警戒,其间让家长们探望过一次。由于我是外地学生,距离太远父母就没有过来。当时同一个宿舍的袁明拓看我穿着比较简朴,在家人来探望时特地嘱咐他妈妈去商场给我买了一条棕色的裤子和一件黑色的 T 恤。至今我还保留着这两件衣服,每每看到它们心里总是暖暖的。高考前期,"非典"已得到控制,高一、高二的同学放假了,留下一些外市的同学在学校求真馆上自习。就在这时,有一天我感觉到了厌食,一测体温发现高烧了,39.8℃!当时心中十分惶恐,但又不敢告诉老师,于是就自己在求真馆后门的楼梯上反复攀爬了 20 多次,出了满身汗,回宿舍蒙头就睡,第二天一测体温正常,当天就奖励了自己多吃俩馒头。

历届的远足都是在高一下半学期的春季,但由于 2003 年春季被"非典"霸占,所以我们的远足就迫不得已地调至高二的下半学期,与下届的同学同行。数十个班级 2000 多人的队伍,就这样浩浩荡荡地徒步奔向衡水湖。由于队伍过长,我们 228 班又是走在排头的位置,所以来回比高一的小学弟们多走了十几里。虽说如此,但是班里没有一位同学掉队。最让我们诧异的是丁忆,平时弱不禁风,但远足时一直都是说笑蹦跳着走下来的,貌似一天百里远足都不费劲。更让人受不了的是紧接着第二天她就去北京参加竞赛了，而第二天的我们大多数人都腿酸得下不了床。

衡中的一大特色就是跑操，远近闻名，内外皆知。一天两跑，一次1000米左右。跑操之前同学们都拿着自己的"小秘籍"或背单词或朗诵古文。清晨起来的那次跑操最有用，有时候会忘记老师昨天留了什么背诵作业，候操时看看别人在看什么就知道了，于是临阵磨枪，不快也光；上午10点左右的课间操最为整齐，口号尤为带劲，因为往往这时候会有兄弟学校的老师来观摩学习，这时候的跑操是彰显我们学风和朝气的时刻。大家都是人来疯，观看的人越多，跑得越整齐，喊得越响亮，不论男女生每个人都扯开了嗓子可劲喊。至今记得这样的形容："衡中学生吼一吼，地球也要抖三抖！"高中好多同学的嗓子一直处于沙哑状态，每逢节假日回来听到正常嗓音反而觉得不习惯了。跑操有诸多好处：跑操锻炼了同学之间的默契和对口令的执行程度，不默契、执行不一致就会踩鞋摔跤；跑操可以锻炼身体，初中回家干活一天就会累倒的我，高中跑操一年下来回家干活三天还能坚挺地站立；跑操喊口号开阔嗓音，让人说话时声如洪钟、底气十足，高中毕业以后的学习生活中，声音洪亮给我带来了很多的好处，现在担任部门的活动组织策划也是因为占了嗓音大的优势。

衡中的另一大特色十分绝密，没有读过衡中的同学根本想不到，那就是抢厕所。早读期间是不允许出教室上厕所的，所以早读结束的铃声一响，我就会以百米冲刺的速度冲向厕所……倘若早晨楼管阿姨刚拖过地，保准有人因地面过滑而摔倒，导致追尾事故发生。厕所的蹲坑处是没有门的，来晚的同学就会像函数一样一一对应地站在你的正前方看着你蹲坑，然后在注目礼中将你送走，继而接任你的位置。最初的时候，被人看着蹲厕所我还感觉到很不自在，时间久了也能比较淡定了。

每一个班级都有一张量化积分表，它反映了班级整体的卫生、纪律、出勤等各方面的情况，所以很多时候因为自己的原因扣了量化积分，就觉得特对不住老班。学校要求必须按点睡觉，睡不着眯着，不能看书。但是有位同学午休期间就是睡不着，为了催眠他拨动了挂在脑袋正上方的一个拉花，双目紧跟拉花的节奏，结果这一动作被突击的老师看到，扣了0.5分。当老班告诉我们扣分缘由的时候，我们都笑了。

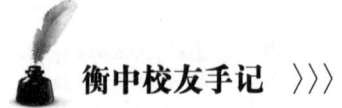
衡中校友手记 〉〉〉

三年衡中生活,虽然没有将"追求卓越"的校训内化到骨子里,但在大氛围的熏陶下我也深受感染。高中时老班王文霞说"永远都要坐前排",大学的时候我做到了其形未做到其实,不过成绩也算是优秀。工作后,我依然本着高中的校训做事,虽尚未达到业绩卓越的层次,但已是小有成绩。希望今后的生活工作中依然能保持着追求卓越的精神,依然能保持自身的小优秀!

转身回顾,惊觉高中毕业离校已有 14 年了,在这 14 年的时间里,衡中的高考捷报频传,每一次的捷报都震撼着人心,每一次都创造着历史,每一次都在验证着"没有最好,只有更好"的真理。作为一个衡中人,深深地为之骄傲。作为衡中学子,我会成不骄败不馁,始终怀着"追求卓越"的心奋力前行,这就是衡中给我的最大的财富。

人生的每一阶段都值得感谢,要爱自己的过去、现在及未来

姓名	刘蕾
高中	228 班 58 号
大学	本科:山东大学威海分校 / 软件工程专业
工作	北京视通科技有限公司 / 软件工程师
荣誉	大学:多次获得奖学金;荣获"三好学生"称号

时间飞逝,2002 年我正坐在课桌前用功,那时正好是我的高中时代。

我还记得教学楼后面的大操场,红色的塑胶跑道,绿色的草地,可容万人的座位席,空荡荡的,我愣是感觉到了气势恢宏,想象一下如果这是泥土跑道,那跑操场景堪比万马奔腾、千军拥沓,无数飞踢扬起成片升腾的灰尘,大地震动,锐不可当,于是气血上涌,高喊口号,克服万难,冲过那狭窄的独木桥,一举中的,太有气势了!

2005 年,大学第一年,我记得那年的雪下得非常大,非常久,大雪封山似的噤瑟了半个多月才消停。白雪压弯了树枝,装饰了报亭,掩埋了自行车和垃圾桶,连北门外的那座小山也没放过。雪还没停,大家就都裹得严严实实地去海边打雪仗,看海边的雪景,整个大海都是冷的,随着风翻滚着,灰色笼罩了整个海平面上空,沙滩被白雪覆盖,岸边的雪被风吹起来很高,看起来就像龙卷风。太阳出来时,阳光照在厚厚的积雪上,光芒晃着眼,多彩得像童话世界。

我又想起了高中时吃饭的那个勺子,我当时在勺柄上缠上了流行的带图案的胶带,现在它完好地躺在老家的餐柜里,有时候我吃饭的时候还会用它,它还跟以前一样,只不过我已经从青春少女变成了女青年,也不再喜欢彩色胶带了……母校食堂清真窗口的菜非常好吃,我至今都记得,这点大学没得比,于是散落在大学校园角落里的小吃摊就成了衡中校友们心目中的美食圣地,不管冬冷夏炎都义无反顾地去排队。

我还记得操场旁边的室内体育场,早上在那儿的人都是生病不能跑操的同学。

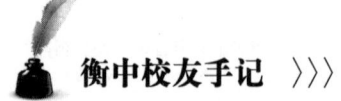

寒冷的冬季，躲在里面不用跑操想想就幸福，不过这种机会极为难得，生病的同学很多，大家要轮流休。其实跑跑步对身体很好，跑步对当时的我们来说是小菜一碟，到了大学再没为了跑步早起过（据说现在很多大学取消了长跑项目，怕学生出事，结果学生体质变差了）。大学时我们有一个竞走项目，如果严格按照规则，估计所有的人都得红牌罚下，但比赛的气氛不浓，更多的是热闹，选手们都连走带跑姿势别扭地到达了终点。

母校的医务室在一座偏僻的楼里，隐蔽但是宽敞明亮，可能绝大多数衡中毕业生都没印象了，但是我光顾过多次实在印象深刻。记得高中时食堂卫生控制得很严，但我还是犯了好几次急性肠胃炎。肠胃炎是迄今为止我觉得最痛苦的病了，边拉边吐，几天就缩水成黄花菜了。我的身体至今还留有高二有次得病的感受：我倚在校医务室门口等着开门，难受得直不起腰，好不容易躺在床上打吊针时全身疼得思维都停了。这个回忆怎么甩都甩不掉，现在想起来寒毛都要竖一竖，绝对不会好了伤疤忘了疼。我模糊记得医务室在的那座楼是给复习生准备的，当时空空的没有人，不知道现在是否已经装满了人。人散了，楼会安静，但是没有人，真的冷清。我还是喜欢热闹点。

我现在不记得离开校园后是否又回去过，所以我的印象可能停留在2003年那会儿了，后来的事情就像失忆了一样，断断续续的，没有视频，只有照片，还是模模糊糊的，看不清人脸。2003年发生了让我印象非常深刻的"非典"。第一次听说"非典"，是宿舍的一个姑娘说她爸爸去香港出差，看到那边的人都在抢购板蓝根。没想到这个消息听说没多久，"非典"在北京就肆虐了。当时学校封校了，大家回不了家，开始并不知道到底发生了什么，都嘻嘻哈哈的，甚至还自己理发，有一个男生的头发被人理了两回。后来越来越严重，班主任每天跟大家通报北京、天津的死亡人数，发烧的同学都被送回去，回去的同学都不让回来，每天都要测试体温，气氛越来越紧张，封校时间越来越长，电话亭前永远都有人排队。我担心、害怕、思念父母和弟弟，他们还在外面。我从没那么频繁地给爸妈打过电话，只为确定他们的平安。我疯狂地想出去却出不去，他们想进却进不来。等到"非典"终于过去，我走出学校时，恍如隔世……

其实我还记得很多，记得宿舍的空调、卫生间、教学楼前面的喷泉、学校门口旁边的假山，还有男生宿舍旁边的养猪场……只不过那是生活的星星点缀罢了。

不管我们愿不愿意回忆，那些都是曾经发生过的事情，是真真实实的，是我们岁月里的三年和人生道路上的一个片段，我希望它能永远地留在我内心深处。

人生的每一阶段都值得我用心去感谢，我爱自己的过去、现在及未来。

衡中校友手记 〉〉〉

只有轻松的青春是不完整的，只有经历过苦难才能充实回忆

姓名	彭德民
高中	228 班 59 号
大学	本科：西北农林科技大学 / 热能与动力工程专业 硕士：武汉大学 / 水利水电工程专业
工作	中国水利水电科学研究院 / 工程师
荣誉	无

三年的荏苒时光，三年的难忘岁月，三年的挥洒青春，三年的镌刻脑海，衡中，让我曾经向往、曾经自豪现在仍然是我引以为荣的名字，印刻在脑海中的那些笑容、泪水、悲欢、苦痛，都在心中渐渐沉淀为一笔青春的财富。

2002 年 9 月，带着一脸稚气的我来到了衡中。写到这儿，我又想起小学、初中作文中常用到的词句：宽敞的大门映入眼帘，树木青翠……高中毕业后再也没有写过作文的我，语言水平仍然停留在初中水平，但衡中的一草一木、一砖一瓦点点滴滴都浮现在脑海中，如投影一般，模糊的画面渐渐清晰，一幅幅熟悉的美景、一张张亲切的面孔尽现眼前。离开校园多年，由于求学生活以及工作的原因，数年时间我仅回过衡中两三次，但也不乏故梦重游。偶尔梦中依稀再回衡中，仍是坐在教室里或是走在校园中。曾经的点点滴滴都不曾被时间的沙砾掩盖。

忘不了衡中的那些人、那些事。

忘不了我的老师，我的兄弟姐妹。

高中三年，我经历过两次换班，待过三个班级，老师与身边的同学也几经更替。"一日为师，终身为父"这句名言亘古不变。无论时间长短，无论亲密平淡，那些带过课的老师，那些一起在书桌前奋斗的同学，那些同一屋檐下的面孔，都是我深深记忆中的宝贵财富，都有着最真挚的情感。那时的我们一起描绘刻画着自己的未来，不论老师同学，不论时间如何更迭变迁，不变的永远是春蚕到死丝方尽的教导之恩和那心有灵犀一点通的深厚友谊！毕业多年，此时此刻我最想对

我的老师同学说出高中三年深藏于内心的话："我最亲爱的老师，我最亲爱的同学，谢谢你们，我爱你们！"

　　依然记得早操时震耳欲聋的呐喊，依然记得早读时晦涩的古代诗词和抑扬顿挫的英语例句，依然记得课堂上诸位老师热情洋溢的授课，依然记得课间同学们激烈探讨的情景和闲聊时脸庞上浮现的灿烂笑容。或许带过课的各位老师已不记得我这个平凡的学生，但各位老师的一颦一笑都镌刻在我的青春岁月中：王文霞老师，也就是我们最爱的霞姐，她那不凡的谈吐、细致的分析、详细的讲解让我慢慢喜欢上了语文，让我爱上了中国文化，让我闲来无事时会想起那朗朗上口的诗词歌赋。说来惭愧，刚及格的高考语文分数让当年的我都不敢正视这位我无比敬佩的老师（这个时候，我终于可以找个理由为自己拙劣的遣词造句辩解一下了）。总是会想起面带笑容的王玉瑛老师，不知道您是否还记得数学课上打瞌睡的我（不是您的讲解不精彩，而是我实在太笨，怎么听也听不懂。周围的同学都能跟上您的节奏，就我一个傻乎乎的家伙不知道是做笔记还是盯着黑板看您演算），但我能牢牢记住的是您那灿烂的笑容，让我在枯燥的数学学习中有了努力与学习的勇气！李常虹老师那和蔼可亲的面容，王国红老师那平易近人的性格，卢洪涛老师那激情讲解的热情……每一位带过我的老师，每一位对我有着教诲之恩的老师，是你们，教会了我知识，更重要的是教会了我做人的道理：常怀感恩之心，感谢有恩之人！

　　世上最真挚的友情无非两种：同学之情，战友之谊。我未曾当过兵，至今，与高中同学的深厚友谊是我人生中最宝贵的财富。我们一起奔跑在衡中的操场上、校园中，一起喊出内心的誓言，一起挥洒青春的汗水，一起憧憬美好的未来。是你们，陪在我的身边！感谢生命中有你们陪我走过那段难忘的岁月！今日的我们虽然远隔万里，但一个电话、一句问候都能让我回忆起那激情燃烧的岁月。我们一起经历了那么多，我们有着相同的回忆，分享着共同的青春财富。课堂上，有我们认真听讲的身影；课间，有我们嬉戏的笑声；食堂里，有我们狼吞虎咽的模样；寝室里，有我们一起装扮的温馨。风雨中，我们一路走来，一起迎接每天的第一缕朝阳，一起拼搏奋斗。言真情更切，是一起学习生活的点点滴滴，沉淀着我们的友谊，雕刻着我们的岁月！

　　高尔基说苦难是人生最好的大学。说起衡中的高中生活，不论是老师还是同

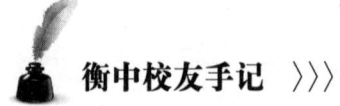
衡中校友手记

学,没有一个人不说衡中生活苦。我们的老师凌晨5点30分起床,晚上10点多还未到家。作为学生的我们,除了上课睡觉,其余时间几乎都在奔跑中度过:跑着上食堂,跑着回寝室,连上厕所几乎都是跑着去。课上老师饱满的授课内容,自习上永远无法做完的试卷(我是做不完),甚至跑操前也在背英语单词……不得不说衡中学生在跑一场高强度的马拉松。没有上过衡中的人会说这是应试教育的体现,更有甚者说这是对学生身心的摧残。虽然那时的我也想上课开个小差、自习睡个小觉,可时至今日,回头望去,我却有了另外一种体会:苦难是一种财富!正是那时的努力,让我有了今天的收获;正是那时的高强度学习,才让我感觉大学生活竟是如此轻松;正是那时的苦难,才让我觉出今时今日生活的幸福。没有经历过苦难,我们就无法深入挖掘自己的潜力;没有远足,你就不知道自己可以一天徒步走完八十华里;没有苦难,你就不知道自己究竟会有多强!

有人说人应该活得快乐轻松,可是,只有轻松的青春是不完整的,没有经历过苦难的青春又拿什么去充实自己的回忆!有人问我在衡中读完高中会不会后悔有没有遗憾,虽然我高考成绩并不出色,虽然现在的我依然朴实无华,但我从未后悔,因为我的人生路途是曲径通幽!

谨以此文献给衡中,虽然没有华丽的辞藻,但朴实语言的背后是拳拳赤子心。

祝衡中的明天更美好!

祝衡中所有的教师身体健康、工作顺利,桃李满天下!

祝各位同学、校友学习工作顺利、前程似锦!

求知的过程虽苦，但结果甘甜

姓名	张佳琦
高中	228 班 60 号
大学	本科：华东理工大学 / 应用化学专业 博士（硕博连读，保送）：华东理工大学 / 应用化学专业
工作	（法国）液化空气集团 / 水处理工程师
荣誉	大学：荣获上海市"优秀毕业生"称号 工作：获得集团创新奖；发表学术论文多篇

老班号召大家写 228 班的回忆录，我的第一反应就是反面典型能不能写、会不会被屏蔽啊？在得到大家肯定甚至鼓励的回答后，我终于决定写一下我对衡中的回忆。

从衡中入学到现在，已然过去多年。我刚上衡中时，还是第一次在学校说普通话，见了老师甚至还不知道说"老师好"。一年后的暑假开学，记得是爸爸送我去的学校。正值一个月的"非典"过后重新分班，学校大门外贴着新班级的名单，我的学号好像是 228 班的 56 号，我的第一反应是坏了，上次没考好，考了 50 多名，因为当时的学号是根据成绩排名来的。当时我都没敢告诉老爸学号这回事，后来才知道是进了实验班 228 班，这也就是我第一次与"228"这个数字结缘。

如果生活可以用一种颜色来表示的话，在衡中的那三年里，尤其是在 228 班的那两年里，我想生活一定是黑色的。班级里的每一个同学都很优秀，无论我如何努力，名次始终都考不到前面。现在翻看自己的周记本，发现几乎每次都是写着同样的话："这次考试又失败了，下次一定努力考出好成绩。"可是下次考试，依旧是班级后三名。就是这样屡战屡败、屡败屡战的生活，在我人生中持续了三年时光。

上大学后，有些上海的同学谈论自己的高中生活，说每天下午 3 点放学，每周上五天课，平时还经常玩游戏。还有些同学说自己的学校每天几节活动课，自己过得多开心。我跟他们说起我的学校,每天十几节课,早上5点起来跑步,一边排队打饭一边背单词,晚上熄灯半小时后不能上厕所,甚至连零食的种类都有规定,他们都瞪大眼睛说:"哥们儿,你是从监狱里出来的吧!"我还经常跟同学们说,我们这届高考,学校有30多个同学考上清华北大,我们班就占了8个,我们班高考全部都考上了一本,我高中的时候考试老是班里倒数第一。这一次,他们又瞪大眼睛吃惊地看着我。虽然嘴上说着自己考得差,但是看到大家的表情,我心里还是比较美,我为自己来自这样一所优秀的学校、优秀的班集体而骄傲。

在衡中培养出的那些良好的生活习惯,尤其是在228班培养的屡败屡战的性格,使我在大学生涯中受益不少,这些都帮助我取得了一些小的成绩,也直接帮助我后来被保送成为一名硕博连读研究生。我经常跟同学们开玩笑说是"监狱"培养了我良好的心理素质。

衡中除了在生活和学习上给了我们很多指引,还有很重要的一点是带给我们很多好友。人们常说最好的朋友就是和你一起同过窗的,这里的"同窗"包括一起同窗学习的和一起蹲过铁窗的。用"同窗好友"来形容228班的同学们是再贴切不过的了。那时的学生没有手机、电脑等高科技产品,大家在那种压抑的学习环境下放松自己,玩耍的游戏就那么几种———起跳高摸房顶,抬起一个同学扔垃圾桶……简单粗暴的游戏也让我们的感情更加深厚。我是一个少了朋友不能生活的人。记得当时我和周天翼、韩卿组成三人组,从一起玩逐渐到一起打饭、一起吃饭,说是为了节省打饭排队的时间,可是最后发现没省出多少时间,反倒给大家留下吃饭最慢、回来最晚的印象。

高中的友谊是最纯洁真挚的,上高中还有一个好处就是同学遍天下。进入大学后,到全国各地旅游都有同学接待,而且都是真正领你去他们认为最好玩的地方,还包吃住,真的是"在关键的位置有自己人"。当然,有外地同学来上海玩,我们在上海读书的同学也都会尽最大努力接待,因为总感觉是自己的亲人来了。

除了收获了一份友谊,对于我来说,衡中让我更大的收获是给了我一个爱人——我们是在228班相识的,虽然不是在228班相爱,但是228班见证了我们一起学习生活的一段时间。后来由于机缘巧合,我们到了同一所大学,再到后来我们选择在一起。我想除了缘分,还有一个原因就是衡中培养的人才都是那么优秀,228班出来的学生都是最棒的。

前些天，姑姑家刚上高中的妹妹向我咨询学习的事。妹妹学习还不错，考上了衡中实验班，但是在实验班学习压力比较大，感觉有些跟不上，想要退出。虽然我曾经无数次地跟别人说过，如果让我再选择一次，我肯定不上衡中，更不会上实验班，但是当自己家的孩子问我的时候，我还是跟姑姑说："你劝劝妹妹，虽然压力会大点，但是在优秀的环境里才能让自己变得更优秀。"这时，我才真正地感觉到，虽然我经常在嘴边说她不好，但我心里还是认为她最棒——我的母校。

离开衡中之后，我越发感觉到环境对于一个人的成长是多么重要。一个不好的环境让你丧失斗志、丧失激情，一个优秀的环境能使你变得更加优秀，选择衡中就是选择优秀。虽然这个过程可能会有些痛苦，但是当你回头再看时就会发现，这些都是值得的。那些当时所认为的痛苦现在看来也不过尔尔，那些所谓的黑色只不过是被乌云遮住了眼睛，所谓的"监狱"只不过是对自己的历练。

最后，感谢228班对我的培养，愿优秀一直伴随着母校，一直伴随着"黑监狱"的每一位老师和同学。

衡中校友手记 >>>

在最躁动的岁月沉下心做该做的事,回忆过往时才能有全然的感激

姓名	陈亚娇	
高中	228 班 61 号	
大学	本科:北京师范大学 / 资源环境与城乡规划管理专业 硕士:北京师范大学 / 课程与教学论专业	
工作	北京师范大学附属中学 / 地理老师	
荣誉	无	

　　说起衡水,就不得不提两张名片:老白干,衡中。

　　衡中对于衡水来讲意味着什么,衡水之外的人也许并不清楚。衡水,河北中南部的三线城市,比不过石家庄这个行政中心,也没有唐山、保定的经济繁荣,这么多年,它的支柱产业也只是像老白干这样的食品加工业。它有衡水湖这样的国家二级湿地保护区,过去几十年却不予开发;它有滏阳河可以通航,过去几十年却任由其变成一条臭水沟……但我依然爱它,爱它的平淡。

　　犹记得我高一时新来的地理老师是东北的,本为慕衡中名气而来,却在衡水生活几个月后坚定地说"50年内衡水不会有什么太大的发展",这样的说法让衡水本地人听起来是很痛心的。生活在这样的城市,想要改变祖祖辈辈农民的身份,想要进驻大城市,衡水人坚定地认为只有读书才能改变命运!所以在这个地方,尊师重教盛行,于是,衡中这样一所承载着几代人、几万个家庭希望的学校逐渐发展壮大起来。衡中,在外地人看来也许只是一所特立独行的学校,对我们当地人来讲却是希望,完全的希望!

　　说到这里,我想这个词你们也许能够体会了——"衡中精神"。

　　希望越大,意味着责任越大。衡中从20世纪50年代诞生,历经60年的发展,我的父亲、兄长都在这所学校就读过,所以对此我的感受非常深刻。一个经济不发达的地区,教育水平势必受到影响,在这样的情况下,还想在全省、全国千万高考大军中突起是很难的。几十年间,我们的校领导、老师和同学们抱着最坚定

的信念，以最艰苦的条件磨炼自己，为的就是"拼三年春夏秋冬，搏一生无怨无悔"！起初，学校没有资金，跑道都是土道，后来慢慢受到了市政府重视。在发展过程中，所有衡中人都抱着这样一种近乎决绝的想法——艰苦的环境才能砥砺意志、创出成绩。现在想起来真的有种革命岁月的感觉，足以感动到落泪！

我当时以初中全校第1名、全区第19名的成绩考进衡中，感觉像考进清华似的！衡中漂亮极了，像花园，有一所大学那么大。衡中有三栋年级大楼，还有专门的图书楼、体育馆。衡中不像外界想的那样贫穷落后，真的非常富有。我们的操场比北航的操场还要大，餐厅里有各地风味，宿舍像留学生宿舍，教室更就不用说了。衡中奇怪的地方是，有餐厅但没餐桌、餐椅（后来桌椅都有了），我们都是站着或蹲着吃，因为这样吃饭速度快。学校有那么多的花花草草，却没人在校园闲逛。

学校重视素质教育，高一时一天的正课也就两三节，其他都是劳动课、兴趣课、听说课（有外教）、阅读课等。在那样闭塞贫穷的衡水，衡中能有两三名外教很不容易。同时，衡中也不放松成绩，每天"自助餐""特餐"满天飞，不以作业之名，全靠自觉。这些作业都是老师精心挑选出来的题型，分成不同层次，面向不同学生，有基础题、巩固题、拔高题、高考题等。我们哪种题型、哪份卷子都舍不得丢掉，太珍贵了！我们不用外面的习题册，各科都有自己的内部资料。这些工作都是非常细致和复杂的，没有爱心和责任心是坚持不下来的。

仅仅这样还不够，衡中的老师倾尽自己的感情和精力在教书。印象很深的是一位年轻的数学女老师曾经眼含热泪跟我们说，自己已经6年没照顾过孩子了，自打孩子生下来就搁在老家让老人带着。这些年轻的老师为了让学生们考出好成绩，每晚备课到12点多，班主任还要在晚上10点30分去查寝。每到高考时，老师们会亲自做茶叶蛋，发给每个学生一根香肠、两个茶叶蛋。每一位衡中教师都以学校的荣誉至上，切切实实做到"一切为了学生"。这样的大环境，这样的心态，使得衡中的生活和学习都有了一种浓浓的感恩情调——不好好学习，就对不起父母、对不起老师、愧对"衡中学子"这个称呼！这种观念在衡中深入人心，上下齐心协力，凝成一种"衡中精神"！

听多了外界的评价，最多的就是针对衡中苛刻的校规和疯魔似的生活发表的言论，不论褒贬。正在经历衡中生活的人也许是痛苦的——能躺在大操场的绿草

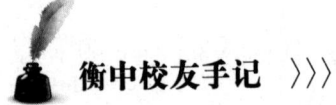
衡中校友手记

坪上休息五分钟都是奢望；经历过衡中生活的人在抱着各种复杂心情回忆的同时，却有这样一种感激——幸亏在最躁动的岁月能沉下心来做该做的事，不留余力、不想后路地全力向前奔跑。

　　衡中人就是以这样一种坚定乐观、破釜沉舟的心态，全力奔跑，迎接前方的朝阳！

少年不言苦，所谓的苦只是走过一遍还想再走一遍地珍藏着的青春

姓名	吕艳蕾
高中	228班62号
大学	本科：中国矿业大学/工商管理专业 硕士：中国矿业大学/物流工程专业
工作	自由职业
荣誉	无

走进衡中之前，不谙世事的我一直不信每个人背后都有一双隐形的翅膀，直到衡中见证了我的羽翼日渐丰满，见证了我一步步走向腾飞。每一个衡中的孩子都有一段无瑕的时光，他们的梦想从无到有，从有到强烈，走过每一抹黄昏，迎来每一缕微光，梦想就这么被照进了现实。

你问我衡中苦吗？

苦是因为我们朝五晚十的生活吗？苦是因为我们早中晚饭只能用十几分钟草草吃完吗？苦是因为狭窄低矮让人喘不过气的书桌吗？苦是因为短暂得插不进一句短短问候的课间吗？苦是因为仔细地藏在书桌深处的小零食吗？苦是因为以光速跑到厕所却依旧要排队等待吗？苦是因为两周只能见一次家长的相思吗？

要不然，苦是因为铺天盖地的卷子吗？苦是因为一本又一本的改错本吗？苦是因为每次的调研考试与年级排名吗？苦是因为一盒盒被用光的笔芯吗？

这是苦吗？或许是苦了点。但对于每一个衡中的孩子，这并不是苦，这是我们走过一遍还想再走一遍地珍藏着的青春。

依稀记得第一天走入衡中，告别了以前安逸的生活，告别了爸妈，内心的酸楚仿佛能从胸口溢出来。再苦再酸楚我始终相信我能挺住，我能熬过那注定是我生命中最不平凡的一段时光。动作迅速的我渐渐适应了衡中超快节奏的生活，步入正轨以后，我发觉衡中的点滴逐渐把我从一个放荡不羁的少年变成了一个有梦想的热血少年。

衡中校友手记 >>>

　　印象最深的是中午雷打不动的歌曲。100多人一同起立，昂首呼喊出发泄出最想喊出的声音，有的人跑调跑得离谱，但还在真挚地唱着，眼神是那么笃定，那么坚决。"Go Go Go 秀出新的自己，我拿出一颗炽热的心，梦一天一点一滴在我心头累积，谁也不能够要我放弃。"这是我在衡中唱的第一首歌，记忆也最为深刻，因为唱这首歌的时候总禁不住热泪盈眶。真的，我追梦的翅膀仿佛从那时就开始慢慢地长了出来，我一天天单调的生活不再是例行公事，而成了我建筑梦想的砖石。

　　成功路上有一群笑容真挚而灿烂的少年，有了他们我从不感到孤单。在这里，我们一同穿上了奋斗的外衣，有学习机器的偏执，也有互帮互助的温情。"你知道我的梦，你知道我的痛，你知道我们感受都相同，就算有再大的风也挡不住勇敢的冲动。努力地往前飞，再累也无所谓，黑夜过后的光芒有多美。只想你我的力量，就能把对方的路照亮。"不管成绩的好坏，教室里每一个低头狂书的同学心中都有一份自己坚守着的梦想，他们都是自己的英雄。正是同学们的优秀，让我看到了我的不足，让我远离了自以为是、目中无人的狂傲，迎来了一个全新的谦卑的自己。他们的努力与坚持改变着我，相信我的努力与坚持也改变着他们。我们便是一片笑得灿烂的向日葵，统一把脸扭向阳光，把阴影留在背后；而衡中就是这样爱之熔炉，让平凡走向优秀，让优秀走向卓越。

　　成功路上有一群笑容温暖而和蔼的老师，有了他们我从不感到彷徨。我从小就不敢与老师亲近，只是远远地看着老师，敬畏着他们，衡中的老师第一次让我懂得了老师就是我的亲人。老班王文霞老师住院初愈回班，双手无力地撑在讲台上，有些苍白的脸上挂着笑，而亲切的话语还在关心着我们的学习，像妈妈一样。我并不想用单薄的话语过多赞美衡中的老师们，但他们的精神实在感人。冬天零下十几摄氏度的操场上刚下过的雪还没有化，凌晨5点30分，老师们便深一脚浅一脚地踏着雪走到操场边守候着我们，寒风刻出他们脸上的皱纹，我们看得一阵阵心酸。我们只需要辛苦一阵子，而老师们却要为学生们这样操劳一辈子。他们的信念比我们更加坚定，为学生保驾护航，能够照亮他们，燃烧自己又何妨呢？老师教会我的东西难以计数，知识上的东西或许我已经丢得所剩无几，唯独一份热情仍旧在我心底熊熊地燃烧着，那热情是"出水才见两腿泥"的自信，那自信是"顺风不张扬，逆风也飞扬"的沉稳，那沉稳是"舍我其谁"的霸气冲天！

衡中，教会我飞翔，教会我腾飞的羽翼上挂着责任。我曾叛逆，唯我独尊地从不在乎父母的感受，直到失败让我狠狠地摔在冰冷的水泥地上，我看到爸妈落寞的眼泪，他们比我摔得还疼。羽翼上肩负的责任告诉我，我不想再让他们那么疼。我曾在布满荆棘的道路上洒下了热泪，但虽有泪可落，却不觉悲凉，因为在生命的道路上，亲情的种子早已生长为参天大树，永远为我遮风挡雨，让我沐浴着晨光，收获成长。我曾祈祷，祈祷2005年春暖花开之时，请让我绽放，我期待了太久太久，爸妈也期待了太久太久，请让我腾飞，请让我绽放。为了让爸妈看到我的绽放，我无数个日夜享受着一个人的狂欢，学习为伴，身边的战友为伴，只为最后一句："值了！"

每个人心里都有一亩田，种桃种李种春风。衡中，这个我梦想启程的地方，228班，这个成就全新的自我的地方，为我种下了"衡中精神"，肥沃了我整个人生。你问我衡中精神是什么，它或许是自信，或许是奋斗，或许是坚持，或许是感恩，但我只能笑而不语，因为只有衡中人才能够获得并且终身受益于衡中精神，它伴着我们一步步攀向新的高峰。

现在我还保留着高考时6月8日的日记，坚硬的笔迹力透纸背，写着："辛苦，我熬过；眼泪，我吞过。我还畏惧什么？还有什么不是我的？我的世界，等我！"就这样，我等来了我的世界，就这样，我告别了那段改变了我人生的衡中岁月。种种不舍难以言喻，总想穿过那段最无瑕的时光，再走一遍那纯净如水的岁月，只叹光阴不肯倒流。或许以后的岁月不会像在衡中时一群热血少年追着梦想疯狂奔跑那样纯粹，但拼过，我从此再也不敢懵懂与疏狂。

借用《追梦赤子心》的歌词，衡中的孩子们，在这片热土上献出了青春，洒下了热泪，换来了今日的腾飞！

向前跑，迎着冷眼和嘲笑，
生命的广阔不历经磨难怎能感到，
命运它无法让我们跪地求饶，
就算鲜血洒满了怀抱；
继续跑，带着衡中的骄傲，
生命的闪耀不坚持到底怎能看到，

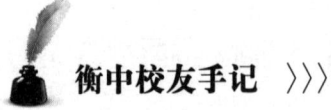 **衡中校友手记** >>>

与其苟延残喘不如纵情燃烧吧,
为了心中的美好,
不妥协直到变老。

虽为碎想，没齿难忘

姓名	刘宁
高中	228 班 64 号
大学	本科：天津大学 / 制药工程专业 硕士：天津大学 / 制药工程专业
工作	南开大学药物化学生物学国家重点实验室 / 讲师
荣誉	工作：获得年度教学实验室管理成果奖二等奖、年度实验室建设与管理成果奖、年度实验室技术安全管理成果三等奖

鸡腿说：没有健康的身体怎么有精力学习

高三紧张得很，我总是感冒咳嗽，打吊瓶折腾了好久才好，因为时间紧张就不想吃饭。某天清晨，阳光很美很美，我和黄隽无聊地说着话，她突然问我："你这次生病花了多少钱？"我说："不多，大概两百。""哦，两百。"她若有所思地想了想，掰着手指头算了算，轻描淡写说了句到现在都让我印象深刻的话："两百可以吃好多好多鸡腿呀。"然后很认真地教育我说，"每天吃一个鸡腿，身体强壮了，两百医药费早就省了，吃鸡腿总比打针输液实惠。"

好没心没肺的计算法则，但是真的很对很对。没有健康的身体，怎么有精力好好学习呢？可惜，那时我不爱吃肉。

上大学读研究生的时候，我也总是因为不注意饮食把身体搞坏，想起"好多好多鸡腿"的话，真的受用终身。黄隽知道了是不是也很开心呢？

星星夜里找鞋子：为了量化更好

印象里高三的冬天很冷很冷，忘了哪一天清晨，跑操结束后大家都向教室方向涌动着，只有黄隽一蹦一跳地找到我，说："快，帮我找鞋！""咦，你的鞋呢？""被踩掉了。"

可怜的孩子，就这样子光着脚跑完全程，为的就是不给班级扣分。当时风大，

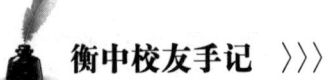
衡中校友手记

冷得很，我抬头看看乌压压的天空，没有太阳的影子，也没有月亮的身影，只有孤零零的小星星在天上笑眯眯地看着，似乎在说："快找吧，我们给你俩照明。"在朦胧的冬天的清晨，我俩在跑道上、草丛里，不知道猫着腰翻腾了多久，终于找到了被踩掉的鞋，赶紧冲向教室，开始了晨读。

我猜，每一届都有在星星夜里找鞋的学生吧，为了自己班的量化更好。

鼻涕纸：人生总有大煞风景的事

体育课上可以放松，发呆、聊天、运动，还有默默地伤心难过。体育课上就是情绪大杂烩，尤其是月考过后，总伴随着各种物喜物悲的情怀。

某次，是个有着和风阳光和鹅黄色柳絮的春天，我和亚娇沐浴在春光里，聊着文艺又青春的话题，她恰当地抒发了自己的感情："好唯美好清澈的感觉。""可惜，我感冒了，鼻涕流出来了，没有带纸。"在她话音刚落等待我反应的时机，我在抒情和鼻涕纸之间非常厚脸皮地选择了鼻涕纸，"亚娇，有鼻涕纸吗？我要擦鼻涕。"她先是呆了一下，似乎没预料到我是这般庸俗伤大雅的反应，随后大笑不止，给了我手帕纸，还直说我太坏了，破坏了这大好的氛围。

不知道亚娇你还记得吗，我毕业后也总是做这种大煞风景的事。

膜拜神：他们的存在没有人能超越也不可能复制

我总是奇怪每次都考年级前十的神一样存在的同学是怎么学习的，因为成绩落后，所以我内心总是暗暗涌动着自卑的情结。

某次物理课上，有个有关小球碰撞能量损失的问题，电场和外力的复杂过程我总也想不明白，于是问了后桌郑宇朋。他在草稿纸上龙飞凤舞一样地画了几分钟，又用简单明了的话解释了一遍。我一头雾水，不知所云，还假装听明白了点头表示感谢，当时心中惊叹又感慨："我这一辈子都休想学到这样的思维了。"

衡中遍布各种各样的神人和牛人，他们的存在没有人能超越也不可能复制，这样的存在就像228班一样。

每次作业都有涂卡和排名，每次周测和月考都有总结，以致最后高考我都觉得不及平日的一次周测隆重。后来上大学才发现，每一个从衡中出来的孩子都有着坚不可摧的意志力和厚脸皮——那样大的压力都挺过来了，还有什么能难倒我们？哈哈。

抓违纪：老师是为了保证我们的健康和学习

学校规定晚上 11 点之后才能去厕所。为了不妨碍其他人休息，晚上 10 点到 11 点是老师们检查宿舍的时间。

某次刚躺床上熄灯完毕，到了检查高峰期，我突然肚子疼，咕噜咕噜的，怎么办？我害怕被老师抓到，但是实在忍受不了，于是悄悄把被褥罩在枕头上，悄悄地溜出去——貌似还光着脚，在厕所一直待到 11 点之后，才敢蹑手蹑脚溜回去。不幸的是，我那次好像被抓到了，因为，道高一尺，魔高一丈。

不在规定时间、规定地点吃苹果被抓，中午不休息被抓，晚上在被窝里打手电筒学习被抓，吃诸如火腿之类的违规零食被抓，跑步就餐被抓，男女生勾肩搭背被抓……被抓的理由千奇百怪、门类齐全，老师为了保证我们的健康和学习，耗费了多少心血呀！真心对过去抓我们的老师说声"谢谢您"！

栀子花开：一花引得百花开

每次月考、周测什么的，得分很高的作文就会被当作范文在晨读上朗诵。

记得隔壁班有个叫张发强的神人写了第一篇"栀子花开"，被王老师极力推崇，还有什么理智和情感联姻之类的超级惊艳的题目，也被各种效仿。印象最深刻的是那次栀子花之后，出现了各种"花开系列"作文，我就很厚颜无耻地效仿写了一篇似乎是玫瑰花开的文章，后来竟然也成了范文被各种诵读，真的是受宠若惊。

不知道大家还记不记得那些充满创造力和想象力的作文题目，印象里还有一次是王老师要求用比拟的手法造句，韩卿用黝黑发亮的燕子还是海豚之类的动物形容自己在飞翔，全班笑得人仰马翻。那时的课堂真让人留恋啊，大家似乎都充满了充沛的创造力。

脑海里浮现出"奶哥"李海明、"好大妈"郝德健，似乎还有"屎神"周天翼各种欢乐搞笑的影子，希望能在这本书的其他文章里看到一个又一个熟悉而亲切的身影。

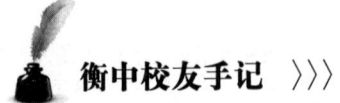

衡中校友手记

I 服了 U：每个人的未来都充满各种可能

我不知道后来怎么和生物医药有的瓜葛，但是我高中时生物真的很弱。记得有次生物考试，内容是错题改错，老师很认真地讲了一遍，我以为自己会了，于是在改错本上马马虎虎写上了答案，发现错了，改正，又错。生物老师没辙了，批改作业时写下"I 服了 U"。我当时很懵懂，拿着作业本到处问同桌、前后桌老师的批语是什么意思，似乎是安竞文说，是"服了你"的意思，我那时才幡然醒悟："哦，原来是这个意思。"

生物课其实很有意思。记得讲植物激素时，生物老师问："如果桃子的果实继续生长但是突然没有植物激素了，可能的原因是什么？"大家都认真思考的时候，安竞文说桃核被虫子吃掉了，全班哄堂大笑。老师说这就是答案——桃子长着长着，桃核被虫子吃光了，桃核才分泌植物激素嘛。

安竞文喜欢收集各种药品说明书、结构式、合成路线，厚厚的一沓，还喜欢参加当时我看得不知所云的化学竞赛，在我心中她是个了不起的女生。大概是同桌离得太近的缘故，幸运之神把我俩搞错了，结果让我学了制药，后来又搞药学，真的很神奇。

每个人的未来都充满了各种可能，其实最开始，我对化学和生物一丁点都不开窍。

现在我家里还放着好多那时的本子，有一本上面写着：

祝贺刘宁同学在××考试中进步×××名，希望再接再厉！

×年×月×日 王文霞

我高三总是进步 200 名、300 名，之后掉到年级 300 名、400 名、500 名，进进退退就考进天大了，真的很神奇。毕业后好久没有见过高中的各位老师了，很想念尊敬的可爱的老师们，真的谢谢你们，衡中生活让我终身受益、没齿难忘。

于死亡边缘才会思考生命的意义，唯加倍努力才对得起母校的名字

姓名	呼荣娟
高中	228班66号
大学	本科：河北师范大学／生命科学专业 硕士：中国农业大学／农学与生物技术专业
工作	北京市公安局网络安全保卫总队／警员
荣誉	大学：多次获得专业奖学金；荣获"优秀共产党员""优秀学生干部""优秀毕业生"称号 工作：获得三次个人嘉奖、一次集体二等功

转眼间离开衡中已经很久了，现在回想起自己的高中生活，衡中的种种包括一花一木都还历历在目……

还记得高一刚入校的时候，打饭和吃饭的地方是分开的，食堂是没有桌椅的，大家都蹲在地上吃饭，偶尔还会发生有人把别人饭盆踢翻的事情，现在想来也很有趣。

提到高一，就不得不提"非典"。真的，是"非典"让我觉得原来生命是那么脆弱，原来自己离死亡是那么近——每天晚上看电视时大家都会关注今天又有几例死亡病例，衡水有没有出现"非典"病例……全班同学每天都会量体温。班里有位同学发烧被120接走了，全班都人心惶惶，担心他还能不能回来。每个人都很害怕，担心自己，也担心家人。那时的手机远不及现在这么普及，还好当时宿舍有个女孩有手机，我就趁晚上上厕所的时候用她的电话给家人打电话，互报一下平安。

由于"非典"，学校封校了不让回家，印象最深的是有一次爸妈偷偷来看我。因为没有手机，爸妈是联系不上我们的，都是在学校门口喊个学生帮忙去班里叫人。同学们都很靠谱，即使不是一个年级，也会跑到其他年级的楼里找到那个班，然后转告那个同学。当时我被告知有人找时赶紧跑到学校门口，妈妈从怀里掏出来一个肉夹馍，说想我了就来看看我："给你拿了你爱吃的白吉馍，怕凉了，就

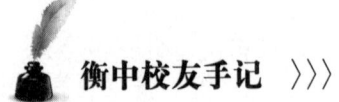

衡中校友手记

一直在怀里揣着……"每次想起那个场景,感动的泪还会在眼眶里打转。我清楚地记得当时自己被一种着急和害怕的复杂情绪包裹着,怕被学校发现,怕上课了赶不回教室,没说几句话就跑了回去。

又过了段日子,"非典"更厉害了,学校就用铁板把校门封起来,家长给学生带的东西都要统一拿到体育馆消毒后才能发给学生。我记得当时妈妈给我带了几件衣服,其中还夹着一张字条,当时真有种临别遗言的感觉,看着看着我就哭了……

高二、高三的时候,学习比较紧张,尤其是实验班,大家以前都是每个班的学习尖子,压力可想而知。高三压力大时,晚上经常睡不着,我就会透过窗户望着月亮发呆,想着若干年后的自己会是什么样子,会在哪座城市做着什么样的工作。当时我再怎么想,也不会想到若干年后的自己会是一名警察……

现在工作了,提及自己的家乡在衡水时,同事们想到的都是衡水老白干和衡中。大家都向我询问衡中的生活到底是什么样的,升学率怎么会那么高,衡中收不收北京的孩子……可见现在衡中的名气有多大。身处衡中的光环下,我也深深地知道自己只有加倍努力才对得起"衡中学子"的称号。

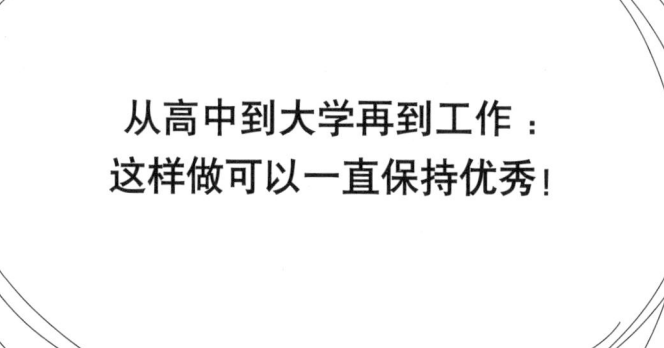

从高中到大学再到工作：
这样做可以一直保持优秀！

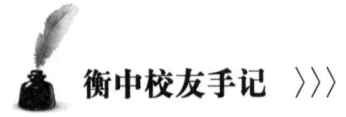

衡中校友手记 >>>

正确认识高考改革，合理做好阶段规划

姓名	冯世鹏
高中	228 班 1 号
大学	本科（提前批）：清华大学 / 航空航天专业 博士（直博）：国防科技大学 / 航空航天专业
工作	保密 / 保密
荣誉	高中：获得河北省化学奥赛第一名；荣获河北省"三好学生"称号 大学：清华航院团委副书记；连续四年获得清华一等奖学金；连续三年代表清华大学参加全国航模锦标赛并获得一等奖，自行设计的飞机勇夺2017年全国航模锦标赛载重一公斤级冠军；荣获清华大学"十大科创之星"称号

十一假期，我很荣幸地采访了228班的学长冯世鹏。我们这一届正逢高考改革，对一切都十分迷茫，学长的解答令我受益匪浅。

一、关于在校学习

冯学长认为，时间是一定不够用的，没有人能将九科全都学好，所以首先要学会合理分配时间，优秀学科跟着老师的计划完成，薄弱学科尽量多安排一些时间，优先补短板。其次不要忘记每天雷打不动地完成规定学科，如英语、语文。再次不要忽视课本，即使是理科课本。在高考冲刺阶段，拉开差距的就是这些小点和易被人忽视的内容。最后就是不要在宿舍内学习，这种学习方式短期内有效，但时间一长是亏本的——宿舍是休息的地方，做不到劳逸结合得不偿失。

二、关于高考报考科目

应该按成绩高低来考虑报考科目，除非十分明确要报物理、化学专业，否则报考科目对于专业选择不会有太大影响。到了大学，会有很多很多的专业，不会有哪项专业与你所要报考的专业完全吻合。所以，重点是考一个好的分数，上一所理想的大学，这就需要择优选择。如果各科成绩都差不多，就应该看这个科目的答题习惯。当知识储备差不多时，往往是答题时的小细节决定高手间的排名。

三、关于考研时间

冯学长是读完博士才就业的,他更倾向于大学期间考研。实际上大部分人都会选择在大学期间考研,因为工作后再读书会影响工作的连贯性。同样,中途工作一段时间,也会影响学习的连贯性。这实际上是一个双向的影响。如果在此期间再结婚生子的话,会有更大的影响。

四、关于公务员报考

工作性质、工作环境、工作平台差别是很大的,从走上不同的岗位时便已经有了高下。在大城市,如果在国家部委当公务员待遇会很高,会给你足够的空间施展才华,给你足够的舞台表现自己。在小城市、小地方当公务员,这种环境就大大不同了。特别是从较好的学校毕业到这些地方的话,会有心理落差,这样一来,对工作的热情、劲头的伤害无疑是非常大的。况且才华过人,在小地方也伸不开手脚,不能做出应有的贡献。

我想冯学长的意思已经很明显了,是蛟龙就要一飞冲天,是凤凰就要一鸣惊人!

五、关于专业选择和工作的关系

这也是我们这些应届新生最迷茫最想知道的问题。下面给大家分享一下冯学长的看法。

首先,专业的选择十分重要。专业会影响以后的就业方向,一定要慎重。现在我们择己所爱,将来我们爱己所择。

另外,除非你有非常明确的学习地点和工作地点,否则一定要优先选择城市。比如,你只想考南京航空航天大学,然后回北京工作,那就无所谓了;但如果没有这么明确的规划,一定要先选择城市。大学几年生活学习所在的那座城市,一定是你认识人最多,即人脉最广的城市,这样你很有可能不回老家,而是留在你就读学校的城市工作。如果想学经济,上海比较合适,跳板也更多;如果选择航空航天类,北京、南京的院校比较出色。

其次,一定要走出一个误区,即喜欢一个专业一定就报这个专业。例如喜欢语文,但是理科比较好,怎么办?其实,喜欢语文不一定要报文科专业,可以在大学选修课程,提升自身修养。同时,语文这个学科是无论在哪儿都能用上的。比如,写报告、做宣传时,这是一个优势;如果在建筑领域工作,被调到宣传部

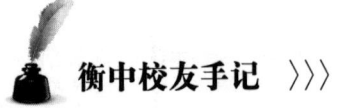

门时,语文的作用会更大一些。

非常感谢冯世鹏学长在百忙之中耐心细致为我们解答此类问题。

采访结束了,但是我的思考没有停下。转过身去,迎着正午的阳光,我觉得,此后的每一天都充满了希望。

(采访人:张野夫,864班,观澜学社成员)

不忘初心，做好人生选择题

姓名	郑宇朋
高中	228 班 3 号
大学	本科（保送）：北京大学 / 工程结构分析专业
工作	（美国）埃森哲（中国）有限公司 / 技术咨询顾问、经理
荣誉	高中：班长；荣获"十大学星"称号；衡中历史上第一个被保送北大的学生 大学：学院学生会主席；获得 POSCO 奖学金、五四奖学金等多项奖学金；荣获"优秀毕业生"称号

王希艾采访实录

暑意逐渐退去，枝叶簌簌入秋，河畔余下几浅暖阳，半树清风。非常幸运能有机会对衡中学长进行访谈并深入交流。

一、积极融入集体生活

高中期间，郑宇朋学长明显感觉到个人生活的空间是非常小的，大部分都是集体生活：同学们一起跑操，一起吃饭，一起上课学习，一起和老师互动。所以，积极地融入集体生活是非常重要的——一方面要适应集体生活的节奏，另一方面也要积极地表达自己，让集体生活满足自己的一些需求。此外，衡中老师是学习生活方面的权威，遇事不懂问老师，和老师保持充分沟通，让老师了解自己的状态，自己也去了解老师的想法，这是很重要的。

学在衡中，活在衡中，衡中的学习与生活是三方的事情，这三方包括自己、老师和周围的同学们。

二、不要在意每次考试的总分和排名

"我并不在意每一次考试的总分和排名"，郑宇朋学长说，"高中阶段，除了最后的高考成绩是有意义的，其他的考试都是用来检验学习成果的，结果怎样不重要，重要的是经历的过程。"每次考试过后，需要评估和纠结的不是最终的成绩，而是如何提高自己在最终高考时的表现。因此，要充分利用好每一次考试，让自

己在高考的时候可以表现得更踏实、更稳定。

我个人很赞同这一点,高一才开学,就有同学害怕了、退缩了,他们的心理压力太大,以致无法静下心来脚踏实地努力学习。衡中已经创造出一个大环境,时时处处充满了竞争,我们要做的就是认清现实,沉下心,把老师每天讲的搞懂,整理的错题吃透,这样每天一步一个脚印不断向前,没必要再给自己施加无端的压力。

三、早恋对错与否关键是个人的态度

如今,中学生早恋的问题越发严重,荒废了学业,蹉跎了青春,被家庭、学校坚决反对。其实,早恋本身并非罪大恶极,只是要明白在正确的时间干正确的事的道理。强劲的外力约束肯定是事倍功半的,关键是个人的态度。一次身影交错,渐行渐远。青春韶华中有些人、有些事是注定要放弃的,不然,青春张扬恣意,早绽的花朵只能在暴雨如注中早早凋零。暂时的错过,是为了更好地遇见。

四、高考志愿优先选择学校

三年苦读,一朝高考,而这之后的报考,经常会有一个讨论——是先选学校,还是先选专业。

郑宇朋学长给我们的建议是,除非有非常明确的专业喜好,否则优先选择学校。选择学校,先排除几个绝对不选择的方向,在余下的选项中,衡量自己的喜好程度、专业水平等因素再去选择专业。我们高中时期接触的专业内容,根本解释不了大学的学习内容,遑论更重要的将来的工作内容。判断自己是不是喜欢一个专业,绝对不是根据现在的学习内容,而是重点考虑这个专业的毕业生在从事什么样的工作,他们从事的工作、工作的环境是不是自己喜欢的,这才是选择专业的正确途径。尤其是高考完毕后,抽出两天时间针对自己的专业喜好去做一次深入的调研,也不失为一个有趣的课题。

五、大学目标不仅限于学习成绩

接下来学长讲述了他在衡中、大学及工作后的经历。作为一个高中生,他的生活是循序渐进的,目标明确,努力拼搏,不断超越,随着高考的临近,越来越紧张地备战高考。步入大学以后,生活的弹性很大,大学四年需要学习的知识量比高中三年要多很多,但是并不像高中那样精益求精,也不会像高中那样被要求掌握到何种程度,自己可以控制的范围很大。有的同学作业完成的质量

不是很高，而有的同学课外习题册一个学期就能做三四本。所谓弹性大，从另一方面说就是大学可以多元化发展，大家的目标不只学习成绩这一个，各方面提高自己、快乐地生活都可以成为一个人的追求，也会影响一个人的生活状态。另外，很多学生对将来工作选择的侧重面是重视自身的发展、个性需要还是更关注实际并偏向家里人的感受，这些都需要全面考虑。

六、学生有选择权，家长有建议权

对于人生规划，学生有选择权，家长有建议权。学生既然有选择的权利，就有做好充分调研的义务，要对自己的选择负责，对家庭负责；家长可以给出建议，但最终还是要尊重学生的选择。对于工作的选择，学生和家长的目标应该是一样的，家长的建议也是为了让孩子将来有更好的生活。

"我一直感谢衡中对我的培养，衡中的学习生活环境是适合我的。"郑宇朋学长说，"我本身是一个自律性偏差的学生，衡中的这种模式，确实让我在学习上有了提升。"

人生路漫漫，每个人在成长过程中都会或多或少地遭受困难与打击，面临失意与迷惘。相对高中和大学，工作中会有更多的挫折，郑宇朋学长在摸索中一步步努力去适应。面对困境，他选择坚持，坚守在选择的时候给自己的承诺，不轻易言弃，努力、付出、拼搏，渡过难关。

"非常感谢曾经的恩师们，希望老师们身体健康、工作顺利、万事如意，教出自己喜欢的、满意的优秀学子。对于现在的选拔机制，衡中已经很适应了，但是时代也在进步，在不断发展变化，希望衡中能积极进取、不忘初心，不断改变、不断突破。"

郑宇朋学长从百度在线网络技术（北京）有限公司管理培训生/运营分析专员做起，之后在斯伦贝谢克拉玛依基地做基地负责人/现场工程师，目前就职于全球最大的咨询公司埃森哲从事石油行业的信息化咨询工作，拥有了更大更广的平台，不断积累经验，逐渐完善自己。他能做到不忘初心，能够不断进取去书写华丽的人生篇章，源于他的志存高远、奋斗不息，也离不开"追求卓越"的衡中校训对他的深刻影响。

与郑宇朋学长的交谈，让我见识了不同人眼中的衡中和看到了更多人在高中三年拼搏的经历，提前了解了未来的职业规划、个人发展等相关问题。学长耐心

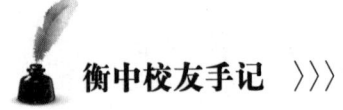
衡中校友手记 >>>

细致地讲解并传授经验，言真意切，使我受益匪浅。

高若凡采访实录

人生路漫漫，每条路都不同：有的是捷径，有的可能是弯路；有的路边风景无限，有的走到尽头都很荒凉。路上也会有很多岔路口，选择走哪一条路无疑是十分重要的，大学的专业选择便是人生的重要岔路口之一。我有幸采访到了优秀的郑宇朋学长，我们来听听他怎么说。

一、高中如何确定以后选择的专业

"高中会有一些喜欢的学科，但是不能根据喜欢哪一学科就去选择相关专业。"宇朋学长如是说。虽然是同样的学科方向、专业，然而大学阶段学习的内容和高中阶段完全不一样。另外，选择的专业对应工作中的具体内容与高中学习的内容也会有很大的不同。实际上高中所学的内容有限，大学的专业则非常多，选择也会很多，每个专业对应的以后的工作方向及工作内容也不尽相同。

所以，决定大学学什么专业前，还是要花时间了解一下这个专业毕业的人大部分都从事什么样的工作，这些工作你是否喜欢，工作状态你是否能接受。工作状况直接影响着一个人的生活质量，所以不能仅凭现在对某一学科相较其他学科更感兴趣就选择相关的专业。喜欢学某样东西，并不代表将来你想做这样的工作。事实上，很少有人能够用兴趣养活自己。比如喜欢唱歌，但成为知名歌手很难；喜欢画画，成为画家更不容易。更多时候要花钱去养活兴趣，因为兴趣可以提高我们的生活质量，而工作是为了生存。大学需要选择的是一项生存技能，所以要学习一项好用的技能，要权衡好兴趣与工作的关系以及需要自己花费的功夫。

二、大学如何选择社团

"社团是大学必不可少的一部分，建议要有选择地参加一些社团活动，一定要想一想你想通过社团得到什么。"宇朋学长建议，"有些人想通过社团去历练自己，有些很官方的学生组织，像团委、学生会的组织形式和政府的组织形式类似。参加这类组织，会接触一些更类似社会的内容，等到真正步入工作岗位，相对来说会更有经验。其他社团则主要是根据爱好，比如运动类的，像羽毛球社团、足球社团等能强身健体，也能接触一些新朋友；兴趣类的，像骑行社、画社等。大学生活是非常丰富的，也会面临很多的选择，主要看自己的需要。"

要想在将来的工作、生活中更好地适应，想真正了解相关运行模式，提前做一些预热，结交一些志同道合的朋友，可以加入一些专业性较强的社团；喜欢公益活动，可以参加爱心社团、环保社团等。但无论参加什么社团，都要想好自己想从中得到什么东西。

三、大学学习安排与高中学习安排有何不同

对于学习任务繁重的高中阶段，一路走过来的宇朋学长又有什么窍门或经验分享呢？

"老师会告诉你什么时候应该做什么。学校、老师安排的学习生活很科学合理，除非是自己有严重偏科、特殊短板，否则尽量跟着老师的节奏走。学科自习的多少基本上可以代表你对那科需要投入和已经投入的力度。在高中阶段不用过多考虑个人的节奏、精力分配，这个是与大学不同的。高中基本上90%的时间老师都替你安排好了，因此完全可以让自己被动一点儿，只要按老师的要求足质足量完成，就能达到一个比较好的效果。大学大概只有30%的时间由老师安排，70%的时间需要自己安排，自主性较强。"宇朋学长倾囊相授，"此外，要提前为大学生活做准备。大学虽然自主空间更多，但是不能把70%的时间荒废掉。还要注意，学习方法、擅长的东西不同，有的人就是再刻苦，但是他的节奏和老师的节奏或者高考的节奏也有一定的偏差，不利于更好地发挥自己的实力。"

宇朋学长用一路走来积累下来的经验给出了中肯实际的建议，希望我们每个人都能够从中受益，选择一条更喜欢、更适合自己的学习生活之路。

（采访人：王希艾、高若凡，884班、885班，观澜学社成员）

衡中校友手记 >>>

读万卷书在行万里路之前

姓名	王维康
高中	228 班 5 号
大学	本科：北京大学 / 物理专业 博士：北京大学 / 物理专业
工作	（美国）匹兹堡大学 / 博士后
荣誉	高中：物理课代表 大学：大学获得保研机会；多次获得奖学金 工作：发表 SCI 论文多篇

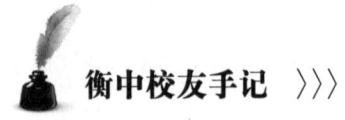

10月3日上午，我对衡中2005届228班的优秀毕业生王维康学长进行了长达一个半小时的采访。在这一个半小时里，王维康学长极其耐心地回答了我提出的全部问题，解决了我们这些学弟学妹不少困惑。

9点整，王维康学长准时出现在QQ上，这让我看到了衡中人守时、守信的品质。衡中人的时间意识真的是非常强，毕业多年，依然能如此精准地把握时间，让人心生敬佩。

在对采访内容进行叙述前，我要讲一个令我十分感动的细节：维康学长在美国，众所周知，美国与国内有12小时的时差，可他还是主动问我什么时间方便，并贴心地把采访时间安排在了北京时间上午9点，只为照顾我的作息时间。采访采用QQ语音通话的形式，避免了打字交流速度慢与跨洋电话花费高等问题。这些，都是衡中人善解人意、细致周到的体现。

一、高中学习生活的压力如何缓解

王维康学长当年所在的228班是衡中首个实验班，学长当年的班级非常卓越。
"当时有一个简单纯粹的念头，就是要考上理想的大学。"提及自己学习的动力时，学长这样说，"高中没觉得学校的管理制度有多苛刻，大家都住在学校，服从学校的管理，对物质方面都不太在意。可能现在在衡中的你们会对学校的时间安排、食堂伙食、住宿情况等有个人看法，但当时我们没过多在意这些。"

我心里默默地将十几年前的衡中与现在的衡中进行了对比，现在的衡中给予我们的物质条件真是比以前好太多了：干净宽敞的宿舍，现代化的教学设施，美味可口的饭菜……学长当年的条件不如我们都没有在意，我们身处这样优越的校园环境，又有什么理由不努力学习呢？

"228班是一个特别温暖的大家庭，班里的每个人都很突出，一心向学，学习气氛特别好。同学们在课间或在宿舍熄灯前一起聊聊天，互相调侃，也是对压力的一种释放。"谈到这儿，王维康学长语气中透露出对当年相处美好时光的怀念。高中时代的友谊真的是十分纯粹的，成为朋友根本不需要太多理由。什么叫同学情谊？也许，同学情谊就是你毕业多年后回忆起同窗时光，微笑不知不觉浮现在脸上。

"最想感谢的老师当然是班主任王文霞，王老师当年在调节我们班级气氛和每个人的状态方面起了重要作用。也非常感谢其他老师，衡中老师真的非常敬业。"

二、高中三年如何备战高考

"要学会自主学习，要清楚地认识到自己的短板，有针对性地进行巩固复习。课上要跟着老师的节奏走，要在脑海中构建知识体系，将各方面的知识联系起来，融会贯通。不要盲目刷题，要多练习自己没掌握的知识点。资料整理这方面，要宁缺毋滥。整理过的卷子已经失去了价值，要尽快丢弃，防止堆积。"

三、理想大学和大学专业如何确定

王维康学长从小就喜欢科普知识，对物理情有独钟，所以报考了北京大学的物理系。在北京大学这片有着丰富思想和自由精神的土地上继续深造，并在大三获得了保研机会。

学长认为，在选择工作时，要听从自己内心的意愿，不要因为家人想要你做什么或者同学都在做什么而失去自己的方向。

他还提到，从衡中毕业的优秀学子大都会有非常多的就业机会，不会为生计发愁，真正要考虑的是自己想做什么。"衡中像一块跳板，助力你到更高的地方去开阔眼界。"

四、给拟出国留学同学的建议

1. 学习素养和英语水平都要提前做好准备。

2. 不提倡较早出国读书，等读研出国也不算晚。读万卷书在行万里路之前，只有认知水平和思考水平到了一定高度，出国留学才真正有大的收获，才能做到知行合一。

就衡中的发展而言，王维康学长表示，看到母校在全国地位不断上升、教育水平进一步发展感到很欣慰，同时希望母校能不忘初心，继续为当地的寒门学子提供更多的学习机会，让他们有机会摆脱出身束缚，到更大的世界去看一看。

（采访人：何禾祺，880班，观澜学社成员）

光靠努力是不够的，选择更为重要

姓名	李鹏
高中	228班6号
大学	本科：清华大学 / 建设管理专业
工作	生态环境部环境工程评估中心 / 调研员
荣誉	无

伴着徐徐秋风，我们迎来了国庆假期。在这个假期中，我有幸采访了衡水中学228班毕业生李鹏学长。学长大学毕业后在中广电广播电影电视设计研究院工作，之后在生态环境部环境工程评估中心任职至今。机会难得，围绕毕业规划，我们展开了讨论。

一、高考后

高考后的头等大事便是报考大学，这也是我们每个人必须面对、重视的一件事。但对于报考志愿来说，是以兴趣为主还是优先考虑将来的就业，我始终感到很纠结。李鹏学长认为，只有有了兴趣，才会有干劲。"我觉得还是遵从自己意愿，按照自己的兴趣可能会更有利一些。有兴趣，就会喜欢学。学得好，就业也不会有太大难度。当今的就业形势变化很快，很难确保现在的热门专业会顺应毕业后的潮流。"那会儿不会有人当时不是很感兴趣，以后会渐渐学出兴趣来呢？学长说："因人而异。如果本身就不喜欢某方面的东西，就很难花很大心思去研究学习相关领域知识。"

在采访过程中，我还向学长请教了一个很现实的问题，那就是选科。选科与将来的可报选专业及就业有关，想必很多人和我一样，在兴趣与可选报专业之间深感矛盾。学长给出了很实用的建议。

学长认为，还是要按照自己的兴趣选科。有了兴趣，才会有学习的动力，才更可能考出高分。同时，将来报一个与自己的兴趣毫无关联的专业的可能性很小，竞争中也不具备优势。我们身处于一个飞速发展的社会，就业形势变化很快，完

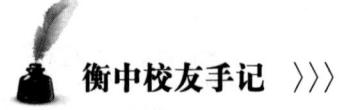

全以就业为依据是不可取的，内心有动力才能取得更好的成绩。

二、大学阶段

大学也是我们人生中的关键阶段，刚上高中的我们，对这个未知的世界满怀期待与好奇。趁此机会，我向学长请教了有关大学的问题。

"您在大学期间最深的感触是什么？"

"衡中是知名高中，知识积累肯定没问题，但就全面性来看，可能与兄弟校各有长短。到了大学，和全国各地的精英一起学习、对比，一定会有不足的方面，我们需要承认并努力去弥补差距。但毫无疑问，成绩还是很重要的，没有成绩，谈其他都是虚的。"

"对于即将步入大学的学生，您有什么好的建议来帮助他们在大学中更好地发展吗？"

"我觉得最重要的是放平心态，可能在高中，大家会觉得自己水平不错，成绩也很好。但进入大学后，谁也不比谁差太多或者好太多。在大学，也不用非要拿年级第一、第二，只要把知识掌握了，我觉得就可以了。如果将来想搞学术、搞研究，基础知识会用得比较深，但主要还是学习思考问题的方式方法。同别人相比，你不那么优秀了、突出了，会有心理落差，这是不可避免的。如何去摆正自己的位置和心态，是需要认真思考的。"

"您觉得大学里哪些社团类更有意义？"

"我觉得不能这么讲。大学有各种各样的社团，一类是综合性的，和工作有关，例如学生会、团委等，参加这些和日后的工作有一定关联性的社团，也能更好地培养沟通解决问题的能力；一类是和你的爱好相关的，在这类社团中，你可以发展自己的兴趣爱好，同时还可以结交一些志同道合的朋友，这也没什么坏处。"

学长的介绍让我对大学有了一个全新的认识，在大学，我们要接受差距，要努力学习，要培养自己的能力。同时，大学生活也是丰富多彩的。

三、毕业后

"大学毕业面对的是工作的门槛，好的工作机会非常难得，有好的工作机会没必要放弃，自己也会对工作更有兴趣。如果没有好的工作机会，我认为还是要考研。"

"那对于毕业后考不考公务员，您的看法又是什么？"

"我觉得和考研一样吧,个人兴趣是非常重要的。公务员的工作性质和接触对象与企业完全不一样,这是两个不同的方向,所以兴趣是第一位的。"

通过学长的一番话,之前困扰我的很多问题都得到了解决。

"听君一席话,胜读十年书",这是我在采访李鹏学长过程中最深的体会。

(采访人:刘箬筠,884班,观澜学社成员)

衡中校友手记 >>>

拼不了时间只能拼效率，该做什么就全心全意去做

姓名	田彦静	
高中	228 班 8 号	
大学	本科：天津医科大学 / 临床医学专业 硕士：天津医科大学 / 临床医学专业	
工作	衡水哈院 / 医师	
荣誉	大学：多次获得奖学金 工作：三次获得河北省耳鼻喉技能竞赛第一名；三次荣获"先进工作者"称号，一次荣获"优秀工作者"称号	

刚刚步入高中，我的成绩不是特别突出，对有些老师的教学方法不太适应。我十分茫然，就像茫茫大海中的航船被迷雾困扰，难辨方向。很幸运，上天给了我一个咨询有经验的学姐的机会。

彦静学姐说："刚进入高中，换了一个新的学习环境，情绪波动很正常。每个人都需要时间去适应学习环境，但是适应时间很重要，适应时间越短，你便越有优势。你不适应某个老师的教学方法，换个老师也未必能适应，主要还是在自身。你要积极寻找适应这个学科的学习方法，从自身做改变。"

很多人都说，现代社会需要的人才不仅要有知识，更重要的是有能力。我为了锻炼自己，申请加入了校学生会，努力为校园建设出一份力。苦恼的是，尽管只开了一个月的课，但我已经耽误了四天多的时间，而且每天需要检查卫生，比别人少学半个多小时，总觉得心里发虚，怕真的会耽误了学习。面对工作与学习，我的内心极为矛盾，不想舍去任何一个。我把这个想法告诉了彦静学姐，彦静学姐给我指出了一条路。

"能力确实非常重要，高一的学习还不算紧张，如果有加入学生会的机会，还是要尽可能地去参加，当然是在没有过度影响学习的情况下。在忙碌的学习之余干点别的事，分散一下精力，给大脑补充新鲜空气，也是有利于学习的。千万

不要只是学习，衡中绝不是培养读书机器的地方，要全方位发展自己，做素质全面的衡中人，这对自己的未来是非常有利的。"彦静学姐耐心而又详细地给我讲述了如何平衡学习与工作的关系，让我放下了心里高悬已久的石头，我的选择果然没有错。在衡中既然拼不了时间就只能拼效率了！该做什么就全心全意去做，心无旁骛，这才是真理啊！就像一些学霸明星，人家工作不比我们忙多了，但自身的学习并没有落下。不要为自己的不专心找借口！

还有最重要的一点——大学的专业如何选！彦静学姐说，高考过后，她整个人还是蒙的，不知道该选择什么专业。不过很幸运，她选的医学是她所爱的。她建议我从现在开始，多多关注大学的专业，找到适合自己的，提前做好准备，否则高考过后再了解为时已晚。选错专业，再改就难如登天了。

另外，彦静学姐反复告诫我，千万不要只看重名牌院校，花开不同，各有千秋。并不是清华的所有专业都比其他大学好，要了解每所大学的优秀专业加以比较，要根据自己的兴趣选择专业，继而选择学校。

我对自己将来的大学专业、就业方向都很迷茫，只是冲着北大这所名牌大学，但是具体哪个专业适合我，我无从得知。彦静学姐一语惊醒梦中人，让我认识到自己应该对未来有个规划，一步一个脚印去完成。

我与彦静学姐的话题大致围绕这些问题展开，彦静学姐真诚而有耐心，让我感受到了那份同一学校相隔十几年的两代学子之间的宝贵真情。

感谢彦静学姐，让我对自己进行了一次重新定义，学姐的宝贵经验让我少走许多弯路，非常感谢学姐！

放下手机走出门，秋风吹来，空气中浮动着阵阵瓜果的香甜气息。秋天，满载着收获与喜悦，相信我们的未来也必将硕果累累！

（采访人：董婷婷，878班，观澜学社成员）

衡中校友手记 >>>

在发现自己喜欢什么之前先寻找,不要急于做决定

姓名	王洪建
高中	228 班 10 号
大学	本科:清华大学 / 能源动力系统及自动化专业 博士(保送):清华大学 / 动力工程及工程热物理专业
工作	北京市煤气热力工程设计院 / 道石研究院总工程师
荣誉	高中:团支书;获得奥林匹克数学竞赛一等奖 大学:清华大学热能工程系班长、副书记、思想政治辅导员;获得清华大学专业优秀奖学金、综合优秀奖学金等多项奖学金,获得研究生国家奖学金;获得清华大学"一二·九"辅导员奖;荣获清华大学热能系"优秀研究生学员""学术新秀"、北京市"优秀毕业生"称号 工作:能源行业高温燃料电池标准化技术委员会委员;获得中国华能清能院科学技术进步奖一、二等奖,中国电力技术市场协会 2016 年度电力行业万众创新成果一等奖;荣获中国华能清能院年度"先进个人"称号;以第一作者身份发表论文 16 篇(其中 SCI/EI10 篇、综述文章 5 篇),获得国家专利共 16 项(其中发明专利 6 项、实用新型专利 10 项)

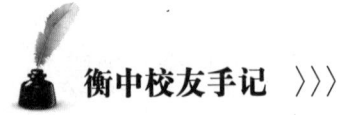

心如皓月,凌明前程

当我接到王洪建学长回拨过来的电话时,惊喜、紧张一起充斥着我的内心,终于要与仰慕已久的学长进行一次长谈了。在一颗求知若渴的心和一颗成熟稳重的心的交流中,我的前方被豁然照亮。

月华隐隐,前路歧歧

毕业规划,也就是毕业之后你想干什么,你要怎么去干。有了规划,就像一条曲径通幽的小路有了路灯,就像搜寻宝藏有了藏宝图,就像解数学题知道了公式和套路,我们可以更坚定地一步一个脚印地通向我们的目标。"苟日新,日日新,又日新",我们都是站在新时代浪潮上的弄潮儿,不得不常常根据情况的变化而

改变。我们成长的过程，也是一个对自己的认识不断深入的过程，此刻坚守的信仰，或许在某一天就成了童言无忌的玩笑。正所谓计划赶不上变化，我们像一条条漩涡里的船，在时代大潮中寻找方向，在成长中寻找方向。

毕业规划固然重要，但它毕竟是死的，无法在瞬息万变的生活中像人一样选择最适合的存在，而人是鲜活的，生命是跃动的，内心是燃烧的。听从内心，真正最适合自己的规划就在心中。

王洪建学长高中时想法很简单，就是考上理想的大学，所以学习上没有那么多顾虑。但有了皓月之明，又何须腐草为萤，只要能上清华，即使是差一点儿的专业也不去其他大学的好专业——抱着这样的坚定信念，学长到了清华，直至读完了博。

同样，鲁迅先生也转了行，是他对未来毫无规划吗？不，他救人救世的初衷从未改变，变的只是一个方式，歧路之前换一条路罢了。

本心不变，规划自在心中。

乘我车骑，择我陌道

社会在变，时代的潮流在变，对于我们这些年少轻狂的高中生来说，最大的变化莫过于高考改革。面对令人眼花缭乱的六选三搭配，我们心中充满了对未知的迷茫和恐惧。什么专业需要什么科，这个道理我自然是懂的，自己喜爱什么，社会需要什么，我心里大概也有那么一点点明了，可我依然纠结，因为我最喜欢的汉语言文学和比较喜欢的生物完全是文理相反的两个专业。

王洪建学长的话拨开了我心中的迷雾：如今的高考是一个多元化的高考，当初所有学科都要学习的时候是一元化的，分文理是二元化的。如今的社会需要的是多元化的人才，谁又规定学生物的不能进行文学创作？

"你需要做的只是在选科的时候，选的是喜爱的、适合自己的、能够为此劈波斩浪的。这样在将来的专业学习和工作中，才能保持着那份最初的热爱。乔布斯演讲时曾说过，坚信让自己一往无前的唯一力量就是热爱自己所做的一切。所以，一定得知道自己喜欢什么，选择爱人时如此，选择工作时同样如此。工作将是生活中的一大部分，让自己真正满意的唯一办法是做自己认为有意义的工作，做有意义的工作的唯一办法是热爱自己的工作。如果还没有发现自己喜欢什么，

衡中校友手记

那就不断地去寻找,不要急于做出决定。就像一切都要凭着感觉去做的事情一样,一旦找到了自己喜欢的事,感觉就会告诉你。就像任何一种美妙的东西,历久弥新。我很喜欢他这段话,我们就是要不断地寻找,直到找到自己喜欢的东西,不要半途而废。"

王洪建学长喜欢的这一段话也给了我很深的触动,让我想到了初中的课文《敬业与乐业》。所爱的才是最好的,选科如此,择业如此,生活中的点点滴滴又何尝不是如此呢?规划自己的人生,就是用热爱为自己铺路。

美非人言,行非众从

我很突兀地问了一句"清华文学专业好不好",学长的声音陡然严肃起来,告诉我说,这个提法太抽象了,真正的好是指具体的某些东西,例如某个导师、某些文章,而不是虚无的名校排名。"我们在做出选择之前,往往对这件事物是不了解的,此时与其去听别人的意见,不如自己去做一些调查,然后心中就会有一个天平,以自己为标准来衡量这些选择。人云亦云,趋之若鹜,最终得到的只是被粉饰的泡沫般的成功,一触即碎。"

高中的我们毕竟涉世未深,想要了解某个专业的具体情况真的很难。心中固然不可无目标,但如果过早地把具体学校、专业定下来,最后却发现自己追逐的只是别人口中的辉煌优秀,是虚幻与浮夸,又该怎么办?所以在进行选择的时候,我们还是相信自己、遵从热爱吧。

泄泄白鸥,莫为无束

高中之于我们,就像笼子之于鸟儿,我们在其中吃好喝好,一遍一遍地熟谙飞行的技巧,而到了大学之后才是真正"鹰隼试翼,风尘翕张"的时候。

有了规划就会一步一步地向自己的目标走,没有目标就会堕落或者麻木。高考结束不是终点,大学毕业不是终点,参加工作也不是终点。人生没有终点,所以没有一个时刻让我们可以放弃努力,就像天空中翱翔的鸟儿不能停下,乘风破浪的船不可以停下,甚至不可以迷茫,因为刹那的停顿可能会使你失去整个人生。

当然也有人迷途知返,创造另一番辉煌。与其那样,不如提前为自己做好规划,紧跟时代的变迁,不迷茫,不寻找,顺利地实现自己人生的意义。

选有心矣，择无悔也

人生每一个大的选择都是建立在许多小的选择上的，正是因为做出了那些小的选择，我们最终才有了进行那些大的选择的权利。这是很简单的道理，诚如在别人选择玩耍的时候你选择了学习，将来你就会比别人有更多优秀学校可供选择的机会。乔布斯在演讲中还提到不可能从现在这个点上看到将来，只有回头看时才会发现它们之间的关系。所以，必须相信这些点将来会连接到一起，必须相信某些东西——你的直觉、命运、生活、因缘等等。这种方法从来没有让乔布斯的希望落空过，而且还彻底改变了他的生活。王洪建学长正是因为在恰当的时候做出了最恰当的选择，才有了选择考博的机会，有了选择博导的机会，才能将选择的权利把握在自己手中，才能做到不让自己后悔。

王洪建学长的座右铭是"不要让自己后悔"。当你认为选择错误的时候，你不知道当你选择了另外一项会发生什么样的事情。选择时跟随自己内心的指引，便可无愧于自己的一生，包括考研、考博，喜欢就去做，不要管对以后的工作、生活有没有用。什么时候做出选择都不算晚，一切要看你的规划，听从你的内心。

皎然明月，安然眼前

在现在的工作之前，洪建学长从 2014 年起曾就职于中国华能集团清洁能源技术研究院，从事氢能与燃料电池技术研发，是制氢与燃料电池所副所长。学长说，当你不知道干什么的时候，就干好眼前的事，好好学习，多看书。学长的话诚如杨绛先生所言读书不多而想得太多，空设计了理想的大厦却一砖一瓦也没有，结果也只能为零。做好眼前事，并不是安于现状，而是在未来的某一天能够拥有选择更多的权利，从而更好地实现我们的规划。

学长无论是社会实践还是实习经历或是科研经历都十分丰富。

社会实践：在 2008 年北京奥运会、残奥会做志愿者时担任水立方票务部部长，在"走近日企、感受日本"中国大学生赴日本考察活动时担任清华支队队长，在清华大学赴内蒙古低碳经济发展现状调研实践中担任队长。

实习经历：在美国印第安纳州的清华—普渡实验室实习时做零能耗房屋设计，在浙江嘉兴的浙江创能新能源技术有限公司做高温热泵研发，在英国剑桥的剑桥大学负责喷墨打印制备直接碳燃料电池电极。

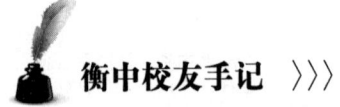

衡中校友手记 〉〉〉

科研经历：研究方向为制氢和燃料电池技术（涵盖机理分析、关键部件开发、系统集成以及经济性分析）和能源新技术战略研究（主要包括氢能和燃料电池、煤基发电以及 CO_2 利用领域）。主要项目包括国家高技术研究发展计划（863计划）的平板式固体氧化物燃料电池数值模拟和燃料电池与分布式发电系统关键技术、清华大学—剑桥大学—麻省理工基金的燃料电池电化学转化脱灰分煤研究、国家自然科学基金的直接多元扩散火焰燃料电池反应机理及多尺度数值模拟、国家能源局的体煤气化燃料电池发电系统设计、中国工程院的中国工程科技2035发展战略研究的能源新技术战略性新兴产业重大行动计划研究、国家科技部重点研发计划的煤气化熔融碳酸盐燃料电池发电系统关键技术研究。

优秀的人不只是一时的优秀而是一辈子的优秀，所有优秀的背后都有不懈的努力支撑起飞翔的梦想。挂上电话，我久久不能平静，仿佛看到一轮明月，凌驾于万顷碧波之上，照亮了我的未来。我将来的所有规划，尽在不言中。

（采访人：马明慧，879班，观澜学社成员）

高中和大学所学的仅仅是基础，工作后学习的才是专业知识

姓名	安竞文
高中	228 班 13 号
大学	本科：北京航空航天大学 / 工程力学专业
工作	奇虎 360/ 战略规划
荣誉	大学：当选共青团第十六次全国代表大会代表并列席主席团成员（唯一学生代表）；多次接受新华社等新闻媒体采访；获得美国大学生数学建模竞赛 MCM 二等奖（担任队长）；荣获北京航空航天大学最高荣誉"五四奖章" 工作：荣获"优秀个人"称号

接到采访 228 班优秀学长学姐的任务时，我的心里除却激动更多的是忐忑。电话接通的时候，我的大脑一片空白，然而安竞文学姐并没有嫌弃或不耐烦。因为学姐的温柔，我也渐渐地放松了下来。

一、改革后的高考选择会更加灵活

学姐认为，改革后的高考选择会更加灵活，不再拘泥于大文或是大理，而是能够使人拥有更多的选择，从而更好地发挥个人的长处，给人以更加综合、全面的发展。

谈起大学的专业选择，学姐很耐心地给出了指导意见。首先，要明确工作与所学专业没有必然的联系，哪怕最终选择的工作与大学所学专业并不对口也是可以找到很好的工作的。其次，选择专业时要考虑究竟是偏向文科还是理工科。虽然说文理之分在选择专业时并不是那么受重视，但是文理所代表的并不仅仅是科目，而是不同的思维模式。比如，现在比较热门的理工类专业与金融类专业都是很好就业的专业，同时，它们也分别代表着文理两种大相径庭的思维方式。选择了适合自己的，就会使人在学习乃至工作上较为轻松和顺利。不仅如此，在选择专业时，自身的兴趣也是非常重要的一方面，不喜欢或是不感兴趣的专业尽量不要去选。所谓的上大学就轻松了并不是指上了大学就可以不努力学习了，而是说

可以更自由地去支配自身的时间,去学习自己感兴趣的知识,做自己真正想做的事。如果选择了自己并不喜欢的专业,那就不是轻松,而是负担了。

二、大学生毕业规划从大三就要做起

提起毕业规划,安竟文学姐给出了非常细致的讲解。大三就要陆续开始做毕业规划,因为从大四开始,不同的毕业规划就会使大家向着不同的方向行动。

毕业规划大体分为考研及步入工作两类。

考研在专业选择上分本校本专业以及其他学校本专业,同时也有机会换至本专业相近或相关专业。如果想要留在本校本专业,最好的途径就是申请保研。不论何种选择,都要至少提前一年就做出行动,否则时间上就会非常紧张。

如果准备找工作,那么大四这一年的主要活动就是投简历和实习。由于规划不同,到了大四,同宿舍舍友们的作息时间及每天出入的场所也会产生巨大的差异。准备考研的同学出现的主要场所就是教室与图书馆,而准备毕业后直接进入工作岗位的同学则大多会前往企业开始实习。总体来说,提前制订自己的毕业计划还是非常有益处的。

三、考研以工作五年为佳

我原以为工作后就不必再系统地学习理论知识,然而问过学姐才知事实并非如此。高中和大学所学的仅仅是基础,真正步入工作岗位后,所需要的并非仅仅是存留在理论层面的知识,而是真正深入的、能够实践的专业知识。随着时代的不断进步与发展,所需要的知识也在更新换代,故而学习是必不可少的。

学姐坦言,工作后也会有类似课本的书籍来对某一方面的专业知识进行系统的拓展与延伸,这样的书会有字典那么厚。

学姐当年考入的是北京航空航天大学工程力学专业,对于工作后还是否要考研的问题,学姐认为在工作几年后可以选择在职读研,不过所选专业最好要与工作相契合,这样就可以对工作进行辅助。大学扎实的基础、几年的工作经验以及深层次的学习相辅相成,从而使人得到更全面的发展。学姐表示,考研时间在步入工作五年左右为最佳。

考公务员也是一个不错的选择,但最重要的是要做好对相关岗位的调研,明确自己的目的,不要被不相干的人左右。

当然,不同的行业对人的要求也是不一样的,有些行业对专业素质的要求还是很高的，尤其传统行业对专业的选择有着较严格的标准。如果想要进入这些行业，一定要早下决断。但是诸如互联网一类的新兴行业，则对专业没有明显的界线。

我能明显地感受到安竞文学姐对衡中生活的怀念，这也许就是衡中的魅力吧。从进入衡中的那一刻起，每个人身上便被打下不可磨灭的属于衡中的烙印。正是衡中，也只有衡中，才给了我们这么多接触人才的机会，让我们的综合素养全面发展。

不得不说，这次的采访让我受益良多。我一定会让自己不断前进，追求卓越，做最好的自己。

（采访人：胡旖桐，862班，观澜学社成员）

衡中校友手记 >>>

方向迷茫时不妨从小事着手，在努力的过程中大的目标会逐渐清晰

姓名	王超
高中	228 班 14 号
大学	本科：北京理工大学 / 信息管理与信息系统专业 硕士：南开大学 / 财务管理专业
工作	国务院国有资产监督管理委员会 / 主任科员
荣誉	大学：荣获"优秀团员""优秀军训学员""优秀毕业生"等称号

顺着阳光温柔的轨迹，向窗外眺望，眺望着远方，衡中两代学子时隔十几个春秋的交流，从电话打通的那一刻开启……

一、参加学校活动会不会影响学习

我本人目前在校学生会工作，而且加入了观澜学社。我做这些的原因，一是感兴趣，二是想锻炼自己的能力，但家长认为这样会耽误学习。王超学长认为，这个问题要视情况而定。参加活动的作用本身就是两面的，应该客观地认识参加课外活动这个问题——有利于锻炼能力。相较其他同学而言，加入校学生会和社团使自己站在了一个更高的起跑线上，阅历比大多数同学更丰富些，而且能做到劳逸结合，只要不影响学习成绩，其实是一个很好的选择。但一旦影响了学习，还是要以学习为主，因为"舍得舍得,有舍才有得"。如果想要留在校学生会和社团，就要对自己提出更高的要求，要比别人更高效地利用时间学习。

想必很多班委和加入级部学生会、校学生会的同学都多少会有这样的烦恼，在"鱼"和"熊掌"之间挣扎着。听了王超学长的分析，相信大家心中也都有了隐约的方向和想法。

二、毕业规划怎么做

毕业规划是这次电话采访的主题，王超学长笑着说，当年并没有什么规划，也没有人指路，他只是单纯地想要考研。其实成功的人不一定提前有所规划，考研是一个很单纯、很实际、很直接的目标，树立起小目标，然后埋头为之奋斗，达成一个个小目标之后，也许恍然间一抬头才惊讶地发现，自己已经在不知不觉中到达了成功的彼岸，此谓水滴石穿。小小的水滴并没有想过自己要击穿石头，只是坚定一个目标：往下落！于是它不紧不慢、不骄不躁，一滴一滴地敲打着石头，最后，它发现，自己竟然实现了一个曾经想都不敢想的梦！当我们在前行道路中想要展望未来却找不到方向时，不妨先从细微的小事入手，在努力的过程中多多留意适合自己而自己也喜欢的行业，大的目标也就渐渐清晰了。

王超学长也曾有过毕业求职进入复试但被刷下来的经历，后来进入财政部下辖的央企中国信达，做了五年的财务工作后到了国务院国有资产监督管理委员会工作。

纵观王超学长毕业之后的历程，也算是在坎坷中前进。这也告诉我们，生活中总是充满着各种难以预料的变数，千万不能因为一次失败就感觉前途渺茫、一蹶不振，只要能力在、心还在，是金子总会发光的，就像食指的诗：我们要相信不屈不挠的努力，相信战胜死亡的年轻，相信未来，热爱生命。

总体来说，这次采访分成了两部分，一部分是王超学长帮我解决了一些学习上的困惑，另一部分是王超学长分享的大学毕业之后的人生经历。不论是哪部分，身为学弟学妹的我们都能从中有所借鉴、有所收获。

能有这样一位优秀的学长为我们排忧解难，做我们成长过程中的引路人，我们应该为之庆幸和感激。牛顿曾经说，如果自己看得比别人更远一些，那是因为站在巨人的肩膀上。如王超学长一样助我们一臂之力的学长、老师、父母便是我们人生路上的巨人，站在巨人肩膀上的我们，没有理由不加倍地努力，没有理由不努力地奋斗。加油同学们，成功就在不远处！

（采访人：刘硕颖，878班，观澜学社成员）

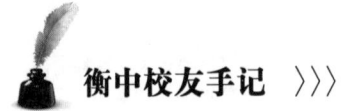

衡中校友手记 >>>

培养专注力才能提高效率

姓名	任娜	
高中	228班17号	
大学	本科：北京科技大学/应用化学专业 硕士：北京大学/创业投资管理专业	
工作	国都证券/高级投资经理	
荣誉	大学：获得北京科技大学新生奖学金（校级）；获得"理学青年杯"演讲比赛三等奖、国家级科技创新项目北京科技大学二等奖；荣获北京科技大学新生辩论赛"最佳辩手"（院级）、"三好学生""优秀毕业生"，北京大学"三好学生"称号	

　　228班是衡中首届实验班，是非常有特色的班级，班级氛围积极向上，同学间互相帮助，探讨每一种题的各式解法，考试后相互交流心得。228班的同学高中时优秀，大学期间成绩也非常优异，毕业后更是各行业的佼佼者。228班班主任王文霞老师是全国闻名的语文特级教师，认真负责，非常敬业，对每一位同学都给予无微不至的关怀和帮助。王老师非常有个人魅力和感染力，在她的鼓舞和激励下，学生们精力充沛、信心十足、斗志昂扬、顽强拼搏。"先有父母心，再做教书人"，正是秉承着这样的教育理念，王老师带领着228班的每一名同学在竞争激烈、奋力拼搏中创造了一个又一个学业之巅的神话和奇迹。

　　衡中三年，是充满激情奋斗的三年，是任娜学姐一生受用不尽的宝贵财富。同样，衡中是无数任娜学姐般学子梦想的殿堂。可是进入衡中，才发现真正的考验才刚刚开始。每天5点40分起床，叠豆腐块被子，铺面整齐统一；5点55分准时跑操，之后早读；接下来是紧张的四节课，老师一刻不停地教授知识……每天重复着做大量的试卷，复习回顾知识，忙于学习相关知识，这种紧张的节奏让初入衡中的我很不适应，感觉时间不够用，每天非常忙乱。我问学姐是如何做到合理安排学习还能兼顾课外兴趣活动的，学姐说："提高效率和专注力。"

　　为什么很多人效率不高呢？问题就在于不够专注。专注就是集中注意力做一件事，心无旁骛，不受外界影响，这样能让你很快地把事情做完，还很有成就感，对考试也是很有帮助的。面对题海时，沉浸在做题的乐趣中，感受不到周围的环境，即使旁边有人说话也不会受到影响。如果做作业的时候还想别的事，就会影响效率。正是这种专注的学习精神，让任娜学姐的高中三年过得紧张充实、多姿多彩。

学姐说："衡中的生活是将时间利用到极致的生活，需要慢慢去体会和领悟。因为高中个人自制力不强，只有有严格的时间规则才能更有效地管理时间。如果自己管理时间，很可能会一塌糊涂。高中这三年，一定要管理好自己的时间，跟上学校的节奏，同时利用好碎片时间。把事情往前赶，提前预习，提前写作业，这样就不会那么焦虑。尤其是做题时，不要为了做题而做题，要在做题过程中查找问题，确定需要老师重点解答的地方。"

任娜学姐进入大学后，参与各种活动，参加社团，担任了学生会工作，组织大型活动，同时还跨专业、跨学校考研究生。学姐本科专业是应用化学，纯理科。但她志不在此，反而对金融感兴趣，因此确立了金融方向的目标。为了实现目标，她参加金融相关的社团，去北大听金融专业的课程。靠着强大的毅力，凭借执着专注的学习态度和追求卓越的衡中精神，学姐最终在考研大军的激烈竞争中脱颖而出，如愿以偿进入北大金融系。

"衡中对我最大的影响是积极向上、追求卓越的精神。衡中的三年，是时间利用最好的一段时间，也是收获和成长最大的一段时间。直到现在工作，仍然怀念那时在跑操前排队时争分夺秒记忆英文单词的日子，怀念那时每节自习对于练习、复习的有效规划，怀念操场上整齐地跑操与响亮的口号。"任娜学姐如是说。

采访结束后，我内心久久不能平静，手中的笔也变得沉甸甸的。任娜学姐温柔的话语与恳切的忠告是给予我的宝贵财富。回想初入高中，一个月以来突增的课容量、紧张的节奏都让我措手不及，成绩与当初的预期相差甚远，不知道怎么改变现状。现在，我找到了努力的方向和方法，那就是提高效率、讲求专注、规划时间，我会满怀信心地迎接衡中生活。

置身于竞争激烈的衡中，我必扬鞭策马、砥砺前行，用尽所有的热情来奋力拼搏、不负青春！谢谢您，任娜学姐！

（采访人：田璐，864班，观澜学社成员）

衡中校友手记 >>>

形成习惯，归于自觉

姓名	童瑞川
高中	228 班 18 号
大学	本科：北京理工大学 / 计算机专业 博士：（美国）宾夕法尼亚大学 / 计算机专业
工作	（美国）亚马逊公司 / 软件工程师
荣誉	大学：多次获得奖学金；荣获"三好学生"称号 工作：获得多项荣誉

在这个秋高气爽的日子里，我有幸采访到了衡水中学 2005 届 228 班优秀毕业生童瑞川学长。

在谈话中，学长十分耐心，对我提出的问题一一做出了详尽的回答。

回忆起衡中生活时，学长轻轻笑了两声，衡中三年对他来说是一段幸福的回忆。他说，班主任王文霞老师对同学们很照顾，能成为她的学生确实是一件幸运的事。同班同学都很努力，交流不多，但互帮互助，是一个团结的大家庭。他还说，衡中的三年学习使他养成了良好的习惯，无论走到哪里都十分受益。衡中的时间安排严密，帮他提高了效率。用一句话总结，衡中的影响使他终身受益。

童瑞川学长高中时期定下的目标是清华大学和北京大学两所高校，遗憾的是最终去了北京理工大学。当我问起他毕业规划的话题时，他想了想说，并没有十分明确的规划，是一步一个脚印踏踏实实地走过来的。2009 年，他出国进入了宾夕法尼亚大学计算机系。出国前，他考虑了良久，决定向计算机行业方面发展。经过一年多的努力，他通过了出国前大大小小的英语测试。在宾夕法尼亚大学就读期间，他十分努力，每天都在图书馆和自习室间穿梭，攻克术业难题，不负韶华时光。在大学期间他专心学习，并不像其他学生一样一边学习一边工作。他在大学期间不仅获得奖学金、"三好学生"等荣誉，还考取了研究生，可谓成绩斐然。谈到这一话题时，他又提到，在高中培养起来的良好学习习惯令他十分受益。

如今，他人在国外，进入了网络公司工作，工作期间因业绩突出得到了许多荣誉。学长当之无愧是衡中学子的榜样，而这一切无不受益于在衡中培养的良好习惯。

（采访人：赵悦宏，878班，观澜学社成员）

衡中校友手记

工作稳定是相对的而不是绝对的,要义是不断提高个人的核心竞争力

姓名	尹晓林
高中	228班19号
大学	本科:人民大学/统计学专业 硕士:人民大学/劳动经济学专业
工作	百度金融公共事务部/经理
荣誉	高中:宿舍长 大学:荣获"优秀学生干部"称号 工作:获得农业部英语演讲第一名;荣获"百度最佳新人"、北京市"优秀公务员"称号

有幸采访到衡中228班优秀毕业生尹晓林学长,抓住这难得的机会,我向学长请教了困扰我很久的关于毕业规划的一系列问题。

"您报考大学时是从哪些方面考虑的?"

学长说这是一个较大的问题。"第一,兴趣是很重要的,应该作为专业选择的重要因素。学习经济学、了解经济社会的运行规律是我一直以来的梦想。第二,学校所在的城市也是一个重要因素。对我而言,很早就规划了要在北京上大学,加上人民大学是经济学非常顶级的学校,所以我选择了人大经济方面的专业。当然,具体报考哪所学校也要根据高考成绩等现实因素来确定。"

"那您报考时有没有考虑就业这方面的问题?"

"我当时没有考虑这方面的问题,尤其是从现在来看,我建议不要把它当成一个很重要的因素。从填报志愿到本科毕业甚至研究生毕业,要经历四到六年的时间,现在社会的变化非常快,转变非常大,当时的热门专业几年后可能会变成冷门专业。"

"您觉得现在哪些专业比较热门?"

"就我个人了解,传统的经济学等专业依然强势,新兴的大数据、人工智能以及计算机专业也都非常热门。其中，人工智能在国外是最火的专业。"

在报考大学上，学长提到了城市的因素，这是我第一次听到这个观点，但我认为这是很重要的，能在自己喜欢的城市学习工作，是一件幸福的事。

"在大学期间，您最深的感受有哪些？"

"学校是学习的地方，首先要把学习这个本职工作做好，离开学校后，会发现能够心无旁骛、好好学习的机会真的不多。现在讲究终身学习，步入社会后仍要学习很多具体应用的技能和知识，这点不可否认，但如果在学校将知识基础打牢就会事半功倍。至于大学阶段的实习，可以说现在实习机会非常多，各类优秀企业都注重从学校挖掘优秀的人才，但是随之而来的是要保持定力，要逐步明确自己的职业规划、未来的发展方向，沿着一条主线有针对性地安排实习，切忌胡子眉毛一把抓。"

学长不仅说出了自己的感受，也给出了自己的建议：在大学期间，一要好好学习，二要有清晰的目标，逐步明确自己想做什么，集中精力走好自己的路。

"您觉得参加社团的意义在哪儿？"

"我认为社团可以分为两种，一种是兴趣型的。如果有兴趣爱好的话，我建议积极参与社团。工作是生活的一部分，决定一个人生活得是否快乐不只是专业能力的高低和职场上是否成功，个人的兴趣爱好同样能够带来高品质的生活。另外，在社团选择上，建议不要人云亦云，要花点时间向学长学姐请教，了解一下主流社团成立的初衷、具体的内容，然后根据自己的需要有选择性地参加。在参加社团后，完成工作任务之余，也要多观察、多思考，想想社团是如何管理、如何运转的。即使参加同一个社团，大家的收获也是不一样的。"

学长对社团的这种看法也可以延伸到其他方面。做任何一件事，多思考本质，多留意细节，而不是只停留于表面工作，这样才能有不寻常的收获。收获需要用付出来交换。

"大学与初高中最主要的区别是什么？"

"大学阶段，需要自己考虑的事更多了。在高中，总会有人告诉你什么阶段应该做什么，但大学不是这样，大学的自主性很强。希望大家都能好好规划自己的大学生活，让自己充实起来、丰富起来。也可以多跟高年级的学长交流交流，学习一些经验。"

衡中校友手记

"对于大学,我还有一个疑问。为什么大家都说大学是最值得回忆的,难道只是因为它的自由吗?"

"我觉得这是一种自然规律。人成长到一定年龄阶段时,自主性相对较强,社会性又相对较弱,大学恰恰就是这个阶段。在大学,你有一定的自主性,又相对单纯,不需要考虑太多问题,是一个相对自由的时间和空间。所以大家会觉得这段时间内,真正在做自己想做的事,认识自己想认识的人,做自己想做的梦。"

自由而单纯,这可能是人们向往和怀念大学的共同原因吧。

考研还是找工作,是我们将来要面对的另一个问题。对于这个问题,学长建议,要看个人的选择与机遇:如果有好的工作机会不妨就去工作,研究生可以工作后在职读;如果没有好的工作机会,那么继续读研究生,提高自己的能力和阅历后再去找更好的工作,这也是常规选择。成功没有一定之规,在机会出现的时候不要错过,在机会还没出现的时候积蓄力量、耐心等待。

在如何定义工作的稳定与否这一问题上,学长也有着他独特的见解。"工作稳定是相对的,而不是绝对的。在任何平台、任何岗位,只要不断努力,不断提高自己的核心竞争力,就永远是稳定的。"

诚如斯言,我觉得不只工作是这样,任何时候都要力争上游、坚持不懈、进取努力。

这次采访,学长给出了很多宝贵的建议,帮我解开了许多困惑,我也真正感受到了什么是"优秀"。

采访结束了,学长对我的影响却是长久的。在日后的学习中,我将更加努力,承认不足并竭力弥补。

(采访人:刘箬筠,884班,观澜学社成员)

规划好发展方向，挑战就会成为契机，困难就会成为跃升的平台

姓名	邢春霞
高中	228班20号
大学	本科：华东理工大学/金融学专业
工作	上海奇地教育培训有限公司/校长、法人
荣誉	大学：学生会主席；荣获上海市"优秀毕业生"称号 工作：获得"心理咨询师""家庭教育指导师"资格证书

晚风轻拂，载着邢春霞学姐欢快的笑声从远方传到我的耳畔；繁星闪烁，衡中的每一位学子都有属于自己的光芒。由于参加了观澜学社，我有幸采访到衡中的优秀毕业生、228班的邢春霞学姐。这次采访让我收获颇丰，也让我又一次感受到了熠熠生辉的衡中精神——乐观，自信，心似骄阳，何畏前方。

一、高中

数学是学姐高中时的强项，但由于来自农村，在刚入学的前三个月英语让她很头疼。"那三个月时间里，别人读一本书，我就读两本书；别人背10个单词，我就背20个单词。时间对大家都是一样的，所以对我来说很难，但是坚持了这三个月，我的英语成绩慢慢地就提高了。"邢春霞学姐回忆说，"还有一段时间我的物理成绩不太好，但解决的方法其实很简单，就是把每一道题都弄懂。在那段时间里，你会不停地受打击，因为衡中的每一个人都很厉害，你觉得自己已经很努力了，不过成绩还是不理想。但是你要相信，量变一定会产生质变的。"

虽然高考时学姐发挥失常，但现在学姐已经释怀了："大概这就是命运吧，一切都是最好的安排。"

二、大学

考入华东理工大学后，学姐成功竞选了学生会主席，组织能力得到了锻炼，也让衡中培养的自信精神得到了充分发挥。大学毕业时她还荣获了上海市"优秀毕业生"称号。

衡中校友手记 〉〉〉

大学毕业后，由于性格原因以及对未来目标的清晰规划，学姐没有选择考研。公务员虽工作稳定，但学姐喜欢挑战，因此也没有报考公务员，而是直接参加了工作。针对毕业规划，学姐认为，一定要有清晰的目标，根据自己的实际情况选择。只要是适合自己的，就是最好的道路。

现在，邢春霞学姐在上海创立了上海奇地教育培训有限公司，任校长，并且凭自己的努力成功考取了"心理咨询师"和"家庭教育指导师"资格证书。当我发出惊叹时，学姐却说："是衡中精神激励我们不怕困难，敢于挑战一切，衡中精神真的能让人受益一生！"正在研究教育的学姐对于新高考改革有着独到的见解，也为即将面临改革的我指点了迷津。

对于新高考教育改革，学姐认为，还是主要看自己的兴趣，根据自己的特长选报科目。遗憾的是，学姐主要关注上海市的教育改革，对于河北省的具体情况并不太了解。但学姐还是诚恳地提出了自己的建议，为我的前路点亮了一盏明灯。

在采访过程中，学姐爽朗的笑声不时通过电话线传来，让我切实地感受到了衡中精神的魅力。谈到人生困惑时，学姐笑笑说没有什么人生困惑，每一天活得真实、充实、踏实就是给自己最好的馈赠。学姐积极的态度好似骄阳，不论是谈到失意的过往，还是即将到来的未来，都怀着一颗热情的心，勇敢前行，不畏艰险。

通过这次采访，我对自己未来的毕业规划有了更为清晰的方向。"兴趣是最好的老师"，一切都要根据自己的实际情况选择，而不是在改革的浪潮中随波逐流，迷失方向。就像我们这一届开学典礼时郗校长说的那样："新高考改革只会让衡中的清北人数不断攀升，只会让衡中变得越来越好。"作为一名衡中人，我更加坚定了自己的目标，明确了如何规划未来的发展方向。让挑战成为契机，让困难成为跃升的平台吧。

邢春霞学姐还对我的学习提出了宝贵的建议。她和我一样，都经常犯毛躁的毛病，她建议我勾画题干中的关键信息，这种方法对避免马虎会有帮助。学姐曾经在考试前专门在纸上列出易错点，提醒自己要细心谨慎；也曾经为了答题规范，抄下课本上的例题来严格要求自己。我想，这也是衡中精神的体现，将每一个细节做到完美无瑕，将每一件小事做到无可挑剔，将每一天作为追求卓越的阶梯，将每一秒过得充实而有意义。

短短的采访，我通过学姐的笑声似乎看见了她微笑的面庞，看见了她因自信而透露出的光芒。尼采说过，每一个不曾起舞的日子，都是对生命的辜负。一代一代的衡中人，都在以自己的方式在社会的各个领域继续发扬衡中精神。而我，也要在高中三年里努力让自己变得更加卓越，打赢高考这一仗，进入我心仪的北京大学。

最后，学姐寄语我们："衡中给了我们追求卓越的精神，让我们可以做好每一份工作。考上大学不是终点，是起点。希望学弟学妹们，先选城市，再选专业，最终再定大学。因为这将会在很大程度上决定你后半生的生活重心。"

感谢观澜学社给了我这个宝贵的机会，也感谢邢春霞学姐无私的帮助。

心似骄阳，何畏前方，以梦为马，不负韶华！

（采访人：周奕君，882班，观澜学社成员）

衡中校友手记

唯把握当下，方赢得未来

姓名	田顺庆
高中	228 班 23 号
大学	本科：清华大学／自动化专业
工作	江苏电力设计院／光伏电站设计研发
荣誉	大学：获得二等奖学金

我怀着激动的心情采访了 2005 届衡中毕业生田顺庆，当年他以 665 分的高考成绩裸分进入清华，是当之无愧的学霸。

采访前我心情忐忑，担心他不愿接受采访，担心自己不会说话。没想到田顺庆学长非常热心，让我紧张的心情慢慢放松下来。我们愉快地交谈了 40 多分钟，他对高中生在校学习、与同学的交往，高考后的专业选择以及大学生的考研、就业等问题一一做了详细的解释，让我疑惑的思绪慢慢清晰，对高中阶段的学习及今后的努力方向有了一个更高层次的认识。

我将采访的内容梳理成几方面，与大家分享。

一、走进衡中，受益终身

衡中是全国名校，她以高考骄人的成绩闻名全国，也以严格的管理遭人非议甚至被妖魔化。来衡中前，我既向往又恐惧，既想到此贴金镀银，考所好大学，又怕受不了这里的快节奏、强压力，父母也非常纠结。真正来到衡中，一个月的学习生活让我很满意：饭菜丰富多样，活动精彩纷呈，老师授课耐心细致，同学热情乐观。学习虽紧张但很有序，我心中的疑虑慢慢淡化。今天听了田学长的一席话，我对衡中有了更进一步的认识。

田顺庆学长说，三年的衡中生活让他受益终身。学校的管理规划非常细致，所谓的严格管理是让你养成良好的习惯：几分钟起床，几分钟吃饭，追求单位时间的最高效率，做事不拖泥带水，专注学习而不死学。从课程安排上看，文化课、体育课编排有序。

对此我深有同感，我这届课外活动光社团就有100多个，响当当的社团也有5个，我参加的观澜社就是校内比较有名的。也就是说，在衡中生活、学习是快乐的而不是压抑的，衡中三年养成的良好品德让你受益终身。

二、专注学习，章法得当

衡水中学高考成绩连续夺得河北省冠军，60%的学生高考都能在600分以上，100%的学生都能上本科线。但好的平台也得有好的学习方法，我们刚进高一，又面临新高考改革，九门学科都得学，如何合理安排成绩，让各科成绩都达到优秀？我是偏文科的，数理化相对薄弱，考虑到考试成绩、总分排名，原想把文科中所谓的小科（政史地）放放，利用课堂时间学学，把大部分时间用在理科上，结果田顺庆学长说，优势科目要保持优势，不能有丝毫懈怠，而对理科可适当多用些时间。另外要克服畏难心理和思维定式，刚升入高中，究竟哪科能学好也说不准。再有就是现在学的东西将来都能用上，尤其是语数外用途更广。好的平台得有好的环境，衡水中学给学生们创造了大的平台，学生们也得学会给自己营造好的环境。除了学会在生活上照顾好自己，还要和同学搞好关系。同学间的关系最单纯，没有利益上的纷争，只有学习上的互帮互助、你追我赶。刚入学，大家都很友好，但随着时间推移，交往加深，彼此的小毛病、小性格就会暴露出来，要学会包容，顾全大局。要想到自己来衡中是学习来了，除学习外，一切的问题都不是个事。在班里要有几个非常要好的、有烦恼可以倾诉的、有困难能帮你解决的、充满正能量的同学。田学长说，这些人现在是你同学，将来在社会上就是你最大的人力资源。

三、放眼未来，天高地阔

田顺庆学长2009年于清华大学毕业，没有考研，而是直接就业。说到未来的就业方向及在校的选科，田学长说兴趣最重要，理化再好就业，可如果你不喜欢，工作起来也会很痛苦；政史地再好学，未来没你喜欢的职业也白搭。一定要努力学习，遵从自己的内心，选择自己喜欢的学科、专业，三百六十行，行行出状元。当下经管、计算机专业很吃香，工作环境好，薪资高，但也不能否认，考古专业、设计专业也能干出名堂。至于今后是在企业就职还是当公务员，适时而定。要给自己定一个长远的、较高的目标，然后朝着目标努力。田学长反复强调，目标一定要定高，即使未来实现不了，至少也不会太差。

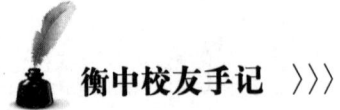 **衡中校友手记** 〉〉〉

感谢学长点拨！运动会上校长助理就讲过，我们正赶上国家发展的快班车，是实现两个一百年的大好时机，我们又身处衡中这样一个大平台，只要埋头学习，把握当下，把握好自己，未来一定会是光辉灿烂的！

（采访人：赵曼羽，867班，观澜学社成员）

学问必须合乎兴趣方可受益

姓名	韩卿
高中	228班24号
大学	本科：北京邮电大学／通信工程专业 硕士：厦门大学／公共管理专业
工作	海关总署税收征管局／调研员
荣誉	大学：获得多项社团荣誉；荣获"优秀共青团员"称号 工作：受到包括集体三等功在内的多项个人、集体嘉奖；荣获"优秀共产党员""优秀组织干部""先进个人""业务标兵"等多个称号

昨日星空，璀璨的星宇漫天绽放，一轮淡淡的月儿静静地悬在夜幕中，流泻下一泓皎洁。我怀着敬畏而忐忑的心，拨出了人生第一通采访电话。

我采访的对象是学长韩卿。学长2005年毕业于衡水中学，考入北京邮电大学通信工程专业；他所在的衡中228班是一个神奇的班级，当年有八人考上清华北大。也正因如此，我才会既激动又忐忑。韩卿学长的言语中无不体现着他对待采访的认真态度和对待校友的细心关照。尤其是在说话时，学长为了避免我听不清，会很细心地放慢语速。学长的耐心回答和仔细分析让我感受到了尊重，也让我获益匪浅。

电话打通之后，韩卿学长先是很贴心地询问我国庆节放假情况和对衡中的适应情况，引导着因为紧张而吐字不清的我渐入佳境。

衡中的学生都知道，初入高一，学校会让同学们在教室外面的柜子上放入写有自己理想大学和人生理想的小卡片。写这张卡片，我特别头疼和着急，就像一个人孤立无援地站在黑夜中，不知该往哪儿走。我认识的很多同学也都有这个困惑——自己从来都没有想过这个问题，也没有明确的目标。韩卿学长的细致分析就像黑夜中的北极星，让我有了方向，不再迷茫，颇有一种"拨开云雾见天日"的感觉。

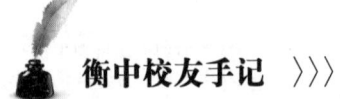 **衡中校友手记** 〉〉〉

韩卿学长让我首先从心理上消除焦虑——面对这种情况，不必压力过大，学校让我们确立的目标实际上并非一定就是一个真正的目标，它只是帮助我们塑造一个梦想，归根结底还是为了激励我们学习。学长向我提出一个个小问题，引导我去审视自己各方面的行为，寻找自己的不足。学长认为，关于行动，一方面我们可以暂时抛开一些客观条件，不要管自己中意的工作好不好做，有没有什么好的工作前景，而是要先从兴趣入手。莎士比亚曾言，学问必须合乎自己的兴趣方可得益。如果有明确的爱好和特长，便可据此出发。另一方面可以考虑一下自己向往的城市，将来想去哪里发展。很多同学都向往北京、上海和天津这些大城市，诚然，在大城市学习能够增长自己的见识，开阔自己的思路，也能结交更多志同道合的朋友，但凡事都有利弊，如果想要留在大城市工作，竞争会非常激烈，生活压力也会很大，这些需要自己权衡。再一方面，可以多听一听家长和老师的建议，关注国际社会上的一些大事——现在的高中学习不再是全封闭式的，很多学科都与社会密切接轨。因此，多了解社会，就能慢慢形成自己的认知，奋斗的目标也会渐渐地清晰明朗起来。三年高中生活，目标可以视情况进行调整，但处于高中的起点时，出于激励自己的目的，初始时就可以定一个较高的目标，这样奋斗起来才更有一股干劲。

提到高中与大学的关系，韩卿学长认为高中时期是最单纯、最纯粹的学习阶段，但不应该是高效学习状态的终点。大学时期的学习任务远比我们想象中的繁重，而且不会再像高中时有学校和老师监督敦促，同时大学毕业就面临融入社会的压力，这一切都对自身的学习能力提出了更高的要求，而良好学习习惯的养成和保持届时将显得尤为重要。因此，从现在做起，养成好习惯，保持好节奏，将来做到不忘初心、始终如一，一定可以不负芳华。

关于大学毕业后的工作规划，韩卿学长说对于高一新生而言，现在还很难对工作有清晰的概念和明确的规划，建议在学习之余可以结合自身兴趣，慢慢了解社会现状后再做打算。至于是否考研或者考公务员，更要结合自己的专业和特长进行综合考量。

分分秒秒在不经意中流过，不知不觉中，半小时过去了，采访也接近了尾声。与其说是我采访学长，不如说我是受教者。听君一席话，胜读十年书。这次采访，韩卿学长不单单为我面临的问题提供了一些解决办法，从他一步步由浅入深、由内而外的分析中,我也领会到了一些自己解决问题的办法。当前行道路上有障碍时,我们首先应该摆正心态,然后从问题的根源入手,再慢慢延伸到细节,发现不足,这样才能快速地解决问题,面朝希望,继续前行。

我走到窗前,仰望星空,点点繁星似颗颗明珠镶嵌在天幕上,照着远方的路……

(采访人:刘硕颖,878班,观澜学社成员)

衡中校友手记 >>>

前进一步再前进一步,把困难分割成无数网格再逐一攻克便易如反掌

姓名	刘世政	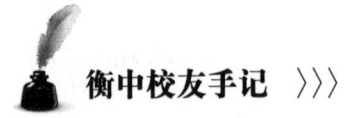
高中	228 班 27 号	
大学	本科:北京航空航天大学 / 国际经济与贸易专业 硕士:北京航空航天大学 / 管理工程与科学专业	
工作	全国海关信息中心 / 高级办公事务专员	
荣誉	大学:荣获"优秀学生干部""优秀研究生"称号	

在竞争环境日益激烈的今天,在丛林法则支配的 21 世纪,优胜劣汰已经成了一种再稀松平常不过的状态。那么刚升入高中,正面临新高考改革而浑然不知的你,究竟怎么办?

我很荣幸地采访到毕业于衡水中学 228 班的刘世政学姐。2010—2012 年,学姐曾在北京新东方做兼职老师。在与学姐的交流中,我认识到身处于这个竞争激烈而又在飞速发展的时代,不断提高我们自身的综合素质与能力,成为一个高情商与高智商的人才,才更能适应当前的社会,为自己谋取更大的发展空间。

前进一步再前进一步,把困难分割成无数网格再逐一攻克便易如反掌。生活如此,学习亦是如此。刘世政学姐将困扰我们高中生的诸多问题为大家分而克之。

一、学习生活

相信很多新升入高中的同学都会发现,每天的学案、自助堆得像座小山,每天都有做不完的卷子、看不懂的题目与被时不时冷落的自助,这时我们难免要问一下:在现在这个提倡素质教育的大背景下,题海战术这一应试教育的标志性产物还有存在的必要吗?答案当然是肯定的。首先我们必须知道,虽然教育行业已经喊杜绝题海战术很多年了,但是经验告诉我们,题海战术仍然是应对考试最有效的方法之一。无论怎么强调素质教育,熟能生巧仍是亘古不变的道理。

说到这儿,我想很多朋友那颗火热的心一定又凉了半截,但我相信高智商、高情商的你一定能从中看到不一样的风景。虽然每天作业很多,但通过多加练习

便能熟能生巧；面对每天的作业，怀着追求卓越的精神和创新意识去思考、解题，专注而高效，会使我们在学习中更有效率和质量。

一说到作业，大家肯定又会双眉紧锁，满脸岂是一个"愁"字了得？

客观来说，每个人难免会遇到一些烦心事，导致情绪不稳定、注意力不集中。不过我们生来不是只有学习、工作两件事，以后上了大学、参加工作以后，需要承担的家庭和社会责任更大，需要扮演的角色也会更多。学会调节自己的情绪，更加集中精力，这对个人成长是非常有意义的。

作为一名高中生，高考就是非过不可的一道关卡。你是不是会在三年的磨砺中褪去昔日的锋芒与棱角，褪去曾经的光华呢？我们的动力又是什么？高考并不是人生跑道的终点，但一定是一个新的起点。高考决定了你新的起点高度，为了下一个赛道赢得漂亮，我们必须全力以赴。

二、职业规划

接下来谈一下生涯规划的问题。

我们是2018年新高考政策改革后的第一批学生，虽然文理不分科，采用"3+6选3"的形式，但是在拓宽选择空间的同时我们也面临一些经历。例如，所选科目会与你未来想去的大学及心仪的专业挂钩。刘世政学姐分享了自己的故事："高三的时候，班主任在一节课上分享了未来10年薪酬最高的行业，我记得当时是广告业，但是目前金融和IT行业无疑是薪酬最高的。当然，除了薪酬，兴趣和社会地位等都是以后就业需要考虑的因素。"

在我们做出选择之前，还有很长一段时间去研究和判断，大家要根据自己的兴趣及行业发展趋势做出正确的选择。

三、大学生活

相信很多同学和我一样，想知道学姐大学生活到底是什么样的。学姐说大学生活说轻松也不轻松。轻松的地方在于没有那么多课程，也没有人逼迫你学习；不轻松的地方在于，上了大学以后更需要自律，学习和社团活动等都需要自己自觉、自律完成。学生的天职永远是学习，任何社团活动都不会比你的学习成绩更重要。学习成绩永远是衡量一个学生好坏的第一标准，而不是唯一标准。

拨开三道迷雾后不难发现，适应这个时代发展潮流的人，是那些乐观向上、富于创造而又严于律己的人。希望大家都能够找到自己学习和生活的节奏，做一

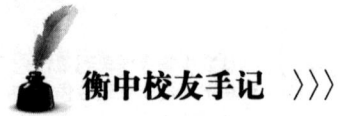

个高情商和高智商的人。

（采访人：杜佳琪，885班，观澜学社成员）

目标并非一成不变，转换跑道需适时而为

姓名	张华良
高中	228 班 28 号
大学	本科（提前批）：国防科技大学 / 应用物理专业 硕士（保送）：国防科技大学 / 物理专业
工作	保密 / 保密
荣誉	高中：获得河北省物理竞赛二等奖 大学：获得光华奖学金、CASC 奖学金；荣获"优秀学员"称号 工作：获得军队科技进步二等奖、三等功；荣获"优秀共产党员"称号

高鹭鹭采访实录

10 月，秋意浸染了衡中校园。红叶在风里絮语，悄悄地，生怕搅扰了书页翻动的节奏。

这次，我要采访衡水中学 228 班的学长张华良。228 班是衡中的品牌班级，2005 年高考时，全班 8 人考入清华北大。我拨通了张华良学长的电话，自我介绍之后正式开始采访。

"高二、高三两年我都在 228 班，之前我是在 224 班，分班之后，选了理科。到了 228 班后王文霞老师是我的班主任。那年也是母校第一次分重点班和非重点班。"张华良学长介绍说。

"学长，你感觉王文霞老师是怎么样的一个人呢？"

"王文霞老师很负责，是一个好老师、好班主任。当时衡中一年四季作息时间都一样。冬天的时候，我们早晨 5 点 30 分起床，5 点 40 分到操场，她比我们到得都早。晚上 10 点 10 分熄灯的时候，她去查寝，直到 10 点 30 分才回家。班里有的同学家庭条件不太好，王老师对这些学生都非常关心。"

"你在高三结束后考入了国防科大，国防科大的目标是你一上高中就定下的吗？"

"高二的时候我就想考军校。在高考前查军校信息,实力最强的差不多就是国防科技大学,还有解放军理工大学、郑州信息工程大学,于是我就报了国防科大。"

"上完大学之后就直接考研了吗,还是毕业工作后再考研?"

"当时我是保研的,被保送到了国防科大读研究生,毕业之后直接分配到新疆去了。我在新疆工作了六年,部队改革调整才转到北京来。现在主要在部队从事航空航天领域的工作。"

"毕业之后适不适合考公务员呢?"

"我觉得这要从两方面来说吧。一方面是看你本人追求不追求安逸的生活。如果你追求那种安逸舒适的生活,每天朝九晚五地上下班,工作不是特别辛苦,比上不足,比下有余,建议你报考公务员;如果你喜欢那种跌宕起伏的人生,有自己的追求,有自己的理想,不建议你考公务员。

"学长,安逸的生活和跌宕起伏的生活,你追求哪一种呢?"

"我现在30多岁,在体制里已经很多年了。军校八年之内不允许转业,毕业的时候我已经二十四五岁了。一开始我想脱离这个体制,但是成家立业、工作单位到了北京之后,追求又变了。既然已经在体制里多年了,那就继续在体制里生活吧。"

"衡中的生活对你现在的生活有什么深远的影响?"

"总体影响还是比较大的。在衡中的时候,人生从来不缺乏激情,我们的校训是'追求卓越',这一点对我以后的大学、工作、人生影响都比较大。进了大学之后,课本、社团这一类都是自己去学习,没有人替你规划,衡中能让我始终有一个积极向上的人生态度。第二点影响是时间管理这方面,要利用碎片化时间学习。上大学之后我坚持得不太好,但我希望你们在时间利用方面形成的习惯不要丢弃。上大学和工作之后始终保持利用零碎时间的习惯,以后的生活,哪怕只拿出在衡中学习50%的态度,你的人生都会比其他的人优秀很多。可惜一般人都坚持不下来,因为人都是有惰性的。

"我再说一下关于上军校这方面的问题。以我这个过来人的看法,建议大家还是不要报军校。因为在衡水中学上高中这三年是封闭式管理,如果毕业了上军校的话,还是封闭式管理。从18岁到二十四五岁,人生最好的年华都是封闭式管理，不与社会接触，对以后的人生来说不是特别好，是弊大于利的。如果想去部队的话，我建议还是上普通大学，以后直接特招入伍比较好。"

郅雨彤采访实录

10月，虫儿低吟，秋意盛浓，阳光明媚，层林尽染，秋叶含情。生活中我们总是忙忙碌碌，忘记了时间，忘记了身边最平凡中的非凡风景。

"我高二、高三的时候就挺想上国防科技大学的，这是所军校，军队待遇也很好，而且父母也愿意让我去，所以高考成绩出来后，我就报考了国防科技大学，是提前批录取的。"

"您在大学生活期间有什么特别感受吗？"对大学生活向往的我迫不及待地将话题一步跨到了大学生活层面。

"其实要感谢母校衡中，我们这些衡中毕业的学生，比别的中学毕业的学生适应能力要强很多。首先军校管理很严格，时间上也比较紧张，但我们一点问题也没有，在生活和时间上非常适应，基本没有束缚感。从学习这方面来说，衡中毕业的学生自律方面非常强，对自己的要求也很严格，标准很高。在大学里没有老师管理，学习上也没有人监督，所以学习主要靠自己，靠自律。咱们衡中的学生在系里基本都是中上游水平。"

张华良学长的话我十分敬畏，这种敬畏发自内心深处，是对衡中的敬畏，对军校的敬畏，对军人的敬畏。衡中，一个培养优秀学子的摇篮，一条走上卓越的道路，一盏为我们照亮前进方向的明灯，一个宽广到可以让我们尽情发挥又不失尺度的平台！

回头想一想，自己刚来衡中时的种种不适，一个个放弃的借口，一次次懦弱的泪水……听到学长发自内心对衡中的感激，想到以后自己走出高考考场的样子，看着教室外书柜上的大学目标和人生理想，我的心里仿佛通了电，什么杂念和抱怨都没了。

老班有句话让我深深难忘："你今天受的苦、遭的罪、吃的亏、担的责、忍的痛都将成为光，照亮你前行的路。"在衡中，我们哪能叫吃苦受罪？追寻梦想的道路也叫苦和罪吗？这明明是一种享受，青春本就是用来奋斗的！

衡中精神对我们三年高中学习、四年大学生活乃至整个人生的发展都有着巨

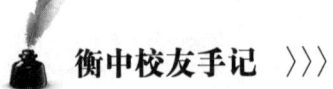

大的影响。作为新一代衡中人,我一定会发扬衡中精神,恪守"追求卓越"的校训,让衡中精神贯彻整个人生。

"军校毕竟是军校,和其他地方院校相比,在开阔视野这方面还是有封闭性的。再有就是与社会的沟通也比较少,这方面和其他学校都有所差距。"

"那您在毕业之后对自己的工作有什么规划吗?"

"这个规划根据工作不同发生变化,还受一些经历的影响,目标也在发生不同的变化。"

是啊,随着我们一点点长大,从小学步入初中,再到高中,一步步实现着一个个小目标,最后向最高处的那盏明灯望去,却发现,我们已经在灯火阑珊处了。

张华良学长曾被调到新疆工作。那里条件艰苦,他满怀思乡之情,打算转业的时候却被调到北京,人生规划又走入一个新的开始——他准备长远地在部队发展。一直到了现在工作步入正轨,一切都在正常进行着。

人的一生都在不停地转变着目标,变换目标的原因有这样几个:第一,上一个目标实现,需要新的目标来承接;第二,上一个目标不合适,需要新的目标来磨合;第三,目标无法实现只能不断地降低水平,最后的结果就是野心太大而能力不足,只能放弃一个又一个目标。

"学长,请问您在生活中曾遇到过什么困难?您又是怎么去面对和解决的呢?"如今刚步入高中的我们面对着许多待解决的问题、待克服的困难,我想取取经,得到前辈们的经验和指导。

"人生不如意十之八九,如果考研没考上,就会影响以后的工作。就像我们军校分配工作,这不是自己能决定的。如果分到一个条件不好的地方,只能面对。我研究生毕业的时候被分配到新疆了,当时心情很不好,但又没办法,只能积极面对吧。我就经常想着新疆好的地方,少想不好的。我们在戈壁滩上工作,环境很恶劣,但是我们的营区很温馨,有很多志同道合的战友。在这个小环境里,心情就不特别差了。所以当心情不好的时候就转移一下注意力,或者用工作和学习充实自己,人一忙起来就什么都忘了。你能解决的就积极去解决,不能解决的就要坦然面对。其实你们现在处于学习期是很幸福的一段时光,既可以自己把握,有困难时还有老师、家人一直在你们身后,要学会全力以赴。你们将面临的高考,就是最公平、最可以自我发挥的舞台。"

听完学长的话，我发现，学习上那点困难又算得了什么呢。现在的挫折无非就是成绩的暂时失意，只要努力，就一定会迎头赶上。就如学长所说的，要坦然面对、积极解决、全力以赴，用学习、知识不断地充实自己的生活，浸染精彩的青春，不能因为暂时的失意而降低标准，放弃梦想。

挂掉电话，我揉揉太阳穴，望向窗外。晚霞的残红被暗色遮盖，斑斑驳驳的灯光在夜色中更加璀璨。学长的一句句叮咛逐渐化为夜的精灵，为晚归的我指引着前进的道路，也抚平了我内心的烦躁。

我似乎长大了，又似乎在原地徘徊，霎时的相逢跟着希冀的光，为人间 10 月许下一个永久的承诺，我暗暗地在心里宣示着梦想。夜依旧，灯光依旧，只是我心里随着璀璨的灯光，多了一场永不言弃的梦。

（采访人：高鹭鹭、郅雨彤，884 班，观澜学社成员）

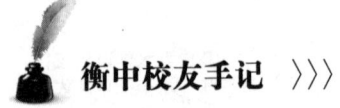

衡中校友手记 >>>

只有不断付出才会持续拥有

姓名	邢翠柳
高中	228 班 30 号
大学	本科：天津大学 / 电子信息工程专业 硕士（保送）：天津大学 / 电子信息工程专业
工作	中国电子科技集团第五十四研究所 / 工程师
荣誉	高中：体委

时光匆匆，轮回旋转。当年的张张青春面孔，已多了一层成熟稳重。他们有了家庭，有了孩子，过着不一样的生活。在内心深处，却始终留着一个角落，留给青春，留给高中三年，留给同学老师，留给衡中，也留给我们。

我在夏末一个晴朗的中午，伴着窗外连绵的蝉鸣，略带紧张地按下手机上的号码，听着有节奏的电话音"嘟嘟"响着，看着屏幕上写着"邢翠柳学姐"几个字。几秒过后，电话那端传来轻巧活泼的问候声。

"您在高中这几年经历过哪些挫折呢？"我首先问道。学姐思考了一会儿，简单叙述了她高三多次考试失利时的伤心与落魄。但随即，她带着一丝自豪提起自己的班级，说着那时班上的氛围与同学之间互相支持下的自己。"你不会轻易放弃，因为你看到别人也一直在努力。"不管自己考得多差，不管前方的道路有多么崎岖，在几十个人的互相扶持之下，他们都勇敢地向前方奔跑着。

学姐描述的这种班级氛围，现在都没有变过。如今的我们，正像当年的他们，手拉着手同行在路上。

接着，学姐分享了她对于毕业与未来的看法。

学姐的高中三年，没有太多的杂念与迷茫，只是为了未来而拼尽全力地学习与努力。她选择的大学专业当时是比较热门的电子信息工程。"热门专业每年都在变化，你们现在和我们当年肯定不一样了。"对于大学专业，还是应当切合实际，根据自己的需要来选择。

上大学的时候，学姐便决定了要考研究生。学姐表示，考研并没有想象中那么困难，这只是一种选择，与大学毕业后选择直接工作同一个道理。这种选择，也是基于我们自身的需要与想法的。不选择考研而直接步入社会去工作的人，或许就是想要锻炼自己、闯荡一番。

我询问了学姐对于目前新高考的看法。她认为六选三的模式，实际上是给了我们根据自身优势进行灵活调整选择的机会。相比以前一旦确定便不可更改的文理分科，新高考或许对我们更加有利。

对于考公务员，学姐认为现在已经和以前不一样了。公务员可能比较稳定，接触的人际关系更加广泛，但随着社会改革的推进，公务员的地位相对以前也已经有所下降，对人们的吸引力自然也变小了。若是想让自己的生活更加富有激情、多姿多彩，去竞争性强的企业应当是个不错的选择。"外面的世界已经更精彩了，考不考公务员，还要看个人的兴趣和实际情况。"

关于职业的选择，学姐认为我们目前接触到的知识与社会关系毕竟有限，到了大学之后，会对此有一个更加全面深刻的认识。我们还会逐渐面临不同的选择，然后再去认真周全地考虑。同时，要考虑未来生活的城市：大城市压力会比较大，竞争也激烈，但也会有更多的活力；相对而言，小一些的城市工作和生活会比较稳定，但跳槽就业的机会也小了很多。具体情况具体分析，未来的职业工作与生活如何选择，很大程度上还是取决于我们自己的实际。

学姐还分享了自己的生活。在过去很长一段时间，从大学到工作一直到组建家庭之前，我们基本上都是在为自己的未来、梦想、发展考虑。等到有了家庭、孩子，担负起更加重大的责任之后，个人的思考、想法会与非常重要的亲人、孩子等挂钩。因此，学姐提醒我们，要在大学期间、工作初期多为自己考虑，做自己想做的事，实现自己的梦想，勇敢地奔跑在自己的人生道路上。要珍惜这段美好而短暂的时光，去创造属于自己的辉煌。

时间在来来回回的几十次对话中很快流逝。学姐爱笑，轻轻的笑声也引得我跟着笑起来。她温柔又耐心，仔细地为我解答着各种各样的问题。我隔着电话，通过电磁波，好似望见了相隔不远的城市某处那灿烂的笑颜。"预祝你高中三年学习顺利。"学姐轻快地说着，温暖从我的心底蔓延，直至溢满全身。

我按下挂断键，回味着方才学姐说过的每一句话，心里被填得满满当当。

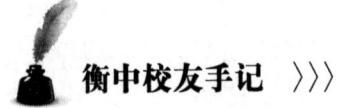 **衡中校友手记**

228班的学长学姐们纵然离校多年,却仍旧以万分热情认真地为我们答疑解惑。或许他们眉眼处多了一丝时光的痕迹,或许他们的生活工作忙碌疲惫,或许他们的青春逝去多年,但我相信,他们的心里始终存在一个228班,始终存在一个衡中。

窗外的蝉鸣仍旧没有间断,夏末之时,清风拂面,全身凉爽。

(采访人:刘艺萱,882班,观澜学社成员)

欲达梦想必不畏难

姓名	潘林
高中	228 班 32 号
大学	本科：天津大学／软件工程专业 博士：天津大学／计算机应用技术专业
工作	天津大学海洋科学技术学院／教师
荣誉	高中：获得全国高中数学联赛河北赛区一等奖 大学：获得首届全国大学生软件创新大赛优胜奖；荣获天津大学第九期"学生科技英才"称号

与学长潘林进行对话，我发现自己对大学和毕业后生活的认知与现实十分不符，甚至称得上天差地别。

潘林学长进入天津大学后，努力学习，继续深造，最终获得博士学位，留校任教。学长说在大学生活中，每个人都有不同的选择：有的同学希望继续深造，选择努力学好每一门课程，以取得一个不错的绩点；有的同学打算未来从商从政，选择将更多的时间投入社团等各类活动中，锻炼自己的社交能力，积累自己的人脉；有的同学希望安安稳稳毕业，然后就业生活，按部就班过好每一天。究竟如何选择，要从实际出发，也要遵从内心。

学长的话对我启发很大，我更向往学长提到的第一种选择。我希望在以后的生活中能学习更多有用、有趣的知识，所以现在必须努力、不负众望，未来才能真正做自己想做的事。

我还咨询了关于未来走向的问题。原本我一直纠结是否要出去到大城市看看，学长对我说的一句话让我明白了自己的方向。"你应该去大城市看看，不喜欢可以再回来。但是如果你连看都不看，那不就丧失这个机会了吗！"听完这句话我顿悟——要完成自己更大的梦想，虽然可能会遇到挫折和失望，但是，如果自己都放弃了这个设想，那就连接受这种挑战的机会都没有了。

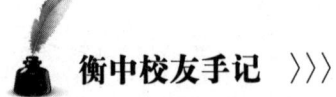 **衡中校友手记** >>>

疑惑顿开,当我如释重负地挂掉电话,也真正完善了自己的人生规划——去一所适合自己的大学认真学习,之后在一座合适的城市留下来工作生活——这其实一直是我想要的人生啊。

昨日我还像一个傻子一样看不清前行的方向,今天我知道了自己真正想要的是什么。感谢学长,有缘再见!

（采访人：崔博森，863班,观澜学社成员）

不要让生活选择你，而是你选择生活

姓名	解楠
高中	228 班 33 号
大学	本科：中国科学技术大学 / 金融学专业 硕士：中国人民大学 / 财政学专业
工作	开源证券 / 金融管理
荣誉	大学：在主持人大赛中获得较好名次；多次获得奖学金

按照观澜学社的统一安排，10月3日，我通过微信形式对2005届我校优秀毕业生解楠学姐进行了电话采访。

在言谈甚欢的电话交流中，学姐积极热情地回答了我的提问，回顾了过往的衡中岁月，畅谈了对衡中的感受，介绍了在大学期间的丰富生活，并对我们未来专业选择及职业规划提出了很好的建议。

一、高中生活

解楠学姐讲了很多中学往事，让她记忆最深刻的是大量的考试卷和课外作业，还有衡中特有的快节奏，特别是衡中每次考试后的大排名。每次查看贴在教室后面的考试成绩单都是对自己的勇气的最大考验，"恐惧与忐忑"的感觉让她至今记忆犹新。

衡中三年不仅有紧张的学习与考试，课外生活也很丰富多彩。最重要的是衡中的精细化管理及学习风气，对中学生自身的培养和人格塑造非常关键。时间管理的精细化，每天固定的跑操，对身体及心灵的成长都很有益处。此外，母校在社会上名气很大，每当有人得知学姐中学母校是衡中时，赞慕之情都溢于言表。"衡中毕业生"就是优秀学生、杰出人才、名牌大学的代名词，这是学姐毕业后的最大感受。

二、大学生活

相较于高中，大学生活更加丰富。大学既是学校也是小社会，大学生在校园里通过丰富多彩的活动可以开阔眼界，锻炼自己各方面的才能，不断提升完善自己。解楠学姐在大学期间不仅获得过奖学金，而且参加过很多社团，课外活动也丰富多彩。例如，她参加了主持人社团、文艺类社团，并在主持人大赛中获得了很好的名次。学姐建议我们未来进入大学后，在有限的时间里尽量多读一些书，多考一些专业证书。比如，学金融的学生可以在学校期间通过考试获得CPA、CFA等证书。参加工作后，特别是作为新员工，想要再抽出较充裕的精力与时间参加考试是比较困难的。

三、毕业规划

兴趣是最好的老师，兴趣爱好与学科专长同等重要，如果这二者有冲突，解楠学姐建议应根据自身实际情况适当取舍：或培养擅长学科的兴趣（虽然现在对与擅长学科对应专业的理解还比较肤浅，但可以进一步加深了解，培养理解与认识），或遵从现有的兴趣爱好，努力提高与喜欢专业对应的学科成绩。总之，考上一所好大学是很重要的。不同大学的氛围与环境是有很大区别的，你接触的人、获得知识的环境千差万别，不同大学的环境会把你塑造成不同的人，从而直接影响你今后的人生道路。所以，大学专业与兴趣爱好应综合考虑。解楠学姐认为，理科女生学习数字量化也是一个不错的选择。

访谈最后，解楠学姐寄语全体新高一的学弟、学妹："希望大家通过三年高中学习，考入一所理想的大学，这样就业时就能打破求职门槛，给自己一个更高的人生起点。不要让生活选择你，而应是你选择生活。高中学子，加油！"

通过与解楠学姐的交流，我对母校有了更深一步的了解，对自己的未来有了更加明确清晰的方向。记得龙应台在《亲爱的安德烈》中说过：孩子，我要求你读书用功，不是因为我要你跟别人比成绩，而是因为，我希望你将来会拥有选择的权利，选择有意义、有时间的工作，而不是被迫谋生。当你的工作在你心中有意义，你就有成就感。当你的工作给你时间，不剥夺你的生活，你就有尊严。成就感和尊严，会给你快乐！

今日的努力，原为明日拥有快乐生活的权利，解楠学姐已经做到了。"数风流人物，还看今朝"，与新高一同学共勉！

（采访人：陈芷晗，881班，观澜学社成员）

研究型专业更适合在校期间深造而不是马上就业

姓名	崔继伟
高中	228 班 36 号
大学	本科：厦门大学／物理学专业 博士：厦门大学／理论物理专业
工作	西安电子科技大学／讲师
荣誉	无

岁月变迁，时光更迭。转眼间我从年少无知的孩童成长为稚气未脱的青年，迈入了衡中这个充满激情和青春的地方，带着快乐，带着自信，也带着一丝忧虑。我的忧虑主要来源于对这个大家庭生活的不适应和对未来的迷茫，好在衡中给了我们一个与学长促膝长谈的机会，我有幸采访到了 228 班的学长崔继伟。

这是一次愉快的对话，我因为没有经验不知从何问起，因而先谈起了自己的学习，学长也愉快地回应了。我好奇地问了如何处理学习上的压力，这也是我最关心的一部分内容。学长似乎对于学习并没有太多压力，可能是个标准学霸的原因吧。他耐心给我讲了如何克服压力，我从中受益匪浅。之后我又向学长请教了关于情感和生活方面的问题，最让我感兴趣的是学长的经历和生活。

学长高中的学习时成绩没有太大起伏，高考后选报了厦门大学，大学毕业攻读博士，之后又前往西安科技大学进一步学习、工作。

学长讲述他的经历时，我的世界观仿佛得到了一次更新换代，我向他不断地请教问题。我喜欢比较随性、快乐地生活，于是向学长描述了自己的理想，他建议我从事一些文科类的职业，但我喜欢的是理科。我又怀着不安的心情问学长理工类的就业情况，学长说他就是学的理工，但是更侧重于理，建议我像他一样留在学校深造。学长从事的是研究型工作，现在的生活十分安逸。

挂掉电话的那一刻我内心顿时明朗起来，在此之前我对自己未来的就业没有任何规划，但是与学长的谈话点醒了我。要实现理想目标，我还有很长的路要走，

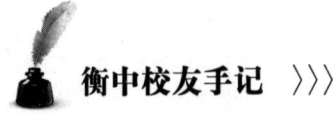 **衡中校友手记**

在此之前我必须先跨越三年的鸿沟,翻过三年的高山,直到某一天我真的能够实现自己的理想,快乐地生活!

(采访人:崔博森,863班,观澜学社成员)

哪有一蹴而就，都是百炼成钢

姓名	李海明
高中	228 班 38 号
大学	本科：华中科技大学 / 土木工程专业
工作	中铁建工集团 / 雄安站站房二标项目部副经理
荣誉	大学：荣获"优秀共青团员""优秀毕业生"称号 工作：干挂陶板施工工法、被动桩基托换体系施工工法获中铁建工集团有限公司三级工法，高寒地区冬期施工中底板辐射采暖应用施工工法获中铁建工集团三级工法和辽宁省工程建设工法；临近既有线深基坑施工技术研究获得中铁建工集团有限公司科学技术进步奖三等奖，大型铁路站房综合施工技术研究获得中铁建工集团有限公司科学技术进步奖特等奖和中国施工企业管理协会科学技术奖科技创新成果二等奖，"新艺术运动"风格欧式大型火车站房 BIM 应用及关键技术研发获得第六届"龙图杯"全国 BIM 大赛施工组一等奖；荣获中铁建工集团"青年岗位能手"、北京分公司第十二项目部"年度优秀见习生"、北京分公司"党员示范岗""优秀员工""年度十大岗位标兵"称号，荣获中铁建工集团沈阳站改造工程项目部"优秀岗位能手"、沈阳南站工程项目部"岗位标兵"、沈阳铁路局沈阳南站工程建设指挥部"年度先进个人""大干 90 天会战先进个人"称号；获得辽宁省创建国家优质工程荣誉证书

远处传来火车启动的声音，我的思绪也随着铁轨驶向远方。由于参加了观澜学社，我有幸采访到衡中 2005 届 228 班李海明学长，学长一长串的荣誉背后，是衡中学子从高中到社会一以贯之优秀的见证。李海明学长现在在中铁建工集团工作，平时非常忙碌，但他还是抽出时间接受了我的采访，并用自己的切身行动诠释了衡中精神的内涵。

一、考研

李海明学长高中时很擅长数理化，但是语文和英语成绩不太好，因此高中毕业时他选择了土木工程专业，并在大四时就与中铁建工集团有限公司签订了聘用

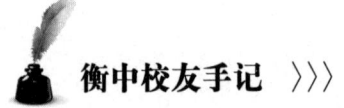

合同。

针对考研的问题,李海明学长从自己的角度给出了诚恳的建议。李海明学长学习的是土木工程专业,与他的专业理论研究和实际操作并没有太大关系。相较于在办公室里画图纸,学长更喜欢在工地忙碌,因此没有选择考研。但他同时也提醒说,这只是针对他自己选择的专业而言,对于其他专业,如果考研能将学问研究得更加深入,那么考研就是有帮助的。

二、学习方法

在高中学习期间,李海明学长很注重错题的积累和总结。在每次考试之前,他都会有针对性地把原来整理的错题重新做一遍,并将一些思路不畅通的题型进行总结和分析。这个学习方法对他帮助很大,他补充说,衡中的每个人都有适合自己的一套学习方法,每个人都有每个人的特色,只要适合自己就是最好的方法。

三、工作

对于现在的工作,李海明学长认为不足之处就是劳动强度太大。他负责的是大型车站建设,白天几乎没有空闲时间,平时也很少有机会陪伴家人。于繁忙中李海明学长的人生标准依然从未改变,那就是敢于并乐于吃苦,并且拥有强烈的责任感。其实,这也是每个衡中人身上所具有的品质,只不过李海明学长将它延续到了工作中,延续到了人生之路中。

"生活所迫。"李海明学长对于自己的忙碌,轻轻叹了一口气,总结为这四个字。但是面对生活的压力,他依然振作精神,乐观地面对一切。沈阳南站、哈尔滨火车站,都是他智慧与劳动的成果。繁忙的生活,也因为他的乐观镀上了绚丽的色彩。

通过采访李海明学长,我深刻地体会到了"生活"这两个字的内涵。生活有时会很艰难,有时会压得人喘不过气来,有时会令人失望,因为生活毕竟真实地存在着。但我们可以通过努力,使自己的生活充满阳光,于繁忙中起舞,不辜负自己生命中的每一分钟。

"吃苦耐劳""责任与担当"这些写入校训的衡中精神,在李海明学长身上得到了充分的体现。做土木工程,就是要踏实肯干、不怕吃苦、不畏劳累,用自己的汗水浇灌成功的果实。其实学习道路上又何尝不是如此?就像盖一栋高楼大厦,每一层地基都要打好,每一滴付出的汗水都带着拼搏的味道。不怕学习道路上的挫折与苦难，不惧他人异样的目光，不畏前进道路上的荆棘与嘲笑，踏踏实实地做好每一件事，大厦就会在不知不觉中筑起。我相信那时再回首，曾经的艰辛已然化为了人生路上的一笔财富，镀在每一个追求卓越的衡中学子的灵魂上，一生永不灭。

感谢李海明学长于繁忙之中能够静心接受我的采访，更敬佩李海明学长踏实肯干的品质、于繁忙中起舞的精神，以及将责任放在第一位的担当。他让我对自己未来的毕业规划有了更为清晰的认识，同时也对考研等问题有了更为深入的理解，明白了适合自己的才是最好的。在未来的高中生活里，我要将学长给予的肯于吃苦的种子播撒于心田，让它伴着我一同成长，从容地面对高中生活的风雨，稳扎稳打，走好每一步，直至在新高考的乐章中找到适合自己的韵律，奏响属于我的青春旋律！

只有经历过地狱般的磨砺，才能练就创造天堂的力量；只有流过血的手指，才能弹出世间的绝响。李海明学长用自己的行动诠释了衡中精神的内涵，而对于我来说，未来已来，命运掌握在自己的手中，我更应该从现在就明确自己的毕业规划，无悔地奋斗高中三年，谱写属于我的篇章。

于繁忙中起舞，于脚踏实地中仰望星空。繁忙深处，自有精彩。

（采访人：周奕君，882班，观澜学社成员）

衡中校友手记 〉〉〉

最重要的是自我管理和自制力，一个人的自制里藏着幸运

姓名	赵杰	
高中	228 班 40 号	
大学	本科：浙江大学 / 电子信息专业	
工作	美团点评 / 闪购事业部运营经理	
荣誉	高中：语文课代表 工作：多次荣获"优秀员工""优秀管理者"称号	

在这丹桂飘香的金秋时节，我们已经从稚嫩的初中生成长为一名名副其实的高中生，成为驰骋在高考沙场上的战士。然而，在新高考改革的大背景下，许多高中生被自己面临的高中生活中的各种问题困扰着，对自己缺乏比较全面的认识，对未来缺乏较为合理的规划。

为了做好准备，以最佳的状态面对未来，我很荣幸地采访到了赵杰学长。他就我整理的同学们的问题做了详细的解答，希望能对面临相似问题的高中生有所帮助。

一、高中生活篇

初次面对高中生活，很多人都会明显感觉到与初中生活的不同——作业量增大，学科难度加大，住宿生活不适应，成绩起起伏伏……这些问题如洪水一样从四面八方涌来，需要解决，更需要方法。

对自助多、作业多的问题，学长建议选择优先项完成：自己的弱项和瘸腿科目，自己感兴趣的知识。错题回顾是很重要，但优先级最高。

我们必须要明确，作业是为学习而服务的，而学习最讲究的是方法和技巧。解一道题一定要把它的考点看透，把它涉及的知识点全部挖出来，这样效率才能上来，做作业才有意义。

必须对错题整理高度重视。错题是进步的源泉，平时多出错是好事，将自己的问题尽可能多地暴露出来、解决掉，在高考时才会尽可能少地遇到未知的情况，

发挥得更好。错题本很重要，不要怕麻烦，把错题整理出来并附上一些心得，反复翻看，每解决一道题，就向前迈了一大步。

相信很多人都尝试过计划，最终坚持下来的却寥寥无几。问题究竟出在哪里呢？为什么计划总赶不上变化？

首先自我分析一下，是效率问题还是计划定得太满了，高中生大多属于后者。因此建议把计划调整到自己大概能完成的范围，然后逐渐增加。成就感和信心很重要，这样能让你的主动性与自律性越来越强。

学习会有检测，但成绩并不代表一切。

成绩的起起伏伏所导致的落差相信很多人都深有体会。赵杰学长说他在"成绩起伏"这方面很有经验。高考前的三次模拟考试，第一次他考了400多名（他正常是二三百名），第二次考了500多名，当时的压力可想而知。即使考600多名的时候，他心里还是想着目标，第三次他考了100多名，最终高考成绩全校排名40左右。

永远不要放弃，相信自己，目标高远，脚踏实地。求其上，得其中；求其中，得其下。

在我们眼中学神般存在的学长学姐们其实离我们并不遥远，他们也会经历挫折、承受压力，在光鲜亮丽的成功背后浸透的也是奋斗的血雨。我相信，在衡中的人并不是天才，而是一群追求卓越的人！

衡中是一个讲求效率的地方，但怎样才能提高进入状态的速度呢？这就需要提前做规划，把要做的事列出来，然后分重要、紧急程度一一完成。重要紧急的重点做，重要不紧急的、紧急不重要的简单完成，不紧急不重要的不做。有计划，知道自己要做什么，进入状态就快了。

偏科注定是硬伤。学长分享了一段经历，用血的教训提醒我们，千万别偏科。他从高二时就不喜欢数学，结果导致很多次月考都因为数学成绩使总分一落千丈，有次数学才考了74分。要知道，偏科的科目，稍微进步一点儿就是十几分、几十分，而在你擅长的科目上，再怎么努力也只是一两分的差异。高三下半年，他彻底纠正了自己的想法，多放精力在数学上，最后一次月考和高考就因为数学成绩的提高而考得很好。

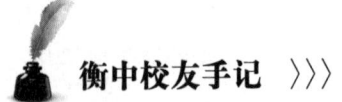

二、毕业规划篇

我们作为新高考改革第一批实验的学生，虽然文理不分科给了我们很大的发展空间，但是我们选报的科目会直接与未来的大学专业以及就业挂钩。可惜，很多高中生对自己未来的专业与就业方向并不了解，我就这一方面采访了学长。

很多人问学习什么专业比较有利，学长说，他当时学的是电子信息工程，算是个万金油专业。电子、金融专业等是常青树，但是，很多时候，大学毕业做的工作和自己所学的专业并没什么关系。兴趣最重要，总体来看还是要以自己的兴趣为基础。

怎样对自己进行一个比较全面的评估呢？

首先要明确，即使对自己有了一个标准也要有兴趣，全面发展；其次要立足于现实生活中自己的观察，听取同学的评价以及老师家长的建议。

学长大学毕业多年，他一直觉得兴趣是最好的老师。很多时候，我们不知道自己喜欢什么，包括喜欢的东西成为工作以后，可能就不喜欢了。所以，"干一行爱一行"也特别重要。在这一过程中，找到自己的兴趣，成就感会让你对某项工作产生兴趣。你要相信，一切都是最好的安排。

我们也不必过于担心有关工作的问题，只要先做好心理准备，然后在生活中慢慢寻找自己真正想过的生活。

三、大学生活篇

大学生活一直是我们挂在口头的一个话题，也是许多人向往的生活。虽然现在谈及这些似乎有些遥远，但我们还是可以通过学长们的经历来了解一下真正的大学生活是不是如我们想象中的那样轻松美好。

学长告诫我们，初入大学，会感觉特别轻松，甚至有些茫然，特别是衡中出来的学生，对大学生活一定要更加警惕。在衡中，各种规则、制度、学习方式把我们的时间都安排好了，不用考虑自制、自我约束，但在大学，几乎所有一切都是你自己在做决定。很多在高中时很优秀甚至是高考状元的学霸同学到了大学也有被退学的个案，所以大学最重要的是自我管理、自制力，所以有一句话说得好——一个人的自制里藏着幸运！

有很多大学生会在毕业时直接考研，但更多的则是在职人员进入工作岗位后意识到自己需要提升，因此选择在职考研。到底是工作后再考研还是毕业后考研，赵杰学长说，二者各有利弊，建议本科毕业紧接着读研。

大学社团种类多、范围广，选择什么样的社团对以后就业工作有帮助呢，学长说，参加哪种类型的社团不是特别重要，重要的是这个社团的活力和你在其中的角色。社团要有活力，你要感兴趣，并从中有所担当、有所收获、有成就感。要以自身实际为本，兴趣与想法相结合。

毕业后要不要考公务员，学长说很多在科研国企的人都从体制内出来了，去好的民企、私企、外企都不错，当然最终的归属还是要按自己的想法与实际来。学长在美团工作期间，多次获得"优秀员工""优秀管理者"荣誉称号。

我很荣幸能带着同学们的问题采访学长，采访中能感受到，虽然高中生活已经离他们远去，但那份眷恋仍在。也许，人生只有那三年可以心无杂虑、唯学是念，会因为解决了一道难题而欣喜，会因为一场过去或即将开始的考试而难眠；也许，人生只有那三年，可以有一帮纯粹的伙伴，为了共同的目标和各自的梦想而奋斗，约好了好好学习，毕业一起去哪座城市，上哪所大学。现在他们用自己的经历来鼓舞我们、激励我们、鞭策我们，因为——在我们的梦想里，也有着他们的向往！

（采访人：杜佳琪，866班，观澜学社成员）

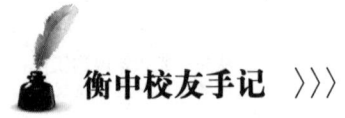

衡中校友手记 〉〉〉

时间规划最好以天为单位，不要周期过长，要利用好零散时间

姓名	付浩	
高中	228 班 41 号	
大学	本科：北京科技大学／工程物理专业 硕士：中国原子能科学研究院／核科学与工程专业	
工作	生态环境部核与辐射安全中心／工程师	
荣誉	工作：获得国际学术交流二等奖	

  时值国庆，举国欢庆，我有幸采访了 228 班的付浩学长。"228 班是一个积极向上、团结勤奋拥有浓厚学习气氛的班集体。"浓浓的同学情、师生情，这是衡中留给学长的最深刻的印象。优秀的学习氛围，使学长学姐们受益匪浅，因此实现了各自的人生梦想，成为今天的栋梁之材。

  付浩学长从上大学、读研究生直到现在工作，一直都是自己喜欢的专业、行业，持之以恒的专注、不断创新是学长如此优秀和能拥有自主选择的原因。

  很多初入衡中的同学和我面临一样的问题，那就是感觉时间不够用，每天都有做不完的题，非常紧张忙碌。我很想知道优秀的学长在高中学习阶段是怎样做的，学长认真思考后说："要专注并且要保证做题的质量，提高效率。我们上学的时候也需要做大量的习题，各种类型的练习让我们开阔了眼界，丰富了自己的知识体系结构，但是不能为了做题而做题，一定要保证做题的质量。学习的时候放空自己，全心投入，心无杂念，不管遇到多少挫折，都要风雨兼程、义无反顾。同时一定要做好时间管理，利用好零散时间。"学长说高中阶段重点是学习，如果自己感觉时间不够用，尽量少参加一些社团活动。

  在时间管理方面，学长觉得衡中做得非常好，无论是当时的学习还是现在的工作都使他受益匪浅。他建议要结合自己的实际情况进行时间的合理规划。时间规划最好以天为单位，不要周期过长，要利用好零散的时间，甚至课间十分钟都可以和同学一起交流遇到的问题和困惑。只有做好时间规划，做起事来才不会盲目，避免浪费时间。

在初中阶段，也许我们都是班级里的佼佼者，但是到了衡中，高手林立，群雄并起，如何面对强大的学霸同学？有时考试成绩并不是很理想，我们又该如何面对呢？学长说他们那届高二开始推行实验班，以前自己名列前茅，现在把全省排在前面的200多名精英分到了四个班级，每个班的同学都很厉害，非常震撼！当自己突然变得不是那么突出时，心理压力不要过大，一定要以一颗平常心来看待自己，否则你将会很痛苦。有的时候精神状态、学习状态很好，考试就会考得非常好；有的时候其他同学的精神状态、学习状态很好，他们就会考得比你好。这些都很正常，不要太关注你在班级里的名次，要看看你在年级的名次，给自己一个定位。同时，不要因为一两次考不好而影响到自己的情绪。要意识到你周围的同学不再是初中的那些同学了，现在的同学都是很厉害的牛人，你的竞争对手不只是他们，而是扩大到全省、全国的同龄人。当然，每次考试结束后，都要总结自己好的地方和不足之处，做得好的要继续发扬光大，不足的地方就要分析是不是没有掌握这些内容的知识点，是不够深入还是自己的状态不好等什么原因导致的。"在衡中的三年时间，肯定会遇到考好了或者考砸了的时候，我每次都会被班主任王文霞老师的鼓励和安慰感动。衡中的老师就像我们的父母一样贴心，关心我们学习生活的点滴。当遇到学习和生活中的问题时，一定要多和老师交流，敞开心扉，经验丰富的老师会让你豁然开朗、拨云见日。"

可以想象到学长说这些话时一脸幸福的样子。衡中是一所精英云集的学校，放开眼界、放空自己才能使自己在学习生活方面做得更好。

对付浩学长的采访解答了我和初入衡中的同学们很多内心的困惑。迎接我们的是新的征程、新的挑战，放空自己，风雨兼程，专注、努力，我们要从头来过。

优秀的同学们、卓越的教师团队、科学的教学、完善的时间管理，这些都是从小学到初中史无前例的，也更增强了我做好自己成为像学长一样优秀的栋梁之材的信心。对未来的学习生活我充满了期待，当下辛勤耕作，高考就是我们收获的时候。同学们，让我们撸起袖子加油学吧，今天我们因为是衡中的一员而自豪，希望明天衡中会因为有了我们而更加骄傲！

（采访人：田璐，864班，观澜学社成员）

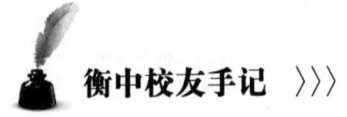
衡中校友手记 >>>

当初忍的痛日后都会化成光

姓名	李静
高中	228 班 42 号
大学	本科：中国人民大学 / 统计学专业 硕士：中国人民大学 / 统计学专业
工作	国家开放大学 / 助理研究员
荣誉	工作：获得北京市高校教育统计工作优秀个人一、二等奖

十几年前，衡中的校园迎来了一群别样的少年；三年后，他们中的八人走进了清华园、走向了未名湖畔，所有人都跨入重点大学的校门；四年之后，他们又散作满天星，在祖国建设的各个领域展现着耀目的光彩——他们就是 228 班的学子，衡中追求卓越的道路从他们脚下展开。又是一年金秋时，我作为观澜学社的成员，有幸就毕业规划问题对 228 班毕业生李静做了采访。

谈话从回忆衡中的三年生活开始。李静学姐 2005 年毕业于衡水中学，那段青葱岁月已悄悄走远了十几年，但当谈及高中三年记忆最深刻的事时，班主任王文霞老师的名字穿过那微微蒙尘的记忆，透过那微微泛黄的时光，从李静学姐的口中吐出，清晰而不容置疑。

在她的印象中，王文霞老师总是充满激情、鼓舞人心，每次班会上激情澎湃的演讲总能激起孩子们的斗志。建班之初，王文霞老师的第一句话就是"我们要的不是尽力而为，而是全力以赴"。精湛的教学艺术，走心的教育情怀，卓越的人格魅力，注定了 228 班的不平凡。

"高中三年，跑了三年操，感觉对身体很好。毕业后，再也没坚持那么久过。"李静学姐说。短短几句话勾勒出十几年前的凌晨，天际还挂着几颗寥落的残星，空旷的操场上队队衡中学子步伐整齐，洪亮的口号声划破晨曦，在学校上空久久回荡。

跑操只是衡中生活的小缩影，是清苦还是甘洌，是煎熬还是坚忍，在十几年后的228班学子心中都会有一个清晰的答案：当初忍的痛、受的苦、担的责，日后都会化成光，照亮他们前行的路。

学校只是我们人生道路上的起点，终有一天，我们会离开校园，步入社会。李静学姐说，小的时候对职业并没有太多想法，只是一心向学，默默地积蓄力量，努力到更广阔、更优质的平台上发展。高考后，她由于对大学专业不太了解，也有过焦虑，有过迷茫。因为心仪中国人民大学已久，人大统计学专业又非常出色，所以她选报了统计学专业。

谈话中，她为我们这些在高考路上前行的学弟学妹提出了诸多实用的建议。

高中除学习之余，可以多了解大学的专业设置、专业特点、学习内容、就业前景等信息，这样可以避免在填报高考志愿选择专业时迷茫、不知所措。绝大部分人选择了某个专业就一直研修下去，只有很少人会中途转专业，而大学所学专业又和以后的工作选择直接相关，所以高考后的专业选择非常重要，需要提前做功课。

学校的经历是求职就业的敲门砖，社团经历、学习成绩、社会实践、实习经历、奖学金、荣誉证书等都能为简历增色添彩。但是，当你真正步入工作岗位后，这些作用就非常有限了。李静学姐工作于国家开放大学，属于事业单位，除了做好本职工作，发论文、做课题也很重要，是评选职称的重要指标，所以除了钻研业务能力，研究能力和写作能力也必不可少。此外，职场中，人际交往能力、组织领导能力、统筹规划能力等如果在上学时能多培养、锻炼，对将来的工作都是一笔很大的财富。

有人认为职业选择应以爱好为重，有人认为应以经济利益为重。针对这个问题，李静学姐认为，能以爱好为职业最好不过，但现实生活中很少人能做到。工作某种程度上毕竟是一种谋生手段，对于工作不会觉得厌烦不已、痛苦不堪就可以了。"尤其人到中年，承上启下，各方面压力比较大，经济利益确实很重要。"同时，不要从主观上对某种行业存在偏见，不要在朦胧认识时就妄下结论。有时在你全面了解、投身实践之后，你会觉得这份职业并非如你所想的那样，而是不知不觉就会爱上它。

有人认为应找适合自己性格的工作，有人认为应为更好的工作而改变性格，对此，李静学姐认为，在劳动报酬相差不大的前提下，还是选择适合自己性格的

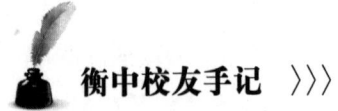 **衡中校友手记** 〉〉〉

工作比较好。毕竟"江山易改，本性难移"，在适合自己性格的行业中做起来得心应手、心情愉悦，也更容易做出成绩。

（采访人：李帅，884班，观澜学社成员）

好好学习会让你优秀一阵子，持续学习会让你优秀一辈子

姓名	杨琼
高中	228 班 45 号
大学	本科：华中科技大学 / 城市规划专业 硕士：华中科技大学 / 城市规划专业
工作	中国城市建设研究院 / 城乡规划师
荣誉	大学：多次获得奖学金 工作：获得中国城建院年度优秀设计奖三等奖，北京市年度优秀工程咨询成果一等奖、三等奖以及年度优秀城市规划设计三等奖

谈起三年的高中生活，杨琼学姐非常感念班主任王文霞老师："王文霞老师是一位非常棒的老师和班主任，能跟着她学习，我非常荣幸。"这也几乎是228班所有同学的心声。学姐在工作以后，仍很怀念衡中三年那种心无旁骛的学习状态，"后来很难有这种状态了。"

"衡中是一个只要努力就有回报的地方，会有很多人为你铺路、给你翅膀，你要做的就是全力以赴向前跑。离开衡中后，才是你真正展翅的时刻，要更加用力飞翔，才不会掉下来。"衡中三年，虽然艰难险阻，虽然劳苦困顿，但是一步步走下来，也有"更喜岷山千里雪，三军过后尽开颜"的欣慰与欢欣。

一、关于学习

杨琼学姐感受最深的有以下三点。

一是知识框架化。初次学习的时候脑中都是一个个零散的知识点，学完一个章节后一定要整体回顾一下，厘清各个知识点之间的联系。这样在脑中既储存量小又印象深刻、条理清晰。

二是知识理解化。尤其在理科学习中绝不要死记硬背公式，而是要理解公式的推导过程，反复演化，反复推导，达到随时随地都可以自己推导出来，也就无须记忆了。

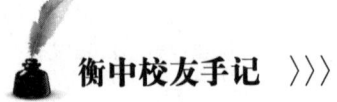

三是时间合理化。学科自习高效完成作业,公共自习查漏补缺,并且一定要多加练习,各个题型都是熟能生巧的。

二、关于专业选择

杨琼学姐选择城市规划专业并非刻意为之,而是因为"觉得自己是一个非常随意的人"。在她看来,大学专业选择并非决定终生,很多人毕业后从事的行业与自己的专业并不相符。"千万不要学死了,要灵活,重要的是持续学习的能力。""持续学习的惯性"在我们的谈话中频频出现,小到个人、行业,大到社会、国家都是在不断发展变化的,若没有持续学习的能力,即使起点较高、专业恰好,也会逐渐在竞争中被淘汰。保持在衡中培养起来的学习能力,余生都会受益。

三、关于工作

杨琼学姐认为,每个专业都有让人喜欢的地方,也有令人苦恼的地方,没有完美的职业。人生每个阶段都有很多烦恼,"你们现在烦恼的可能是学习成绩,而我们烦恼的就是下周项目要出成果。不可能存在哪个阶段没烦恼的现象。"比如城市规划,这个专业的好处是涉及范围特别广,上到国家政策,下到各种微观专业都要有所涉猎,奔走四方,会有很多见识,但是有时候要经常出差,会很辛苦,有时候和政府部门交涉会很烦琐。不要因为担心自己能力不足就畏缩不前,能力是在一点一滴中积累锻炼出来的。

有人认为职业选择应以爱好为重,有人认为应以经济利益为重,有人认为应做适合自己性格的工作,有人认为应为更好的工作而改变性格。杨琼学长认为,性格、爱好与工作都不是完全对立的,能以爱好为职业肯定是很幸福的,但并不是每个人都能有这样的幸运选择,在工作中培养爱好也很必要,年少时的爱好并不成熟,真正从事这个行业才会发现并不是那么简单。从事任何行业都要做好心理准备,因为任何行业都有两面性。每个人都有自己的特点,性格还是很重要的,毕竟性格很难改变,选择职业还是应该重点考虑性格。

(采访人:李帅,884班,观澜学社成员)

有兴趣才有学习的动力，才会不断地想要汲取相关的知识

姓名	吴晓明
高中	228 班 48 号
大学	本科：湖南大学 / 电气工程及其自动化专业 硕士（保研）：华南理工大学 / 电力系统及其自动化专业
工作	国网山东省淄博供电公司 / 经理
荣誉	大学：获得国家励志奖学金 工作：荣获公司"先进个人"称号

  吴晓明学姐是衡中 228 班的毕业生，高考以 594 的高分顺利考入湖南大学。对于这样一个优秀的学姐，我是怀着又激动又敬畏的心情在微信上采访的。吴学姐非常配合，对我的提问回答得很认真，还主动和我聊起了我在学校的生活，这让我也放松了下来，把吴学姐当作知心姐姐，和她愉快地聊了起来。

  吴学姐本科在湖南大学电气自动化学院，研究生在华南理工大学。当我问起考研顺不顺利时，学姐骄傲地告诉我，她是保研的。衡中 228 班走出去的学生在哪儿都是一颗闪闪发亮的星星，他们在各自的大学继续发挥着衡中追求卓越的精神，他们走入社会后依然都是优秀的衡中人。

  学姐和我讲起了她工作的经历。学姐现在在山东淄博供电公司工作。工作与专业对口，工作起来也是得心应手。在工作的几年时间里，从内勤到外勤再回到内勤，工作对于学姐来说是开心的事情，同时也在实现着她的人生价值。在工作中学姐很突出，多次荣获公司"先进个人"称号。不管遇到怎样的难题和别人不理解的情况，学姐总是一笑而过，保持乐观的心态。船到桥头自然直嘛！

  学姐说，不管是在工作中还是在学习中，遇到困难都要保持乐观的心态，一切都会过去的，这对我们在衡中的学习生活也有启发——在大名鼎鼎的衡中学习是件乐事，我们要好好把握机会才是。

  我问学姐为什么当初会选择有关电力的专业，学姐略微思索了一下说："因

衡中校友手记

为喜欢吧！有兴趣才有学习的动力，才会不断地去想要汲取相关的知识。"

因为喜欢，才会去做；我也是因为喜欢，才参加了观澜学社，才有了这次采访优秀学姐的好机会。所以，要对自己喜欢和有兴趣的东西多多关注，强化自己的兴趣。当然，对自己没有兴趣的也要勇敢尝试，万一学着学着就不知不觉喜欢上了呢。

不经意间，我注意到学姐的微信头像是一个可爱的小男孩，学姐用很温柔的声音对我说这是她的二宝。她已经是两个孩子的妈妈了。

时光飞逝，转眼间，他们已经毕业十多年了。学长学姐们都有了各自的事业和家庭，在各自的工作岗位上奋斗着，同时承担着家庭的责任。谈起过去，衡中生活在他们的记忆里是青春飞扬的，是充满色彩的，是不懈奋斗的，更是难忘的。学姐说，她和高中的同学时常还有联系。念念不忘，或许正是他们对青春美好的回忆吧！衡中三年的学习生活造就了一个又一个优秀的人才，学姐特别提到了一个人——班主任王文霞老师。她深情地说："王老师敬业、专注、乐观，在高中生活中对我有很大的影响和帮助。恩师始终是我们生活中不可或缺的导师。"感恩之心溢于言表。学姐让我代她向王老师问好，说很感谢王老师的教诲。

吴学姐最后对我也对衡中的学子们说："坚持自己的选择，追寻自己的梦想，改正自己的缺点。学习是学生的天职，要相信自己一定能行！"

来衡中已经一月有余，衡中的一切都让我迷恋：衡中人所共知的辉煌，严谨务实的教学，尽心尽力的老师，丰富多彩的活动，还有对学习全神贯注的学生，等等。我迫不及待地成为他们中的一员，在莘莘学子植根的沃野中，去追寻自己的梦想，去拥抱光明的未来。

和学姐的聊天非常轻松惬意，学姐很耐心地解答我的问题，对我的困惑也一一做出了解答，我觉得这是给我——一个新衡中人最大的鞭策和鼓励。祝愿学姐的生活越来越好，工作再创佳绩！

（采访人：胡亚婕，881班，观澜学社成员）

培根固本则枝繁叶茂，万丈高楼以根基为重

姓名	周天翼
高中	228 班 50 号
大学	本科：对外经济贸易大学 / 金融工程专业
工作	招商银行深圳银行 / 项目经理
荣誉	高中：生物课代表

并不是每一件算得出来的事都有意义，也不是每一件有意义的事都能算出来。

纵使风云暗涌，世事难料，那又何妨？凡心所向，自有芳华。世人皆若星，光芒璀璨不在话下。

天高云淡，虽未曾谋面，但同为衡中学子，恰似故人来。

萍水相逢，邂逅天翼学长，与君一席话，豁然开朗。

"千里之堤，溃于蚁穴"，此谓根基之重。故吾与天翼学长从选科谈起。众所周知，六选三，惶众多学子之心；未来之路，又该何去何从？

天翼学长建议我们从高一开始就要培养自己对各科的兴趣，避开自己的短板。兴趣是最好的老师，一切皆由心生。六选三，固应高瞻远瞩，避免鼠目寸光，但也切忌好高骛远；固应考虑未来的人生规划，但过度的犹豫则是杞人忧天。诸君可知，《红楼梦》中贾天祥正照风月鉴正是不切实际，反而害死了自己。因此，选科还应从眼下出发，脚踏实地。

诸君普遍都有考研的打算，天翼学长也给我做了相关介绍。若诸君考研，天翼学长建议大学一定要各科都学好，分数越高，保研的概率越大；若考研，大四就开始准备。

考研就是一个勋章，有人挂在胸前，自荣耀加身；有人唾弃脚下，亦道路坦荡。考研是在工作后还是大学期间，就要看各人的需求了。未来不可知，有人 17 岁就知道自己想要什么，但未来可能截然不同。时机未到，为何做无用功？时机已到，选择将至，听内心喜爱，顺理成章，不在话下。

衡中校友手记

人生最宝贵的是生命，生命只有一次。当回首往事时，不因碌碌无为而羞愧，也不因虚度年华而悔恨。诸君可曾见否？在北京、上海，众多年轻人挤地铁，早出晚归，单程就一个多小时，岂不与陶潜的"带月荷锄归"反差很大？但若未来一天，温润的黄昏，你拿下人工智能的一个项目，步伐轻快，至家中，轻品咖啡；夕阳西下，捧书至月明星稀，不急不躁，温文尔雅。有人异议，这不是生活本味。但他们如此这般岂不是"上班奴"？是他们不够优秀而奔波于谋生吗？我疑惑了。这样的工作能实现人生的意义否？岂不可怜哉？岂不平庸乎？

天翼学长沉默，俄而，缓答曰："这世界上没有平庸的工作！每一个职位都值得尊重！你的人生意义不会因你做的事而限制你，即使你卖花，上市到美国也不简单；即使你是科学家，一生默默无闻也不在少数。"

再者，人生的意义何解？中国原本就落后他国，现在中国在努力赶超，中国在飞速发展，中国人就要飞速工作，这已是一种社会现象。他们在中国这台大机器中扮演着必不可少的一个零件，他们不凡！人生，无悔！

咿呀学语的婴孩等父母回，步履蹒跚的老人盼儿女归。他们这一代人正是承上启下的一代人，纵使生活这般，岗位再平凡，他们养大了儿女，赡养了父母，他们可以笑着说不凡，他们的人生无悔！

张杰有一首歌唱道："少年自有少年狂，身似山河挺脊梁。"十七八岁的少年，血气方刚、心潮澎湃，未涉世间沧桑，未尝酸甜苦辣，自然，不轰轰烈烈，岂不枉我人世一场？有人说，毕业后，创业！西装革履，意气风发，逐梦未至热血难凉。但天翼学长曰："不建议毕业后立即创业，因创业需管理、业务等多种素质能力，最重要的是要有一个很棒的团队。"茫茫人海，成功沧海一粟。汝需毕业后磨炼一时，明确个人的需求和目标，此时创业目的性更强。有备而来，切合实际，才是王道。

每个人都是一颗星，都愿光芒四射。未来的就业需要两点：野心和眼光。

体验生活，趣之无穷。我们都是天空中的一颗星，若平凡一生，但求信念不泯；若小有所成，但求无愧家国；若扬名立万，但求宁静致远。

繁星自有光，我心自豁朗。

（采访人：高萌，885班，观澜学社成员）

人生如长跑，高考成功只能代表大学的起点较高

姓名	高成琳
高中	228 班 53 号
大学	本科：天津大学 / 自动化专业 硕士：天津大学 / 控制科学与工程专业
工作	天津市市政工程设计研究院 / 工程师
荣誉	高中：荣获"三好学生"称号 大学：荣获"院三好学生"称号 工作：荣获"年度优秀员工"称号

秋风飒飒，落叶纷纷，午后的阳光格外迷人。趁着难得的时光，我采访了衡中优秀毕业生高成琳学长。

学长2005年于衡中毕业，以优异的成绩考入天津大学。大学期间，荣获"院三好学生"称号，之后进修，成为硕士。现在，学长在天津市市政工程设计院工作，还曾获"年度优秀员工"荣誉。不管在哪里，学长都一直保持着努力拼搏的精神，这是我们应该学习的。

这次采访的主题是毕业之后的工作规划。一开始，我并没有直入主题，而是先提及了学长的高中生活。

关于高中，学长重点讲了关于心态的几方面。首先，当我们从初中过渡到高中尤其是在衡中，周围高手如林，很难有一席之地，成绩难免有落差，这是很正常的，我们不能自暴自弃，理智地面对才是最重要的。每次考试后，对自己的成绩进行分析，再制订相应的计划。只要不断努力，终究会有好的结果。其次，相对高三而言，高一的课程是比较轻松的，但我们不能因此而懈怠。高一是很重要的，如果不重视，等到高二就几乎赶不上了。所以，我们要踏踏实实地学习，才能免于落后。最后，衡中考试是很频繁的，对于平时的考试，一定要认真对待。老师经常说，自习考试化，考试高考化，高考平时化。将平时的考试像高考一样对待，

高考时就能有一个良好的心态，考出自己应有的水平。

说到高考，我向学长询问他对新高考的看法。学长说，由于高考已经过去很多年了，自己一直忙于工作，对高考政策关注不多。但他认为，不管怎么样，高考制度永远都是公平的，它是用来选拔人才的，即使千军万马过独木桥，也终究会在此节点上分出暂时的胜负。不必纠结哪种方式好，要努力适应。

高考是为了进入好的大学，我们都对大学有着美好的憧憬。学长说："不知道你们眼里的大学是什么样的，但跟我所想的不一样。"学长认为，对大学生活的美好憧憬是要有的，是激励也好，是灯塔也好，都是我们即将经历的黑夜的一盏明灯。大学不应该是及格万岁，要学的其实有很多。人生有如一场长跑，高考成功只代表我们的大学起点较高。但学如逆水行舟，不进则退，我们仍要努力。同时，当前就业竞争压力居高不下，很多单位的要求也越来越多，在筛选学历时，就把本科生甚至研究生给刷掉了。尽管学历不是唯一的选择，但它也逐渐成为进入好单位的敲门砖。所以，在此形势下，我们不能松懈，只有一直努力地向前冲，才能使生活变得更美好。

我关注的另一个问题就是专业的选择以及就业去向。我们报考的专业会决定日后的工作乃至人生，"报什么专业好"这个问题的答案不是一成不变的。学长将产业分为"朝阳产业""日中产业""夕阳产业"，即有待发展的产业、正时兴的产业、逐渐衰落的产业。学长建议我们选择"朝阳产业"，认为日后会有所发展，在将来这一行业或许会占据首要地位。但学长又提到，任何一个行业都有行业周期和兴盛衰落，都不会一直是同一个样子。现在最稳定的工作是公务员，虽然工资不多，但也不会有很大的涨跌幅度，毕竟是国家机关人员。经济收益较高、较快的是经济金融类产业。经济是一个国家发展的标志，是民族发展的根本。

对于大部分理工男来说，科研专业是个不错的选择。学长从事的是工程专业，他说工程专业非常累，自己深有体会，因此，希望我可以报考其他专业。对于女生来说，当老师也很好。老师的好处是有假期，不会像其他工作那么累。毕竟女生还要承担一个家庭的主要责任，诸如养育儿女、料理家务，时间很紧迫。但也不能否认，女生也有很强的工作能力，也有报效祖国的大作为。怎么选择，这就取决于自身了。

选择完行业，我们就要选择工作的城市了。学长的建议是能去大城市尽量去大城市。学长现在在天津工作，工资不高，和他在北京、上海工作的同学相比工资差别很大。一般来说，在哪座城市上大学就在哪座城市工作，所以，我们还是要考上一所好的大学，进而才能有一个好的生活。

归根结底，我们还是要努力。在这个世界上，只有努力才会让自己脱颖而出。学长希望我们新一代的学生可以不懈奋斗，不唯钱而论，推动国家和社会的发展，通过自己的努力，有一个光明的前途。

（采访人：李斌，866班，观澜学社成员）

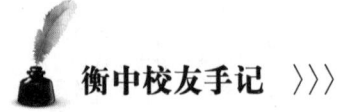

高考改革意味着将来的就业更趋于多元化

姓名	贾盟
高中	228班55号
大学	本科（提前批）：北京航空航天大学／探测制导与控制技术专业 硕士：军事科学院／军队管理学专业
工作	保密／保密
荣誉	大学：在学生会任职 工作：荣获"优秀共产党员"称号

10月金秋，迎来了祖国母亲的生日，我也迎来了加入观澜学社后的第一次重要任务——采访衡中2005届228班优秀毕业生。我打通了贾盟学长的电话，开始了我人生中的首次采访。

学长是衡中的优秀毕业生，对母校有着深厚的感情。他认为衡中最大的特点就是拥有独特的文化氛围，有严格的要求与对时间的精准把控，通过这样的制度形成了独有的卓越文化。处在这样一个积极向上的氛围之中，每个衡中学子都在不断追求卓越、超越自我、挑战极限。那段苦乐交织的岁月是很宝贵的青春记忆。

到部队以后，他一开始是专业技术岗位，由于工作出色，又被调到政工岗位，涉及管理方面的工作，例如撰写材料、制订方案、组织首长会议等偏文字类的工作。

他工作期间多次获得嘉奖，被授予"优秀共产党员"称号。他说是衡中磨炼、锻造了他，坚韧不拔的毅力和追求卓越的精神让他在工作岗位上能够从容应对困难和挑战，这是他一生受用不尽的财富。

我们这一届高一新生面临着3+3的新高考改革，学长很关心我们的选科和未来的规划问题，学长说改革意味着我们将来的就业更趋于多元化。学长当年还是文理分班。外界普遍认为学理科要比学文科好就业，而且理工科比较实用，但学长毕业后发现并没那么绝对，各有各的优势：理科需要的人力更多，但文科的就业面并不是传说中的那样窄，因此管理类、人文社科类、法律类都是不错的选择，尤其法学很实用。如今我国全面推进依法治国，部队也讲究依法治军，因此法律很重要。总之，选科因人而异，没有绝对的好与差，关键还是在于个人的能力。有好多人从事的工作与所学的专业都不一致，但他们仍然能把工作干好，所以我们要培养自己各方面的能力，不仅需要知识的积累，还要培养综合素养。

在高中或大学加入学生会，首先要在学有余力的前提下，毕竟做学生会的一些事务需要付出时间和精力。如果学习原本就比较吃力，再花时间在学生会的事务上会影响学习成绩。如果成绩优异，始终在年级前列，个人还有奉献精神，愿意为老师和同学服务，加入学生会通过历练一定能大大提升各方面的能力。也有大学期间一直是在学生会工作，最后留校任职的先例。

结合当今的社会情况，对于未来择业的问题，学长建议一定要发展自己的兴趣，爱好哪科就去从事哪方面的工作。兴趣是最好的老师，如果从事的工作恰好是自己喜爱的，工作时一定更有动力，更有激情，能够投入更多精力，把工作干得更好。同时还要具备规划的能力，要确定自己的发展方向，无论是短期还是长期，都要制定一个目标。规划要随着时间不断调整。大学期间可以做一些兼职，是提前适应社会、适应工作的不错选择，为未来步入社会奠定基础。

大学毕业后，有好多人选择了考公务员，学长就这个问题发表了见解。曾经考公务员非常火爆，现在相对于前几年热度稍微有所下降，因为现在公务员的工资待遇和企业差距比较大，像一些外企或者是国企、央企的工资待遇都要比公务员高得多。现在公务员不算是高收入群体，但优势是比较稳定。有的同学一毕业就考了公务员，有的先去企业工作，在职考公务员。考公务员有利也有弊，还是要遵从自己内心的想法。

学长是热爱学习的人，也希望我们树立终身学习的理念，不断学习，不断进取。对于高精尖、对技术要求比较高的专业，学长建议大学就考研，以便学得更深入、更系统，对工程、对整个技术发展也很有好处。例如，北航的本科生一毕业就直接去航天院所或一些体制内机构，工作经验会欠缺一些，考研或者直博会更好。如果是一些管理类的工作或MBA，都是要有一些工作经历的，有了工作经历再去考研，针对性会更强，学得会更好。

当今时代，世界在飞速变化，知识更新速度大大加快，只有不断学习才能获得新知，增长才干，跟上时代步伐，才能使我们得到更大的发展空间，更好地实

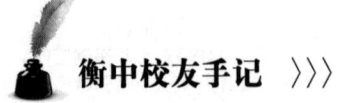

现自身价值,更好地服务社会。

贾盟学长结合自己的切身经历为同学们提出了宝贵建议,国庆期间的这次特别采访也将成为我人生道路上的一笔宝贵财富。

(采访人:戴郡,881班,观澜学社成员)

规划尽可能细致并贴近现实

姓名	于靖
高中	228 班 56 号
大学	本科：北京邮电大学 / 测控技术与仪器专业
工作	中国移动衡水公司 / 职员
荣誉	大学：多次获得奖学金 工作：荣获"青年岗位能手""先进个人"、邮电通信行业"冀青之星"等称号

皎洁的月光，灿烂的星辰，在这样一个美好的夜晚，我有幸采访了优秀的衡中学子、衡中 228 班毕业生于靖学姐。于靖学姐非常谦虚、热心与细致，很耐心地解答了我的不解与困惑，不厌其烦地分享了她的人生经验与心得。

高中生活是多彩而忙碌的，于靖学姐同样非常怀念与感恩在衡中生活的点滴。对于刚升入高中的我们来说，免不了会有诸多不适应与挫败感，从而丧失学习的信心与希望。于靖学姐提醒说："要认清自己的实力与能力，不妄自菲薄。成功不是一蹴而就的，不设立过大的目标，不给自己过大的压力，循序渐进才能逐渐成长。每一个人都要有自己的学习计划与特点，不要跟从他人的学习脚步，适合自己的才是最有效的。"

把控好自己的节奏，不要给自己过大的心理压力。"清华北大固然很好，毕业之后基本去哪个行业都不用愁，但每所学校都有自己对应的行业，比如，北航对应航天系统，北邮对应通信系统，等等。针对你想学的专业来说，好的大学就足够了，不要给自己太大的压力，不一定非得逼自己考清华北大。给自己过大的压力，反而会导致发挥失常，可谓得不偿失。"高中的生活很忙碌，把握好学习节奏、控制好情绪、端正好态度是关键。

"关于毕业规划，主要还是根据自己的爱好与优势，做自己想做的行业。对大多数人而言，除了医生、科学家等职业，更多的只是一份普通的工作而已。高中阶段，可能暂时没有办法进行特别明确的规划，还是要看个人兴趣，有没有一

衡中校友手记

个职业或者行业对于你来说是一个很特别的存在，或者你比较看好哪个行业，就可以朝着哪个方向努力、发展。"

爱好是一方面，理想是一方面，但回归现实是基础。"如物理学科，相对来说专业性比较强，留校或者去相关研究机构继续搞科研的比较多。但对于就业来说，物理这个学科不是很有优势，对口的行业也比较窄。另外一个非常现实的问题就是，在就业方面，尤其是一些学科方面，女性相对来说处于劣势。虽说男女平等，但这种现象仍屡见不鲜。有时候即使你的能力与实力比别人强，成绩比别人好，工作依然不好找。当学生的时候，谁都有理想，总梦想改变世界，但科学家、航天员毕竟是少数，总归还是要回归现实的。所以，在做毕业规划时，一定要考虑现实因素，坚持理想，但不要过于理想化。如果你有了真正想追求的目标与理想，请不要轻言放弃，如物理专业。是否真的喜欢物理，是否把它当作你一生的职业追求，还是要看自己的选择。一定要遵从内心，如果你是真的喜欢，真的渴望追求，那就努力朝着那个方向发展，女性物理学家也有很多。如果你想做科研，那你就去从事这行。只要你下定决心去做，一切困难都会为你让路。强大的动力与追求会引领你走向成功。"

究竟应该如何合理地进行毕业规划呢？"梦想其实是很渺茫的，大多数人最终还是会被现实打败。如果你对某个学科特别感兴趣，可以看看周围与你喜欢的学科相关的企业、部门、职业等。比如，你想入什么企业，进哪个部门，考什么资格证，以后留在哪座城市，比起纯粹想考哪所大学，这种规划相对来说更加贴近现实一些。毕竟多数专业哪所大学都有，所以说，规划要尽可能地细致、贴近现实。"学姐还贴心地提出了几点建议："如果你想考公务员，还是要在大学期间就入党。如果你想留在北上广深这些大城市，相对来说压力还是比较大的，当地本科生非常多，所以建议先考研或者读博，以后会更有竞争力一些。"最后，祝愿所有学子学有所成、梦想成真。

采访虽然结束了，但于靖学姐的一番话语令我受益匪浅。衷心祝愿学姐在以后的人生道路上越走越远，创造更多精彩！希望衡中学子努力奋进，仰望星空的同时不忘脚踏实地，创造属于自己的辉煌！

（采访人：王希艾，884班，观澜学社成员）

让优秀成为一种习惯

姓名	王伟丽
高中	228 班 57 号
大学	本科：吉林大学 / 机械工程及自动化专业 硕士：东南大学 / 机械工程及自动化专业
工作	博西华电器（江苏）有限公司 / 测试主管
荣誉	高中：班长 大学：班长；连续三年获得二等、三等奖学金；获得数学建模二等奖；多次荣获"优秀志愿者""优秀团员""优秀干部"称号，带领班级荣获吉林大学"十佳班级"称号 工作：连续两次荣获"先进个人"称号

  古希腊哲学家亚里士多德曾说优秀是一种习惯，这句名言激励、鼓舞和唤醒了很多人，并带领他们一天天走向进步，走向成功。这句话也是衡中优秀学长王伟丽的座右铭，他就是一个将优秀进行到底的人。

  学长以中考全县第三名的好成绩被衡中录取。他学习刻苦、乐于奉献，为老师、同学服务，感到无比快乐和幸福，因此在高二、高三年级一直担任班长。衡中的学习节奏和时间安排都很紧，但他挤时间处理班级事务，当好老师的助手，不仅收获了友谊，赢得了学生的赞扬、老师的肯定，而且提升了自己的语言表达能力、组织协调能力。最终，他以优异的成绩考入向往已久的吉林大学。

  在衡中的历练，为他打下了牢固的知识基础，养成了他勤奋刻苦的学习习惯。秉承着"追求卓越"的衡中精神，在大学期间，他依然是佼佼者，连续三年获得奖学金，其中二等奖学金一次、三等奖学金两次。他还多次获得"优秀志愿者""优秀团员"的荣誉，并在大学期间入党。

  学长毕业之后到南京乐金熊猫电器有限公司工作，工作期间表现突出，连续两次荣获"先进个人"称号。六年的工作历练让他的能力有了很大的提升。为了

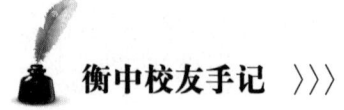
衡中校友手记 〉〉〉

挑战自我，寻求更好的发展平台，充分发挥专业特长，他最终来到外资企业博西华电器（江苏）有限公司工作，负责全自动滚筒洗衣机新产品研发的测试和释放。现在他已经是公司的部门主管。相信这位青年才俊未来会有更好的发展前景。

谈到衡中生活，学长非常怀念。那样一段刻骨铭心的青春记忆，将永远镌刻在他心中。他感恩衡中，那里是他梦想起航的地方。他说没有衡中的磨炼，就没有现在的他。

衡中是精英荟萃的地方，刚刚入校，之前的光环一下子褪去了，心理压力很大，他也曾迷茫，也曾彷徨，于是经常找老师，让老师指点迷津，也会找朋友倾诉。来自老师的指导与来自同龄人的理解和鼓励，让他有了心灵的慰藉。经过一段时间的心理调适，他逐渐适应了衡中的生活，随之而来的就是成绩不断进步，自信心大大提升。

面临新高考的选科问题，学长建议选择历史学科。选择历史，一方面高考可供报考的学校会更多，另一方面历史知识纵贯古今，不仅能了解中国历史，还能了解世界文明。学历史，个人的知识底蕴会更丰厚，将来步入社会，和人交流的时候给人的感觉会很博学，对面试等方面都很有帮助。

历史也是我非常喜欢的学科，成绩也不错，听了学长的建议，我更坚定了选择历史的决心。

伟丽学长在衡中担任班长，各方面能力都很强，感觉无须继续锻炼，所以当时没有参加学生会，后来很遗憾——大学生来自全国各地，家庭背景、生活习惯都不一样，要把这些人管理好难度更大，但能再一次提升个人能力，对以后的发展会有很大帮助。因此，他建议高中要积极加入学生会，承担一些工作，对自己既是挑战也是锻炼。大学期间还可以做一些兼职，但是一定要平衡好和学习的关系，千万不能影响学习。做兼职会结交一些朋友，增加人生阅历。大学的学习任务没有高中那么重，可以多多参加这些活动，在学好知识的基础上提高能力，让大学的每一天都充实而精彩，为步入社会做好必要的准备。

现在社会分工越来越细，就大类而言，分工科、理科、文科、医学等。学长读的是工科类的机械专业，找工作比较容易，但薪资水平不太高。机械和电子专业薪资都不太高，学IT的工资会高一些，但是很累，工作压力很大。管理专业方面，做咨询、调查的工资会高一点儿，学技术的技术管理工作薪金也比较高。

从就业的角度学长建议选工科，但是大学各专业的学费还是有差异的，因此还要综合考虑家庭条件和个人的爱好来最终选择专业。

尽管社会竞争很激烈，但衡中毕业生智商和情商都很高，走上工作岗位很快就能适应。需要提醒的是，做事不要眼高手低，不能心急浮躁，一定要谦虚谨慎、脚踏实地、认真务实，这样才能逐渐成长，不断进步。

学长热爱学习，他认为要不断地学习才能提升自我，在工作中也要一直学习充电。工作后，他报考了东南大学，是在职研究生。结合自己的经历，他认为还是在学校里考研好。在学校里读研或者读博，毕业后起点会更高，找工作的机会会更多。如果工作后再考研，对专业的选择会比较灵活，不过，近几年考研的难度很大，建议在家庭经济条件允许的情况下，在校期间考研。

我对于学长一路走来的精彩表现既羡慕又敬佩，同样作为衡中人，我感到无比自豪。衡中是优秀的代名词，要足够优秀才能进入衡中学习，在这个卓越的平台上，三年的学习生活能够收获丰厚的知识，磨炼顽强的意志，养成勇于拼搏进取、追求卓越的精神。

衡中的孩子都有梦想，为了梦想，他们执着追求，不畏困难，不惧风雨，勇往直前，这种精神、信念才是他们一生受用不尽的财富。无论是升入大学还是参加工作、步入社会，他们都将战胜困难，将优秀进行到底。

衡中是锻造优秀者的大熔炉，我会以伟丽学长为榜样，不忘初心，好好学习。在通往成功的荆棘之路上，我会一路高歌，坚定前行！

（采访人：戴郡，881班，观澜学社成员）

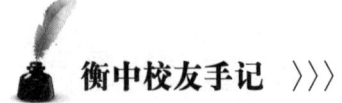
衡中校友手记 >>>

努力不是被逼出来的疯狂，而是做事该有的态度

姓名	刘蕾
高中	228 班 58 号
大学	本科：山东大学威海分校 / 软件工程专业
工作	北京视通科技有限公司 / 软件工程师
荣誉	大学：多次获得奖学金；荣获"三好学生"称号

　　进入 10 月，夏日的蝉鸣已成梦中的呓语，习习秋风给大地带来收获与温馨。在这样一个温馨的秋日，我有幸采访了衡中 2005 届 228 班优秀毕业生刘蕾学姐。

　　刚刚接通电话，清亮温柔的声音就传过来。学姐十分亲切耐心，我也慢慢放开了起初的小紧张。

　　作为高一新生同时作为校友，我最感兴趣的便是学姐的高中生活。谈到高中生活，学姐的语气变得有些激动，回忆起任课老师和同学时连连强调："我们班都很团结，大家都特别积极。我们的各个任课老师都非常优秀。学校管理很严格，我们也一直都特别认真。"学姐说，让她印象最深刻的是班主任王文霞老师。"王文霞老师对我影响真的很大，非常认真负责。早上我们 5 点多跑操，她都会跟我们一起跑。那时她年纪已经不小了，但晚上也都是我们下了晚自习她才回去。我们班的团结友爱，大家整体积极向上的氛围、努力学习的态度完全得益于王文霞老师的引导和教育。王文霞老师很会鼓励大家，整个班级都保持着一种向上的氛围，要不然也不能整个班级都那么优秀。"听到这句话，我的心中产生了巨大的共鸣——衡中的每位老师又何尝不是像王文霞老师这样尽职尽责，老师们甚至早已把爱护学生、照顾学生、陪伴学生当作对自己子女的一种理所应当的爱而非责任！

　　高中生活必然贯穿学习这条主旋律。衡中是众所周知的"学霸聚集地"，228 班更是衡中的优秀代表。抱着崇拜之情，我向学姐取经，学姐却很谦虚："我并没有觉得我们聪明，但是那种刻苦、严格要求自我的态度应该是最大的优点吧。

我们都特别自律，没有某个同学特别聪明，能力方面大家都差不太多，但是我们始终沉下心学习，从来没有过浮躁。高中三年从头到尾学习状态都特别踏实，始终如一。应该说我们能取得好成绩，靠的就是这些吧。"

面对新高考的改革，我最关心的是高考的报考问题。"我当时主要是咨询已经上大学或已经大学毕业的同学、朋友或者亲戚，也咨询过老师。我报考主要是根据自己的兴趣，觉得到了我喜欢的城市上学会更好。"

结合了我的兴趣和意向后，学姐给出了建议："我觉得当下的流行趋势和个人的兴趣爱好还是要结合一下。毕竟不能过于主观考虑，还要着眼长远的就业和发展。过于冷门可能对于就业发展会有一点儿阻碍。但是，"学姐的声音突然欢快起来，"最重要的还是自己的兴趣爱好，这样将来才会更热爱自己的工作和事业。"

学姐在高中十分优秀，到了心仪的大学更是成绩斐然。她在大学期间多次荣获"三好学生"称号，还多次获得奖学金。我由衷地感到敬佩，看来努力不是高中三年被逼出来的疯狂，而是一生对待事情该有的态度啊！学姐强调，大学生活丰富多彩，对于学校的各种社团，有时间还是要多多参与。

回望当年的那个青涩女孩的高中和大学生活，虽记忆犹新，但不免有些因时光冲淡而带来的些许泛黄质感。对比2002年的那个和我一样大的学姐，接受采访时的学姐已经成家，有了自己的子女和生活。种种琐事杂缠、人生悲欢离合也已品尝过很多，其间苦乐自是无人诉说，只有自己懂得，但乐观且充满正能量的学姐并不想对我灌输大段我还未亲身体会过的人生："人生真的挺漫长的，我们肯定会遇到各种各样的困难，但是上学的时候过程还是简单的，学校的宝贵是没有什么心理负担，唯有纯粹地学习、纯粹地拼搏就可以了。"

话虽不多，但学姐的意思我已经明白了。也许青春时光的奋斗使人有些许的厌倦和疲惫，但是能够为了自己的梦想和人生义无反顾地拼搏的岁月是最值得珍惜的。

不知不觉中我和学姐聊了很久，学姐的回忆和建议也使我收获颇丰。采访的最后，学姐送给我和所有像我一样的高中生一段寄语："最应该珍惜的是在学校学习的时间，虽然有时候可能会紧张一点儿、辛苦一点儿，但没有必要给自己背上过重的压力。认真做事，执着追求，当你回首，一定会发现高中生活真的没有

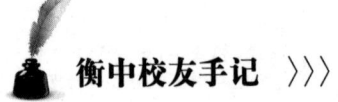

想象中那么苦，而是你人生中难得的甜蜜时光。"

采访结束，学姐又将投身于家庭和忙于工作，我也可以带着宝贵经验和对高中生活新的定义继续朝着梦想前进。

我的嘴角微微上扬，窗外，传来一枚秋叶落地的轻响。

（采访人：李雨涵，868班，观澜学社成员）

编后记：种桃种李种春风

责编 郭晓飞

循道树人，大器乃成。高中是人生观、世界观形成的重要阶段，高考是人生当中的重要节点。因此，对青春期高中生的教育，不只是对他们的在校三年负责，更要对他们的一生负责；看一个学生的成就，不只是看他一时的高考成绩，更要看他之后大学期间的表现，看他工作后怎么样。

这是需要师生共同完成的考题。

高中毕业14年后，衡水中学2005届228班交了一份30万字的答卷。这份跨越了14年的翔实的毕业生样本由高中到大学再到工作，有过程，有回顾，有感悟，有反思，有经验。228班66名同学，创造过一校校史、一市教育史上的一系列传奇，走出校门后，继续将"追求卓越"的校训秉承到底。

合格的学生合格一阵子，优秀的学生优秀一辈子。228班是衡中历史上第一个实验班，是省、市两级优秀班集体和省红旗团支部，228班产生了衡中历史上第一个被保送到北大的学子……

这14年来，衡中228班的班主任王文霞老师当选为十九大党代表，荣获"全国先进工作者""全国三八红旗手"等一系列荣誉。本书出版时，王文霞老师刚刚被评为"河北大工匠"。

种桃种李种春风，教师育人如农人播种，在桃李满园的收获喜悦中，王文霞老师也一直在成长着。师生共同努力、共同进步，"追求卓越"令每个衡中人闪闪发光。

228班是衡中众多毕业班的一个缩影，如果仅仅是一个学校里一个班级的感悟结集，不值得反反复复追根求源。本书的出版意义在于，给众多的高中、高中生和家长一个可参照样本：优秀的学生何以在校优秀？优秀的学生走出校门何以一直优秀？

这本书致青春，深情回忆了高中有苦有甜的七彩生活，操场上的挥汗释放、奔跑呐喊，埋首苦读时的专注用心、奋笔拼搏，同行同伴的同窗情、师生意……

——没有人18岁，但永远有人18岁。衡中毕业学子告诉你：18岁的样子是身心健康、精神饱满。

这本书说经验，林林总总分享学习的方法技巧、成绩低谷时的情绪处理、怎么面对新高考改革、填报志愿时如何选择专业和大学、研究生报考时段在工作前还是工作后更好、什么人适合当公务员、工作选择从兴趣还是从实际出发……

——学生的任务是学习，成就的大小靠选择。衡中毕业学子告诉你：正确的路如何正确地走。

这本书肯反思，指出了衡中制度为什么能被衡中人自觉且全员执行，衡中这所承载着几代人、几万个家庭希望的学校何以发展壮大，衡中校友为什么毕业多年仍能保持班级每年一聚……

——只有读书才能改变命运，读书不只是改变自身命运更是为了改变家乡命运。衡中毕业学子告诉你：只有以校为家才有家国情怀。

全面评价一所学校，看他的在校生是不够的，看他的毕业生才完整。

本书分两部分，毕业生分享和回答在校生的提问。无论是哪一部分，无论是228班的哪个人，无论是书中从哪个角度出发切的是哪个题目，都有一个共同的主题——"感恩"，感恩同学相持，感恩师长栽培，感恩母校助飞；都提到一种共同的精神——"衡中精神"，其内核是争先、创新、忧患、精细、敬业、进取、担当、团队。只有昂扬的精气神才能归于自觉、成为习惯，才能化奋斗的激情为成功的快乐。

懂得感恩才有担当，才懂责任，才有家国天下，才能建设家国天下。

精神就是信仰，人无精神不立，校无精神不名，国无精神不强。

这本书的深层意义正在于此。

还有一事特别值得一记。本书编排次序以学号顺排，应228班同学要求和建议，特将体委齐腾移到第一，并单独提及，以示纪念。被誉为"228灵魂人物和凝聚力体现"的齐腾在攻读博士的最后一年，因心脏病突发不在了。当时，全班捎款去齐腾家看望；每年清明，总有同学去上坟。班主任文霞老师和齐腾母亲至今还保持联系。师生商定，这本书出版后，要第一时间去告慰齐腾。

愕然，痛惜，缅怀，也对师生情义再生一层敬佩。

还有一事特别交代一下。228班同学学成、功成，天涯海角、国内国外，政府机关、名企任职，因个别同学的工作单位和职务的特殊性，应要求特隐去相应信息。

感谢228班班主任文霞老师,在承担众多社会属性和校内职务的同时,一次次配合编辑工作;感谢228班同学,在工作和家庭两头奔忙中,一次次配合修改要求;感谢观澜学社参与采访的同学,你们以在校生的角度与学长、学姐对话,使视角更圆满,内容更全面,给高中生以更切实的指导。

还要感谢洪建团支书,感谢协助出版事无巨细。

教育不是种粮食,不是开工厂,教育是以心育心、以德育德,教育是种桃种李种春风。

育人是树人,树人如播种。检验教育要看被育者,还要看育人者;要看走得快不快,还要看走得远不远。

多年来,衡中学生在成长,衡中教师在成长,学校本身在成长。

所以,疫情期间,衡中成为著名央视主持人白岩松连线武汉学校之外的唯一高中。

所以,受人尊敬的企业家任正非在多个场合数次提到向衡中学习。

中国的未来靠教育,教育的根源在师、在生。而育人者必先育己,立己者方能立人。王文霞老师以匠人之心,对教育的极致追求好比一场修行,她形容是"一个人、一辈子、一件事,用上万天磨一心,用千万锤锤一器"。

因为耗终身树一人、上万天磨一心、千万锤锤一器,因为这样的匠心才育就了斐然成就的匠人。王文霞老师成就了228班,成就了无数的228班,她既是衡中内外无数教育工作者的典范又是其中的一员,代表了衡中优秀毕业班级的228班扩大到全国同样是万千毕业班中的沧海一粟。师者,春风化雨育桃李;学子,成才成器领悟感念师恩。228班学子说,做学生的只需要辛苦一阵子,而老师却要为学生操劳一辈子。高中毕业后,这个班的师生一直保持着沟通联系、聚会聚餐,很多同学有问题就会打电话请教他们最爱的"霞姐"。工作时,个别同学选择了和"霞姐"一样的人民教师职业树人,其余同学也在不同的行业中、不同的岗位上以不同的形式立人。满园皆桃李,桃李又满园。

优秀者为优秀者的镜鉴。起承于师,延续于师,不必为师,可以为师。

向代代传承的优秀教育和教育者致敬!